司法责任制实践论

以刑事法官责任为视角

吴小军 / 著

法律出版社 LAW PRESS · CHINA
北京

图书在版编目（CIP）数据

司法责任制实践论：以刑事法官责任为视角 / 吴小军著. -- 北京：法律出版社，2024. -- ISBN 978-7-5197-9416-3

Ⅰ. D925.204

中国国家版本馆 CIP 数据核字第 2024AJ3200 号

司法责任制实践论

——以刑事法官责任为视角

SIFA ZERENZHI SHIJIAN LUN

—YI XINGSHI FAGUAN ZEREN WEI SHIJIAO

吴小军　著

策划编辑 朱海波　杨雨晴
责任编辑 朱海波　杨雨晴
装帧设计 臧晓飞

出版发行 法律出版社
编辑统筹 法律应用出版分社
责任校对 蒋　橙
责任印制 刘晓伟
经　　销 新华书店

开本 710 毫米 × 1000 毫米　1/16
印张 18　　**字数** 250 千
版本 2024 年 8 月第 1 版
印次 2024 年 8 月第 1 次印刷
印刷 北京建宏印刷有限公司

地址：北京市丰台区莲花池西里 7 号（100073）
网址：www.lawpress.com.cn
投稿邮箱：info@lawpress.com.cn
举报盗版邮箱：jbwq@lawpress.com.cn

销售电话：010-83938349
客服电话：010-83938350
咨询电话：010-63939796

书号：ISBN 978-7-5197-9416-3　**定价**：78.00 元

凡购买本社图书，如有印装错误，我社负责退换。电话：010-83938349

前言

党的二十大报告指出，“深化司法体制综合配套改革，全面准确落实司法责任制，加快建设公正高效权威的社会主义司法制度，努力让人民群众在每一个司法案件中感受到公平正义”。党的二十届三中全会《关于进一步全面深化改革、推进中国式现代化的决定》再次强调“深化和完善司法责任制”，自2013年以来开启的司法改革，首先发轫于刑事司法领域。为防范冤错案件，实现司法为民、公正司法，“让审理者裁判、由裁判者负责”的改革思路应运而生。司法责任制被誉为本轮司法改革的“牛鼻子”，最高人民法院出台了一系列配套的规范性文件，在国家政策和规范层面确立了司法责任制的主体框架和“四梁八柱”。刑事司法改革关系到国家公权力与公民私权利的设定和配置，国家利益与个人利益的博弈与平衡，国家司法机构之间职权的调整与优化，攸关公民人身权、财产权、人格权乃至生命权的保障，系维护公平正义的最后一道防线。本书贯彻落实习近平法治思想，聚焦刑事审判领域，以刑事法官为视角，探究司法责任制语境下的法官责任制度。

从个体视角来看，司法责任是司法者基于法定职责，在行使司法职权、履行司法职能过程中因不当行为而对国家、社会和当事人产生的法律责任。司法责任制是一个综合的制度系统，其至少包含三项要素：前提条件是审判组织及其人员职权的科学界分，核心要义是“让审理者裁判、由裁判者负责”，同时辅以若干配套措施的保障。司法责任制融司法责任实体性规范与司法惩戒程序性规范于一体，主要解决独立与责任、放权与监督之间的关系，确保在司法自治与监督制约之间达至合理的平衡。

从历史沿革来看，我国法官责任制大致经历了错案责任追究制（结果责任模式）、违法审判责任制（行为责任模式）和向主客观相统一的现代司法责任制演变三个阶段。从规范层面来看，尽管法院系统内部形成了较为完备的法律制度体系，但仍存在法律规范位阶低、追责基准不统一、责任种类无序化等问题。从实践样态来看，基于对最高人民法院工作报告、基层刑事法官调查问卷以及若干典型案例的实证考察，发现法官责任追究主要呈现结果责任和行为责任两种模式。上述两种模式反映出的诸多问题和困境，亟待通过司法责任制改革予以优化和完善。

根据“权力—责任”相一致原则，法官行使司法权即应承担相应的责任。审判权居于司法权力运行体系的核心地位，本质上是判断权；审判管理权、监督权由审判权衍生，审判管理权的对象主要限于程序性事项，审判监督权则是解决实体与程序事项，三者紧密相关，共同构成司法责任的权力范畴。我国审判权呈现多元主体共享格局，明确不同审判组织及其人员的职责是承担司法责任的前提。独任法官、合议庭及其成员、审判辅助人员、院庭长、审判委员会及其成员共同构成司法责任的权力主体。从组织视角来看，司法责任是人民法院的宪法责任，由审判委员会、院庭长、合议庭、法官依照法定职责分别承担、共同负责。审理者、裁判者不仅是法官、合议庭，院庭长在不直接审理案件时，仍需依法履行审判监督管理职责；审判委员会讨论决定案件，既是审理、裁判案件，也是履行监督管理职责。人民法院的裁判权最终体现为裁判文书的签发权（案件阅核权），根据案件类型的不同，通过合理区分不同审判组织签发（阅核）裁判文书的各自方式，有助于统筹公正与效率，明确审判责任的归属，实现“审理者—裁判者—责任者”的统一。

从实体维度来看，司法责任的基本要素包括责任的内核与外延、责任的承担、责任的负担形式、追责时效与责任豁免五个方面。责任因权力而生，作为一种新型的法官责任模式，司法责任的内核是违法审判责任，主要适用于普通法官，审判瑕疵不属于违法审判责任的范畴；错案客观存在，但发生错案并不意味着必然追责,错案与错案责任应予以分离;错案责任与违法审判责任存在一定交叉关系,应摒弃“错案责任”的提法,代之以“违法审判责任”,推动追责基准由“错误结果”向“不当行为”转变;司法责任的外延是审判监督和管理责任,主要适用于院庭长。不同的审判组织承担责任的方式亦不同:就独任法官而言,重在警惕认罪认罚案件中潜藏的责任风险;就合议庭而言,重在落实合议实质化,合理界分成员内部之间的责任;就审判委员会而言,重在划分审判委员会与合议庭之间的责任,明确主持人的审判责任;在一审、二审程序中,法官承担共同连带的审判责任。

法官个人负担责任呈现出民事责任、纪律责任和刑事责任三种形式,从裁判结果是否实质不利于被告人区分错判与错放的不同责任,有助于规范刑事责任的追究。司法责任的追究须遵守时效制度,受刑事追诉时效约束,办案质量终身负责主要适用于纪律责任。责任追究与责任豁免一体两面,责任豁免从反向排除责任追究,只要法官内心确信对事实的判断符合证据规则要求,对法律的理解是正确的,并能够予以合理解释和说明,则法官不承担审判责任。

如果说司法责任的基本要素属于实体性规范,那么,司法惩戒则属于责任追究的程序性规范,二者相辅相成,紧密联系,共同构成司法责任制的规范体系。在司法体制改革和监察体制改革的双重叠加影响下,原有的法院纪检监察部门及职权发生重大变化,法官惩戒制度设计亦须因之进行适度调整,以实现法官惩戒与国家监察的有效衔接。法官惩戒委员会作为对法官是否构成违法审判责任提出审查意见的第三方专业性机构,在实践中面临内外双重困境,亟须优化结构,激活功能。当前法官惩戒程序在启动、调查、审议、决定和救济环节均存在短板和不足,为实现责任追究与职业保障的合理平衡,有必要将法官惩戒程序作为违法审判责任追究的特别程序,理顺法官惩戒与党纪政纪处分的关系,将法官惩戒程序作为党纪政纪处分的前置和必经程序,将惩戒决定作为党纪政纪处分的前提依据或重要参考,从理念和制度两个层面构建我国司法化的法官惩戒程序。

当然,司法责任制的实施离不开相关制度措施的配套保障。案件分配蕴含着潜在的责任风险，设置公平的案件分配制度，有利于从起点开始合理分配司法责任。审判绩效考核与司法责任追究分别从正向激励和反向规制两个维度共同对审判质量进行监控，建立符合审判规律和职业特点的绩效考核机制，有利于让法官心无旁骛、用心办案，与司法责任制相得益彰。刑事智能辅助办案系统是人工智能应用于刑事司法的产物，与司法责任制的功能“不谋而合”，但其不能减免法官的审判责任，要防范法官借此规避责任的承担。重大敏感刑事案件具有“风向标”作用，做好重大敏感刑事案件的审判对落实司法责任制具有示范作用。以上为当前深化和完善司法责任制较为具体的四项配套措施。

目录

绪　论

为解决司法面临的深层次现实矛盾，围绕司法机关权力（内外部）关系重新配置及合理界定这一基本内容，[1]我国自20世纪90年代末期开启司法改革征程。党的十八届三中全会以来开启的新一轮司法改革，坚持在党的领导下，从中国国情出发，注重顶层设计和基层探索相结合，依法有序推进，[2]以着力破解影响司法公正、制约司法能力的深层次问题。为此，党中央密集出台了一系列政策文件，[3]为全面深化司法改革擘画了蓝图，提供了遵循，明确了方向。中央提出的司法责任制，涵盖整个政法系统，涉及公安、检察、法院等部门。为贯彻落实党中央的方针政策，将政治决策转化为司法行动，最高司法机关分别出台了各自系统全面深化改革的纲领性文件。2014年以来，最高人民法院先后出台了《最高人民法院关于全面深化人民法院改革的意见——人民法院第四个五年改革纲要（2014—2018）》（以下简称《四五改革纲要》）、《最高人民法院关于深化人民法院司法体制综合配套改革的意见——人民法院第五个五年改革纲要（2019—2023）》（以下简称《五五改革纲要》），同期最高人民检察院亦先后发布了本系统

---

〔1〕 参见顾培东：《中国司法改革的宏观思考》，载《法学研究》2000年第3期。

〔2〕 参见黄文艺：《中国司法改革基本理路解析》，载《法制与社会发展》2017年第2期。

〔3〕 2013年11月党的十八届三中全会通过《中共中央关于全面深化改革若干重大问题的决定》（以下简称《全面改革决定》），2014年10月党的十八届四中全会通过《中共中央关于全面推进依法治国若干重大问题的决定》（以下简称《依法治国决定》）以及《关于加强法官检察官正规化专业化职业化建设全面落实司法责任制的意见》（2017年）、《司法责任制综合配套改革的意见》（2020年）等文件。

的改革规划。[1] 这些文件对法检系统全面深化司法改革作了全面部署和长远规划。本轮司法改革系一项庞大的系统工程,[2]而司法责任制被喻为司法改革的"牛鼻子"。[3] 具体到规范和实践层面,具有里程碑意义的是最高人民法院、最高人民检察院于 2015 年 9 月分别出台了各自系统关于完善司法责任制的若干意见。[4]

就人民法院而言,司法责任制主要是指审判责任制。作为司法改革的生力军,人民法院自 1999 年以来每五年发布一份改革纲要,确定改革内容,规划实现路径,迄今已进行了五次五年司法改革。[5] 前三次五年司法改革主要由责任单位(最高人民法院)主导推进,组织实施,侧重法院系统内部的技术性、修补式改革(如关于合议庭、审判委员会、庭审方式改革等),较少触及司法体制的根本性、基础性问题(如人、财、物改革)。2014 年以来的司法改革与以往有根本不同,其是在党中央集中统一领导下开展

---

〔1〕《关于深化检察改革的意见(2013—2017 年工作规划)》(2015 年修订版)和《2018—2022 年检察改革工作规划》。

〔2〕有学者将本轮司法改革的主要内容概括为十二个方面,即深化司法管理体制改革,推进司法人员分类管理改革,推进司法责任制改革,加强人权司法保障,推进司法民主,提升司法权威,保证司法廉洁,提高司法效率,促进诉讼便利化,推进刑罚制度人道化,推进司法队伍职业化,深化律师制度改革。参见黄文艺:《中国司法改革基本理路解析》,载《法制与社会发展》2017 年第 2 期。

〔3〕牛鼻子,比喻事物的关键或要害,居于"牵一发而动全身"的地位。习近平总书记 2015 年 3 月 24 日在中共中央政治局就深化司法体制改革、保证司法公正进行第 21 次集体学习时强调:"要紧紧牵住司法责任制这个'牛鼻子',凡是进入法官、检察官员额的,要在司法一线办案,对案件质量终身负责。"

〔4〕最高人民法院于 2015 年 9 月 21 日出台《关于完善人民法院司法责任制的若干意见》(以下简称《完善司法责任制意见》),该意见适用于中央确定的司法体制改革试点法院和最高人民法院确定的审判权力运行机制改革试点法院;最高人民检察院于 2015 年 9 月 28 日出台《关于完善人民检察院司法责任制的若干意见》。

〔5〕即《人民法院五年改革纲要(1999—2003)》(以下简称《一五改革纲要》)、《人民法院第二个五年改革纲要(2004—2008)》(以下简称《二五改革纲要》)、《人民法院第三个五年改革纲要(2009—2013)》(以下简称《三五改革纲要》)及《四五改革纲要》《五五改革纲要》。

的自上而下的全面改革,[1]聚焦司法责任制等四项基础性改革任务,先后出台了一系列司法责任制规范性文件。最高人民法院在总结改革实践经验的基础上,先后在最高人民法院和全国法院层面出台了有关司法责任制实施意见,[2]司法责任制改革从局部试点到向全国推广,[3]内涵不断丰富和完善。随着"四梁八柱"主体架构的基本确立,司法责任制改革进入精耕细作"精装修"的新阶段。为确保党中央关于司法体制改革的重大决策部署和上述意见提出的各项任务举措在人民法院落地生根,最高人民法院亦相继出台了一系列司法责任制规范性文件。[4] 从党中央出台改革纲领性文件,到最高人民法院制定司法改革文件,再到专门的规范性(实施)意见的出台,标志着人民法院全面确立了司法责任制。新一轮司法改革总体遵循"顶层设计、自上而下""先试点再推广""先局部再整体"的路径,在全国蹄疾步稳地持续深化,取得明显成效。

一、问题缘起:研究对象及范畴

(一)问题的提出

公正是司法的灵魂和永恒的价值追求。党的十八大以来,人民法院依

[1] 有学者归纳了本轮司法改革的两个特点:一是司法改革的动力直接来自最高层,以顶层设计的形式直接规划和确定司法改革的政策方针、制度构成方案,层级高、全局性强;二是改革的切入口比较微观,主要从法官、检察官等微观主体入手,在职业保障、分序列管理、选任程序、审判办案责任以及其他工作人员的管理问题上展开。参见王亚新、李谦:《解读司法改革——走向权能、资源与责任之新的均衡》,载《清华法学》2014年第5期。

[2] 《最高人民法院司法责任制实施意见(试行)》(2017年7月25日)和《最高人民法院关于进一步全面落实司法责任制的实施意见》(2018年12月4日,以下简称2018年《司法责任制实施意见》)。

[3] 《完善司法责任制意见》规定了适用地区的范围,即中央确定的司法体制改革试点法院和最高人民法院确定的审判权力运行机制改革试点法院。按照中央关于重大改革先行先试的要求,司法改革从2014年下半年开始至2016年先后分三批开展。最高人民法院自2013年10月起,确定了上海市第二中级人民法院等9个法院为审判权力运行机制改革试点法院;2014年又批准增加辽宁省葫芦岛市中级人民法院等3个试点法院。截至2015年11月,共有8省市22个试点法院开展了审判权运行机制改革试点工作。

[4] 如《五五改革纲要》《关于深化司法责任制综合配套改革的实施意见》(2020年7月31日)等。

法纠正了重大刑事冤错案件65件131人,[1]彰显了司法机关敢于自我纠错的巨大勇气,标志着司法环境的持续改善,有助于实现司法公正,重树司法公信,但冤假错案的严重危害不容低估,其负面影响是全方位的,绝不限于个案,对当事人及其家庭、对国家司法形象与司法权威、对社会公众的法律信仰、对办案人员都造成了无法挽回的严重伤害。

鉴于此,中央政法单位深刻吸取冤假错案的教训,不断健全冤假错案防范机制,着力完善司法人权保障制度,先后出台了一系列防范冤假错案的规范性文件,强调建立健全办案人员权责一致的办案责任制。[2]《全面改革决定》首次提出"让审理者裁判、由裁判者负责""实行办案质量终身负责制和错案责任倒查问责制",旨在通过"审理—裁判—负责—倒查—追责",倒逼司法者提高办案质量,努力将每个案件办成铁案,成为改革演进的逻辑、路径和目标。从术语表述看,2013年中央政法单位出台的规范性文件,使用的均是"办案责任"一词,随后党的改革纲领性文件亦予以确认。办案责任主要着眼于办案者个体在处理案件过程中应当承担的职责和任务,更多强调的是办案责任追究或承担不利的法律后果。具体到刑事司法领域,办案表现为立案侦查、审查逮捕和审查起诉、开庭审判、刑罚执行、减刑假释等一系列刑事诉讼行为和活动。

自2014年全面启动新一轮司法改革以来,"司法责任制"概念作为政治术语、法律术语进入改革决策者和学术研究者的视野。与以往的责任追

[1] 数据来源于2018年、2023年最高人民法院工作报告以及2020年10月22日最高人民法院召开的全国法院审判监督工作会议(载《法治日报》2020年10月23日,第3版)。

[2] 中央政法委出台的《关于切实防止冤假错案的指导意见》提出:建立健全合议庭、独任法官、检察官、人民警察权责一致的办案责任制,法官、检察官、人民警察在职责范围内对办案质量终身负责。建立健全冤假错案的责任追究机制。最高人民法院出台《关于建立健全防范刑事冤假错案工作机制的意见》(2013年10月9日)提出:建立健全审判人员权责一致的办案责任制。最高人民检察院出台《关于切实履行检察职能防止和纠正冤假错案的若干意见》(2013年9月)提出:深化检察官办案责任制改革,建立健全办案质量终身负责制。公安部《关于进一步加强和改进刑事执法办案工作切实防止发生冤假错案的通知》(2013年6月5日)明确:进一步落实案件主办人责任,建立冤假错案责任终身追究机制。

究制度不同,司法责任制被赋予全新的内涵和价值,其改革发轫于刑事司法领域,直接动因是防范冤假错案,避免“错判”“错杀”。如果说全面深化改革首先从司法改革切入,那么司法改革则从刑事领域突破,进而牵引整个司法改革全面铺开。司法责任制改革注重体系性、整体性和协同性,强调权利与义务、责任与保障相统一,贯穿侦查、起诉、审判、执行全过程和各环节,适用于刑事司法各办案单位和办案人员。特别是同期开展的以审判为中心的诉讼制度改革与之协同推进,相得益彰,从更高层面和更深层次理顺审判与侦查、起诉的关系,注重发挥审判对侦查、起诉的制约和指引作用,着力从源头上防范冤假错案。为保障法官公正裁判,就应保障其独立裁判不受干预;为防止法官滥权,就应对其进行职务监督。如何在“独立—监督”之间寻求平衡,妥善处理审判独立与法官责任的关系,使监督不至于妨害独立并使之成为审慎、合法的独立,是落实司法责任制的关键所在。

(二)为什么选择刑事司法场域

我国传统司法包括刑事、民事和行政司法三大类别。近年来,随着司法的专业化建设,司法分工日趋细致,司法门类日益精密,特别是因应多元化、个性化司法需求,民事审判领域在设置专门法庭(如商事审判庭、知识产权审判庭等)的基础上,呈现出司法改革资源向发达的一二线大城市聚集的态势,涌现出诸多富有时代特色、具有世界意义的专门法院。[1] 在民事、行政司法领域,司法与审判同义,司法责任适用于法院及法官;而刑事司法则包含刑事诉讼的全过程和各环节,司法责任适用于公安、检察、审判等机关及其办案人员。

从实践样态来看,刑事案件的办理在纵向上呈现出以书面(或电子)卷宗流转为纽带,分阶段、流水线式的作业模式。各办案单位对处于各自阶段、符合法定条件的案件在实体或程序上具有一定的处置权(包括决定权)。从诉讼程序的进程来看,案件经由侦、诉、审等环节,不同的办案单位

---

〔1〕 如在北京、上海、广州设立知识产权法院,在杭州、北京、广州设立互联网法院,在上海、北京、成渝地区设立金融法院等,这些专门法院均分布于发达城市。

及其办案人员须分别承担相应的办案责任。从司法运行特点和诉讼认识规律来看,侦查、起诉活动通常服务于审判活动,是审判的准备阶段,侦查、起诉行为的效力及其效果应接受审判的审查和检验,案件的处理最终亦通过公开的庭审程序和裁判文书的公开宣告而获得司法意义上的"终局性"解决。就完整意义上的刑事诉讼程序而言,侦查、起诉是诉讼活动的起点和过程,审判则是诉讼活动的终点和结果,开庭审理,作出裁判是刑事诉讼的核心环节、关键行为。对被告人而言,审判意味着法律对其行为性质的最终评判,关乎刑事责任的有无、大小及其具体刑罚的执行方式;对司法者而言,办案责任是变动不居的,其随着诉讼程序的推进而切换、转移。不同办案主体在不同阶段承担的司法责任是不同的,其不仅涉及办案单位内部司法责任的界定与划分,而且关系到不同办案单位及主体之间司法责任的分配与平衡。

从民众视角来看,近年来随着司法公开的不断深化,刑事案件日益受到民众关注。与民事诉讼主要解决平等主体之间的私权利纠纷,行政诉讼主要解决公民与政府之间行政纠纷不同,刑事诉讼则攸关公民的政治待遇、名誉地位、财产安全、人身自由乃至生命褫夺,关涉个人切身利益和前途命运,对当事人及其家庭乃"天大的事";与民事诉讼、行政诉讼的执行结果大多可以回转、恢复不同,刑事诉讼的处理结果具有单向性、不可逆性,无论是自由刑抑或死刑,一旦错判(特别是无罪判有罪),则失去的自由不可重来,逝去的生命不可再生,造成的损害无法修复。因此,刑事案件无小事,刑事审判责任大。同时,刑事司法具有惩罚、教育、规范、指引和预防功能,特别是在热点案件或影响性诉讼中,通过阐明司法立场,规范社会行为,引领社会风尚,形成稳定预期,有利于在司法裁判中贯彻社会主义核心价值观。

自人类进入工业时代以来,现代社会即充满了各种风险。刑事司法领域的风险亦无处不在。相较于民事纠纷的易发、频发,刑事案件虽具有偶发性,但距离普通民众并不遥远,实际上每个人都有可能被卷入刑事诉讼,或成为潜在的被害人、证人,或成为潜在的犯罪嫌疑人。例如,当你遭遇财物被盗或电信诈骗,你可能成为盗窃或诈骗的被害人,符合立案标准即可启动刑事诉讼程序;当你途经案发现场目睹嫌疑人的作案过程,即具有了目击证人的身份,负有向侦查机关、司法机关作证的义务;当你恰巧出现在案发现场或在现场遗留物证痕迹,即与案件建立起了一定关联,你可能成为潜在的嫌疑人,被要求配合司法机关调查……就这个意义而言,刑事诉讼与每个人息息相关。案件处理结果最直接影响的是当事人及其家属,热点案件易遭普通民众围观,影响人民群众对司法公信力的判断。从公开披露的重大刑事冤假错案来看,几乎都是命案[1],涉及死刑的适用,而这类案件一审管辖权均在中级法院,因此,中级以上法院的法官掌握着生杀予夺,责任最重、标准最高、要求最严。

随着我国社会主要矛盾的变化和经济社会持续发展,人民群众对公平、正义等司法需求日益增长。传统的司法理念和办案方式,已不适应、跟不上新时代人民群众对司法的新要求:不仅要求案件办好办快,实现公正司法,而且期盼司法更加文明、谦抑、审慎、善意。这对司法者的能力素质也提出了更高标准和更高要求:刑事司法不仅要求事实认定符合客观真相,办案结果符合实体公正,办案过程符合程序公正,还要求与理相通,与情相融,契合国法天理人情,实现“三个效果”的统一。

相较于法律适用中的疑难问题,认定案件事实是司法者面临的更为棘手而普遍的问题。与历史学家、考古学家不受时空条件限制、不受当事人约束等不同,司法者须在特定时空条件下依照法定程序查明案件事实,依法作出裁判。刑事案件的办理有其内在的特点和规律,囿于认识对象的特殊性、认识方式的间接性、认识技术的滞后性以及认识条件的受制性,刑事司法会出现认定的案件事实(法律事实)与客观事实不相符的情形,特别是当案件事实无法查明、客观真相无从知晓的情况下,法院(或法官)对审理的刑事案件不能退回检察机关处理或者拒绝作出裁判,只能根据现有证据,运用证据规则,认定案件事实,依法作出裁判。刑事司法中不可能彻底

---

〔1〕 一般是指故意犯罪致人死亡的案件,通常包括故意杀人或故意伤害致死案。

消灭错案,我们努力追求将每一个案件办成"铁案",最大限度地探究案件客观真相,尽可能将刑事错案的发生降到最低程度。[1] 但尽管如此,基于各种错综复杂的原因,错案的发生仍不可避免。当产生错案或存在不当司法行为时,我们应以什么样的姿态去面对和处理,是否追究以及如何追究办案者的责任,始终是刑事司法必须直面的现实问题。如何正确界定司法责任,构建符合权责相一致的责任追究机制,是深化司法责任制改革的重大课题。司法责任制并非"从天而降"的全新事物,它是在继受既往追责制度合理因素的基础上,为界分司法职权,明确司法职能,解决责任追究问题而提出的一种新型制度。司法责任制的建立和完善是一项长期的系统工程,不可能一蹴而就。

(三)为什么选择以法官为视角

从提出背景来看,司法责任制适用于刑事司法中行使司法职权的办案人员和辅助人员。从案件进入刑事司法程序来看,尽管公安、检察机关对处于各自阶段的案件依法拥有实体处分和程序控制的权力,[2] 对涉案当事人的权利义务亦会产生相当的影响,但从完整的诉讼程序来看,侦查、起诉程序均是审判活动的准备程序,侦查、起诉行为及其形成的法律文书、收集的证据材料等,均要接受法庭的检验,对案件处理起决定性作用、具有终局效力的是审判行为。作为诉讼程序后端的裁判者,法官的司法责任显得尤为重大。因此,关注法院、聚焦法官是考察司法责任制的绝佳窗口。

从法院内部关系来看,我国审判权的运行呈现出分散行使、层级运行、多元主体共享的状态。[3] 具体到特定案件,享有审判权的主体除法官外,还包括院庭长和审判委员会委员,如何处理好各主体之间的关系,厘清各自的职责和权限,明确责任承担的范围和程度,需进一步廓清。从权力类

---

〔1〕 参见汪建成:《论证据裁判主义与错案预防——基于16起刑事错案的分析》,载《中外法学》2015年第3期。

〔2〕 如公安机关在侦查中发现不应追究刑事责任的,应当撤销案件;检察机关在审查起诉中,可以视情作出法定或酌定不起诉的决定,实际上起到依法终止诉讼程序的效果。

〔3〕 参见顾培东:《人民法院内部审判运行机制的构建》,载《法学研究》2011年第4期。

型来看,除审判权这一司法的核心权力外,还包括由此衍生出来的审判监督权和审判管理权。如何处理好三者之间的关系,实现“放权不放任,监管不越位”,是实践中亟待破解的难题。审判活动讲求“亲历性”,根据“自己行为,自己责任”原则,一般而言,法官独立担责是常态,其他审判组织共同担责是补充。不论审理何种类型或适用何种程序的案件,法官作为“全程亲历者”,始终是审判质量的第一责任人,因此,选择以法官为研究视角,具有普遍的理论研究价值和实践指导意义。

从法院外部关系来看,在刑事诉讼全流程图景中,侦查处于诉讼的前端,系初始行为;公诉处于诉讼的中端,系过程行为;而审判处于诉讼的后端,系结果行为。法官作为最后一个“敲锤者”,裁判结果具有“一锤定音”之效。如果说侦查、起诉行为尚可依赖后一程序把关纠错,但到了审判阶段则没有退路;作为最后一道关口,法院不得拒绝审判或退回案件,必须依据现有证据和事实对案件作出最终裁判。从办案模式来看,公检法三机关亦有较大差异:公安机关办案实行首长(部门负责人)负责制,讲求上下一体、协同作战;检察机关办案实行检察长负责制,尽管也注重发挥检察官的个体作用,强调独立的办案责任,但总体上讲求上令下从、检察长决策;而法院办案突出承办法官或合议庭的主体作用,不能强行命令法官或合议庭听从领导指令、改变处理意见。因此,与侦查员、检察官因履职承担的是过程责任、局部责任不同,法官承担的是结果责任、把关责任,是最终也是最重要的司法责任。

从社会监督的视角来看,法院裁判特别是刑事裁判面临多重维度的检视。尽管现代社会强调司法权的运行须相对超脱于民意,[1]但随着司法

[1] “法官不应追随时势潮流,而必须谨守中庸之道,不为世评所惑,以冷静的态度去竭力履行职责”。参见[日]村野:《最高人民法院院——司法中枢的内侧》。转引自季卫东:《法律职业的定位——日本改造权利结构的实践》,载《中国社会科学》1994年第2期。

公开的深入推进,[1]特别是互联网信息技术的快速发展和自媒体的普遍应用,信息的传播速度和聚集效应呈"指数级"增长。在"显微镜"和"放大镜"的双重检视下,审判活动每一个细节在网络舆论场中"被拷问",审判的任何一个瑕疵或错误都可能被无限放大,累积发酵迅速形成热点案(事)件,引发负面舆情,造成恶劣影响。当热点案(事)件达到一定的舆情指数,为及时回应社会关切,平复社会舆论,高效开展调查、及时追究责任的呼声便油然而生,这时一般会依托上级机关的权威成立高级别调查组,依照类行政化的方式和程序对热点案(事)件展开调查,形成权威意见和结论,并视情向社会公布调查结果。而这种不良或恶劣的社会影响亦会被纳入对审判行为所造成后果的评价中,这也是互联网舆情背景下突发热点案(事)件处理的常见模式。

基于上述考量,本书聚焦刑事司法领域,从刑事审判权的运行机理考察司法责任制的实施状况,从宏观着眼、微观入手,开展实证研究,通过典型案例,梳理短板不足,剖析问题根源,提出完善建议。

本书聚焦刑事审判权的运行,以刑事法官责任为视角,从历史、规范、理论、实践等多个维度对司法责任制改革进行系统阐释,深化司法责任制的基础理论研究。司法责任是融合司法者的国家责任、社会责任和当事人(个人)责任于一体的复合责任,三者相辅相成,有机统一。国家责任是最高层次的宏观责任,着眼于国家视角、政权思维,关切国家根本,有助于增强司法者的职责使命感和职业尊荣感,实现司法的政治效果。社会责任是

[1] 2009年12月,最高人民法院出台《关于司法公开的六项规定》《关于人民法院接受新闻媒体舆论监督的若干规定》,从立案、庭审、执行、听证、文书和审务公开六个方面扩大司法公开范围,拓宽司法公开渠道,规范人民法院接受新闻媒体舆论监督工作,保障公众的知情权、参与权、表达权和监督权。为落实上述规定,2010年10月,最高人民法院制定《司法公开示范法院标准》。为进一步深化司法公开,依托现代信息技术,打造阳光司法工程,2013年11月出台《关于推进司法公开三大平台建设的若干意见》,全面推进审判流程公开、裁判文书公开、执行信息公开三大平台建设。2018年11月,最高人民法院出台《关于进一步深化司法公开的意见》,不断拓展司法公开的广度和深度,健全完善司法公开制度机制体系,优化升级司法公开平台载体,推进建设更加开放、动态、透明、便民的阳光司法机制。

处于第二层次的中观责任，着眼于治理视角、民众思维，关切社情民意，有助于培养司法者的公共意识和担当精神，实现司法的社会效果。当事人责任是处于基础地位的微观责任，着眼于法律视角、专业思维，关切基准底线，有助于督促司法者严格公正司法，实现司法的法律效果。司法者在司法活动中唯有多维度、全方位考量，避免片面、孤立、机械司法，方能统筹实现政治、社会和法律“三个效果”的统一。司法责任制是以审判组织及其人员职权的科学界分为前提条件，以“让审理者裁判、由裁判者负责”为核心要义，以若干配套措施为重要支撑，融合实体性和程序性规范于一体的司法自治和监督制度体系。其功能在于加强对司法者依法独立行使审判权的保障，构建司法者“独立—责任—保障”相平衡的机制。

通过实证分析“庖丁解牛”式对法官责任模式进行解构，相较于理论分析和逻辑推演更具有说服力。本书通过追溯法官责任制度的历史，提出追责基准“三阶段论”：传统以裁判结果为导向的错案责任追究制，向以裁判结果为主、不当行为为辅的违法审判责任制演变，目前正在形成以不当行为为主、裁判结果为辅的新型司法责任制。本书从微观司法权的运行层面，对审判组织及其个体的职权、责任及相互关系进行全景式深描和解构，指出司法责任的实体要素包含责任主体、责任事由、责任承担、责任形式、适用时效和责任豁免；程序要素包含惩戒主体、程序启动、调查、审议和救济。法官责任追究程序应从行政化向司法化逻辑转变，激活惩戒委员会的主体功能，构建司法化的法官惩戒程序。

本书坚持问题导向，对实践中出现的认识误区予以廓清，对存在的问题提出解决建议。例如，针对追责，基准司法责任追责事由应着眼于不当行为，法官合理的自由裁判权和内心确信事项不应纳入追责范畴。司法责任应区分违法审判责任（内核）与审判监督管理责任（外延），适用不同的追责程序。院庭长履行监督职责的主要平台是专业法官会议，重点是“四类案件”，除此之外不得越位监督，不当干扰法官依法独立办案。错案在司法实践中客观存在，认定错案要注重程序控制，限于通过审判监督程序纠正错误判决；发生错案不一定追责，错案追究责任与违法审判责任存在一定交叉关系,未来应使用违法审判责任代替错案责任。审判瑕疵不属于违法审判责任的范畴,避免审判责任扩大化。在独任审判中,须警惕认罪认罚案件中的责任风险;合议庭成员、审判委员会成员之间的责任须合理分配,避免规避责任。审判责任的负担包括虚化的民事责任、普遍的纪律责任和严苛的刑事责任。民事责任承担在刑事审判领域表现为刑事国家赔偿,因国家赔偿在我国系代位责任,遭受司法权力侵害的受害人有权向赔偿义务机关主张赔偿责任,但无权起诉当事法官;国家在向受害人履行赔偿义务后,保有对当事法官的追偿权。司法责任追究应遵守时效制度,办案质量终身负责主要体现在纪律责任,不论办案人员是否转岗、调离、退休、离职等,均应承担纪律责任。针对实践中法官惩戒委员会时不时处于“休眠”状态的问题,建议将法官惩戒程序作为法官违法审判责任追究的特别程序。理顺法官惩戒与党纪政纪处分的关系,将法官惩戒作为党纪政纪处分的前置和必经程序,将惩戒决定作为党纪政纪处分的前提依据或重要参考,从理念和制度层面构建我国司法化的法官惩戒程序。

二、既往研究之回顾

“司法责任制”是应本轮司法改革而产生的新名词,自2014年开启全面依法治国征程以来,围绕司法责任制的研究不断升温,特别是2015~2017年呈现出白热化趋势。一方面,司法责任制作为司法改革的“新事物”,无论是理论基础、内涵意蕴、制度建构还是实践探索,均需要学术界及时予以回应,作出系统阐释;另一方面,学术研究具有“蹭热点”的天性,学术界通过提出意见建议,提供改革方案,扩大学术影响,为决策者建言献策提供智力支持,将理论研究转化为指导司法改革的实践成果。

从历史沿革来看,司法责任制并非横空出世的全新事物,其与以往的错案责任制、违法审判责任制一脉相承,是在后者基础上扬弃发展而来的。考察司法责任制不能割裂三者之间的关系,孤立静态地来看待,应坚持整体、系统思维,一体关注错案责任制、违法审判责任制等研究(为确保语义的完整性和行文方便,以下统称责任制研究),以全面展示司法责任制的研究概貌。

从研究视角来看,司法责任制具有鲜明的时代特色和地域特征,是典型的"中国式"命题,学术研究的视角理应立足本土,解决我国自己的问题。但这并不意味着排斥世界先进法律文明成果,因此,仍有必要观照国内、域外两个维度,对责任制研究成果一并予以关注,但基于占有外文资料的有限性和法律文化传统的差异,故以梳理国内研究成果为主,归纳域外研究成果为辅。

从学术载体来看,为确保研究成果的专业性和权威性,本书主要考察核心期刊论文。期刊论文是反映特定时期、特定主题研究成果的晴雨表,能够动态及时地展示特定主题的研究情况,代表一定时期研究成果的最高水平。同时一并关注"专而精"的博士学位论文和学术专著(分为专门以责任制研究为主题或对象的专著和包含有责任制研究内容的其他著作),尽可能完整地勾勒出司法责任制研究成果的全貌。

(一)研究载体

1. 期刊论文

为梳理有关"责任制"研究的重点及成果,笔者进行了学术论文的专业检索。检索网站:中国知网,来源类别:核心期刊和CSSCI。[1] 为确保检索论文的质量,避免重复或低水平,故本检索未选择全部期刊,而是选择了业内公认的CSSCI,辅之以核心期刊进行检索。为此,将论文检索条件设定为"篇名—责任制及相关名词",共计148篇,具体情况如下:

---

[1] CSSCI是指中文社会科学引文索引,由南京大学中国社会科学研究评价中心开发研制。

(1)以“司法责任制”为篇名,共检索出论文58篇(均为2014年以来的成果)[1],分别为:2014年1篇,2015年5篇,2016年14篇,2017年21篇,2018年6篇,2019年7篇,2020年4篇,其中近四分之一的论文专题研究检察(官)司法责任制。(2)以“法官责任(制)”为篇名,共检索出论文26篇,[2]其中2013年以前9篇,2013年以后17篇。(3)以“司法/法官问责”“法官责任追究”为篇名,共检索出论文8篇,均是自2013年以来的研究成果。(4)以“审判责任”“审判责任制”“法官办案责任”为篇名,共检索出论文7篇,均是自2015年以来的研究成果。[3] (5)以“错案追究”为篇名进

[1] 代表性论文有:陈光中、王迎龙:《司法责任制若干问题之探讨》,载《中国政法大学学报》2016年第2期;周长军:《司法责任制改革中的法官问责——兼评〈关于完善人民法院司法责任制的若干意见〉》,载《法学家》2016年第3期;王迎龙:《司法责任语境下法官责任制的完善》,载《政法论坛》2016年第5期;张文显:《论司法责任制》,载《中州学刊》2017年第1期;周赟:《错案责任追究机制之反思——兼议我国司法责任制度的完善进路》,载《法商研究》2017年第3期;陈卫东:《司法责任制改革研究》,载《法学杂志》2017年第8期;宋远升:《司法责任制的三重逻辑与核心构建要素》,载《环球法律评论》2017年第5期;郭志远、王胤:《新时代背景下我国司法责任制的完善》,载《新疆社会科学》2018年第1期;王会清:《从错案责任制到司法责任制——理念与机制上的嬗变考》,载《湘潭大学学报(哲学社会科学版)》2019年第2期。

[2] 代表性论文有:林喜芬:《论中国法官责任机制之语境悖论与变迁展望——基于司法错误防控的角度》,载《内蒙古社会科学(汉文版)》2011年第4期;陈瑞华:《法官责任制度的三种模式》,载《法学研究》2015年第4期;崔永东:《法官责任制的定位与规则》,载《现代法学》2016年第3期;高冠宇、江国华:《法官责任的理论构建》,载《学术论坛》2018年第3期;方乐:《法官责任制度的司法化改造》,载《法学》2019年第2期;白冰:《法官责任追责程序的基本要素》,载《政法论坛》2020年第2期;方乐:《法官责任制度的功能期待会落空吗》,载《法制与社会发展》2020年第3期。

[3] 代表性论文有:佀化强:《事实认定“难题”与法官独立审判责任落实》,载《中国法学》2015年第6期;刘广林、冀宗儒:《责任与伦理:违法审判责任的局限与补救》,载《社会科学研究》2016年第5期;徐振华、王星光:《法官办案责任追责的递进式模式探究》,载《法律适用》2017年第7期;樊传明:《追究法官审判责任的限度——现行责任制体系内的解释学研究》,载《法制与社会发展》2018年第1期;樊传明:《陪审案件中的审判责任制——以保障和管控人民陪审员裁判权为核心》,载《法学家》2019年第5期。

行检索,共检索出论文 23 篇,其中 2014 年以前 20 篇,[1] 2014 年以后 3 篇。[2]　(6)以“错案责任追究”为篇名,共检索出论文 26 篇,2008 年至 2013 年断档,2008 年以前 12 篇,[3] 2014 年以后 14 篇。[4]

从学术研究的时间轴来看,关于责任追究制度的研究以 2014 年为“分水岭”,大致分为两个阶段:2014 年以前主要研究传统的错案(责任)追究制(32 篇),2014 年以后则转向研究司法责任制、司法/法官责任、司法/法官问责、审判/法官办案责任等主题的研究(80 篇),而 2014 年以前此类主题的研究非常少(仅为 6 篇);与此同时,随着司法责任制的深入研究,错案

〔1〕 代表性论文有:燕振安:《论错案追究制》,载《政法论丛》1995 年第 1 期;王晨光:《法律运行中不确定性与“错案追究制”的误区》,载《法学》1997 年第 3 期;周永坤:《错案追究制与法治国家建设——一个法社会学的思考》,载《法学》1997 年第 9 期;金汉标等:《“错案追究制”评析》,载《法学》1997 年第 9 期;李建明:《错案追究中的形而上学错误》,载《法学研究》2000 年第 3 期;贺日开、贺岩:《错案追究制实际运行状况探析》,载《政法论坛》2004 年第 1 期;胡岩:《论司法错误与司法责任——兼论“错案追究制”的正当性》,载《法律适用》2011 年第 3 期;魏胜强:《错案追究何去何从?——关于我国法官责任追究制度的思考》,载《法学》2012 年第 9 期;胡铭、郑昕:《错案追究制的法理思考与制度构建》,载《学习论坛》2013 年第 2 期。

〔2〕 张玉洁:《错案追究终身制的发展难题——制度缺陷、逆向刺激与实用主义重构》,载《北方法学》2014 年第 5 期;王伦刚、刘思达:《从实体问责到程序之治——中国法院错案追究制运行的实证考察》,载《法学家》2016 年第 2 期;张莹、黄宗儒:《法官职业伦理责任制的构建——由错案追究制所带来的困境谈起》,载《河北法学》2019 年第 4 期。

〔3〕 代表性论文有:陈东超:《现行错案责任追究制的法理思考》,载《法商研究(中南政法学院学报)》2000 年第 6 期;廖永安:《关于错案责任追究制度的反思》,载《江苏社会科学》1999 年第 3 期;龚举文、陈运生:《论刑事错案责任追究制度》,载《法商研究(中南政法学院学报)》1996 年第 2 期。

〔4〕 代表性论文有:廖丽环:《法官错案责任追究制度的转向——违法审判责任制的规范》,载《东南大学学报(哲学社会科学版)》2015 年第 S1 期;樊崇义、刘文华:《客观与理性:刑事错案责任追究制度的理念建构》,载《安徽大学学报(哲学社会科学版)》2015 年第 4 期;周永坤:《论法官错案责任追究制》,载《湖北社会科学》2015 年第 12 期;陈海锋:《错案责任追究的主体研究》,载《法学》2016 年第 2 期;朱孝清:《错案责任追究与豁免》,载《中国法学》2016 年第 2 期;陈虎:《逻辑与后果——法官错案责任终身制的理论反思》,载《苏州大学学报(哲学社会科学版)》2016 年第 2 期;张建伟:《错案责任追究及其障碍性因素》,载《国家检察官学院学报》2017 年第 1 期;李文静:《我国错案责任追究制的文本考察及制度构建》,载《北京行政学院学报》2019 年第 1 期;江钦辉:《错案责任追究制度的目标偏移与矫正——以西北地区某基层法院错案责任追究的实践为考察对象》,载《河北法学》2019 年第 7 期。

(责任)追究制的研究也开始升温(2014 年以后为 17 篇),通过历史分析、比较研究等方法开展研究。2014 年以前"司法责任"尚属于冷门词,学术界关注不多,研究成果较少;此后,"司法责任"成为高频词,研究成果丰硕。之所以产生这种现象,是因为 2014 年党的十八届四中全会吹响了全面依法治国的号角,包括司法责任制在内的司法改革话语体系成为显学。

2. 博士论文

目前,以司法责任制、法官(或检察官)责任制或错案责任追究制为主题的博士论文相对较少,相关的专著亦鲜见。以"司法责任""法官责任""错案责任"为主题或关键词进行检索,博士学位论文主要有 5 篇。具体如下:

(1)雷婉璐《人民法院司法责任制改革的功能分析》(吉林大学 2019 年)一文,主要运用默顿的功能分析范式中的两对核心概念,即功能预期与客观功能、正功能与反功能作为基本的研究框架,对司法责任制改革的方案设计和实际运行效果作出分析评估,认为其功能包含审判权运行机制改革的功能和司法问责制或司法惩戒制改革的功能。(2)王明辉《论我国审判责任制改革》(西南政法大学 2018 年)一文,采取认真对待现有体制的态度,以解释学方法为主、实证方法为辅,从系统论角度对司法责任制度的历史转型、基本机制、基本逻辑等问题进行研究,揭示其面临的主要困境,并为下一步改革提供可行的制度模式。(3)朱崇坤《法官错案责任追究的法理分析》(中央党校 2014 年)一文,阐释了错案责任的概念、要件和追责形式,提出相对确定的裁判结论存在相对一致的领域,法官的裁判结论与该领域的范围不一致即为错案。指出我国法官错案责任存在制度不统一、机构不合理、程序不科学等不足,并就此提出完善建议。此外,还有论者将研究视角转向我国古代,从中汲取传统文化的养分和精华,以史为鉴,为我所用。[1] 张勇博

[1] 早期有影响力的代表论文:巩富文:《中国古代法官责任制度的基本内容与现实借鉴》,载《中国法学》2002 年第 4 期,揭示了古代法官责任制度的历史价值和现实意义。该文就中国古代法官责任制度的基本内容与现实借鉴问题进行了全面系统的分析和研究,认为法官责任制度是中国古代刑事诉讼法的核心内容和传统特色,也是中华法系区别于世界其他四大法系的显著标志,更是华夏民族对人类诉讼法律文化宝库的巨大贡献。

士从法文化的视角阐释古代司法官责任制度，全面展示了该制度产生、发展与演变的历史；同时通过阐释责任制度背后的文化内涵与底蕴，发掘其所蕴含的法文化价值，为现代司法责任制度的完善提供参考。[1]

以“错案”“冤案”为主题或关键词进行搜索，博士学位论文共有8篇，[2]主要从刑事错案的发生（成因）、预防和纠正的角度进行论述，错案责任追究通常作为措施完善、对策建议的一部分内容被提及，尚未有深入系统的研究。

3. 学术著作

黄怡博士在其博士学位论文基础上出版的《司法责任制改革实践与发展研究》[3]一书，侧重法理学的视角，通过对司法责任制的改革实践及运行状况的深入研究，系统提出改革和发展的基础理论，从宏观上总结司法责任制的权力体系、法律价值体系、核心制度体系，并从审判权力运行机制、审判监督管理制度、审判惩戒制度、法官职业保障制度等方面对司法责任制进行系统化构建。最高人民法院司法改革领导小组办公室作为《完善司法责任制意见》起草单位，详细阐释了该意见每一条文的背景、含义、内容，并提供历史沿革、学界观点、域外参考和地方探索等丰富资料，对准确理解和适用《完善司法责任制意见》具有重要指导意义。[4] 孙海龙等结合

---

〔1〕 张勇：《中国古代司法官责任制度及其法文化分析》，中国政法大学2002年博士学位论文。

〔2〕 具体为白文静：《刑事错案制度防范研究》，中国人民公安大学2019年博士学位论文；张松：《刑事错案及其治理》，吉林大学2019年博士学位论文；刘杰：《侦查中的认知偏差及其修正——刑事错案导因溯源》，中南财经政法大学2018年博士学位论文；董凯：《中美刑事错案比较研究》，黑龙江大学2017年博士学位论文；马谨斌：《刑事错案防纠体系完善研究——以刑事司法工作机制为中心》，吉林大学2015年博士学位论文；胡志凤：《刑事错案与侦查程序研究》，中国政法大学2011年博士学位论文；李春刚：《刑事错案基本问题研究》，吉林大学2010年博士学位论文；赵琳琳：《刑事冤案问题研究》，中国政法大学2008年博士学位论文；王永杰：《从程序异化到事实异化：以冤案为中心》，复旦大学2007年博士学位论文。

〔3〕 黄怡：《司法责任制改革实践与发展研究》，人民法院出版社2019年版。

〔4〕 最高人民法院司法改革领导小组办公室编：《〈最高人民法院关于完善人民法院司法责任制的若干意见〉读本》，人民法院出版社2015年版。

改革实践,围绕审判责任的追究,从法官责任追究的成绩与问题、理论体系构建、制度完善等方面展开论述。[1]

从比较法研究的角度,湖南师范大学组织出版了“司法责任制度比较研究丛书”(武汉大学出版社 2018 年版),选择美国、英国、德国、法国等 10 个国家的司法责任制为研究对象,对司法主体的职责、行为规范、惩戒程序等进行分门别类、全面系统的研究。通过司法责任制的比较研究,有利于厘清司法责任的内涵与外延、适用范围与法律依据,借鉴域外司法责任在内容、形态和追责程序等方面的经验,为完善我国相关制度提供参考。[2]

(二)学科分布

司法责任制具有极强的实践性。从研究学者所属的学科领域来看,包括法理学、宪法、行政法、刑法、民事诉讼法等领域,但更多集中于刑事诉讼及司法制度领域。从研究领域和学术成果亦能反映出司法责任制改革源于并聚焦刑事司法领域,主要解决刑事司法中冤假错案时有发生,职权不清、权限不明、责任不实等突出问题,同时亦需为司法责任制改革提供基础理论支撑和改革建议方案。

(三)研究重点

随着中央提出司法责任制改革以及最高人民法院、最高人民检察院出台完善司法责任制的若干意见,理论界和实务界围绕司法责任制这一主题展开了全面深入的探讨。在司法改革过程中,出现了与司法责任制相关的术语,如“错案责任追究制”“违法审判责任制”“办案责任”“司法问责”“审判/法官责任制”“法官职业伦理责任”等。上述研究就司法责任制的概念、基本原则、适用范围、构成要件、责任标准、责任形式、适用程序、错案的认定标准等内容进行了有益的研讨,为深化司法责任制的思想认识、理论研究和实务操作奠定了基础。

---

〔1〕 孙海龙等:《司法责任制改革》,法律出版社 2017 年版。

〔2〕 王葆莳、赵冠男:《德国司法责任制度研究》,武汉大学出版社 2018 年版;于熠、潘萍:《日本司法责任制度研究》,武汉大学出版社 2019 年版;黄文旭:《加拿大司法责任制度研究》,武汉大学出版社 2018 年版。

从研究的视角看，有学者梳理我国法官责任制度的历史沿革，归纳发展态势呈现的鲜明特点，并对未来发展进行展望。[1] 有学者以最高人民法院、最高人民检察院出台的关于完善司法责任制的意见为分析样本，探析司法责任制理论问题（包括司法责任制的含义、性质、主要内容、理论基础和基本原则）。[2] 现有学术研究主要聚焦以下内容。

1. 关于司法责任制的概念

基于不同的视角，对司法责任制的界定亦不相同。有学者主张"司法职责—不利后果"说，[3]有学者提出履职保障说，[4]有学者提出复合概念说，[5]也有学者主张责权利平衡说，[6]还有学者认为是一种以追责为主的有限度的司法责任追究制。[7] 具体到关于人民法院司法责任制（法官责任），陈卫东教授认为，狭义的司法责任是指法官在其职责范围内对办案质量所承担的责任，以豁免为原则，以追责为例外。[8] 熊秋红教授认为，

---

〔1〕 熊秋红：《中国语境下的法官责任制》，载《人民法治》2016 年第 6 期；江国华、赖彦君：《新中国成立 70 年来法官责任制改革的历程与展望》，载《江汉学术》2020 年第 5 期。

〔2〕 王迎龙：《司法责任制理论问题探析——基于"两高"关于完善司法责任制的两份意见》，载《社会科学家》2016 年第 6 期。

〔3〕 司法责任制是指司法责任主体基于其所承担的司法职责，因在履行职责时存在违法违纪的行为而应承担的法律上的不利后果。司法责任是一种法律责任，不同于道义责任、伦理责任、政治责任等，在具体责任承担形式上表现为刑事责任、纪律责任及民事责任。参见陈光中、王迎龙：《司法责任制若干问题之探讨》，载《中国政法大学学报》2016 年第 2 期。

〔4〕 司法责任制的核心在于科学设计确保司法官正确履行职责的机制，不能简单地等同于追究法官的责任。参见阮志勇、易海辉：《落实中央司法体制改革精神　完善人民检察院司法责任制——第五届中国检察基础理论论坛观点综述》，载《人民检察》2015 年第 21 期。

〔5〕 司法责任制是一个涵盖司法权运行机制、司法监督和管理、司法人员职责和权限、司法责任的认定和追究等多方面内容的复合概念。姜保忠：《司法责任制视角下的错案刑事追责机制构建》，载《法治研究》2016 年第 5 期。

〔6〕 "司法责任制的重点是构建责权利的平衡机制，不是单纯的司法问责制；不是错案追究制，是内部追责而非外部追责。司法责任制强调的是构建科学合理的司法归责、定责、问责机制。"参见胡仕浩：《论人民法院"全面推开司法责任制改革"的几个问题》，载《法律适用》2016 年第 11 期。

〔7〕 宋远升：《司法责任制的三重逻辑与核心建构要素》，载《环球法律评论》2017 年第 5 期。

〔8〕 广义的审判责任还包括审判瑕疵责任、职业纪律责任，但均不宜纳入审判责任的范畴。陈卫东：《司法责任制改革研究》，载《法学杂志》2017 年第 8 期。

人民法院司法责任制是具有中国特色的法官办案责任，主要内容包括“以法官独立审判为前提、以法官员额制为配套、以完善法官职业保障为条件、以主客观相统一为追责原则”。[1] 周长军教授通过对我国传统司法实践中混乱的法官问责方式进行考察，认为法官责任在性质上属于一种“办案责任”或“业务责任”。[2] 还有学者认为，司法责任语境下的法官责任在某种程度上是为保障法官独立审判按照司法属性设置的排他性保护机制。[3]

2. 关于追责模式

陈瑞华教授提出的结果责任、程序责任、职业伦理责任三种模式，在理论界影响较大。[4] 有学者通过对不同责任语境下的法官责任制进行解读，反思结果中心主义法官责任的不足，主张在司法责任语境下建立“行为中心主义”的追责模式。[5]

3. 关于追责主体

有学者反思我国法官惩戒主体制度，认为现行法官惩戒主体呈多元化：同体问责与异体问责并存（包括纪检监察机关、各级人大及其常委会、追究刑事责任的司法机关以及法院内部的监察部门）；惩戒主体的内部化造成法官惩戒的权威性不足，行政化导致程序性不足，部门化导致原动力不足。[6]

4. 关于追责基准

有学者主张构建主观与客观二元、错案与一般不当行为双层的问责基

---

[1] 熊秋红：《中国语境下的法官责任制》，载《人民法治》2016 年第 6 期。

[2] 周长军：《司法责任制改革中的法官问责——兼评〈关于完善人民法院司法责任制的若干意见〉》，载《法学家》2016 年第 3 期。

[3] 蒋惠岭：《司法改革的知与行》，法律出版社 2018 年版，第 194 页。

[4] 三种模式都是司法体制改革的产物，均有各自存在的制度空间，也有相应的局限性和实施障碍，应对三种责任制度进行重新整合，以确立未来法官责任制度的发展方向。陈瑞华：《法官责任制度的三种模式》，载《法学研究》2015 年第 4 期。

[5] 王迎龙：《司法责任语境下法官责任制的完善》，载《政法论坛》2016 年第 5 期。

[6] 万进福：《我国法官惩戒主体制度的反思与重构》，载《人民司法·应用》2017 年第 22 期。

准。[1] 还有学者指出,我国应建立以不当行为为主、错案追究为辅的二元惩戒机制,强化或转向法官职业伦理责任建设。[2]

5. 关于法官惩戒制度

有学者提出,"法官惩戒制度的基础是权力责任清单、核心是责任追究体系,后盾是法官职业保障"[3]。法官惩戒制度存在惩戒机构设置和权力分配不合理、惩戒事由存在缺陷、惩戒程序不完善等弊病。[4]

6. 关于域外法官惩戒制度研究

学者们围绕法官的职务监督和责任形式、惩戒主体和事由、惩戒措施和程序、法官的救济措施,对英美德法日等国家的司法责任制度展开研究。有论者从比较法的视角,梳理域外(主要是两大法系主要国家)法官豁免权的历史渊源、发展脉络、豁免界限和范围,为构建我国的法官豁免制度提供借鉴。[5]

7. 其他研究视角

有学者挖掘古代或传统司法责任制中的"优良因子""合理因素",为

[1] 周长军:《司法责任制改革中的法官问责——兼评〈关于完善人民法院司法责任制的若干意见〉》,载《法学家》2016 年第 3 期。

[2] 蒋银华:《法官惩戒制度的司法评价——兼论我国法官惩戒制度的完善》,载《政治与法律》2015 年第 3 期;詹建红:《我国法官惩戒制度的困境与出路》,载《法学评论》2016 年第 2 期;王小光、李琴:《我国法官惩戒制度二元模式的思考与完善》,载《法律适用》2016 年第 12 期;刘广林、冀宗儒:《责任与伦理:违法审判责任的局限及补救》,载《社会科学研究》2016 年第 5 期;张莹、黄宗儒:《法官职业伦理责任制的构建——由错案追究制所带来的困境谈起》,载《河北法学》2019 年第 4 期。

[3] 张炎、李珊:《法官惩戒制度的基础、核心与后盾》,载《人民司法·应用》2018 年第 4 期。

[4] 徐静村、潘金贵:《法官惩戒制度研究——兼论我国司法弹劾制度的建构》,载《公法研究》2004 年卷。

[5] 徐静村、潘金贵:《法官惩戒制度研究——兼论我国司法弹劾制度的建构》,载《公法研究》2004 年卷;谭世贵、孙玲:《法官责任豁免制度研究》,载《政法论丛》2009 年第 5 期;娄必县:《法官职业危机的克服与豁免权构建》,载《武汉理工大学学报(社会科学版)》2018 年第 3 期;郭宁:《法官豁免权的存在空间及其限度——基于两大法系的比较视角》,载《山东师范大学学报(人文社会科学版)》2013 年第 6 期;唐海山、赵杰宏:《我国构建法官豁免权制度的必要性分析——以司法责任终身制为语境》,载《山西省政法管理干部学院学报》2019 年第 1 期。

当代相关制度的构建提供参考。[1] 有论者另辟蹊径,从成本分析的角度研究错案责任追究制度,[2]不断丰富学术研究的视角和养分。还有学者另辟蹊径,研究刑事司法制度中与"归责"相对的"卸责"现象,提出卸责理论,归纳基本样态(以法院为中心和以法官为中心的卸责机制),在落实追责的前提下构建合理的卸责机制,给司法责任制改革适当做减法。[3]

从上述研究成果来看,学术界对司法责任制的重要性和一些基本问题达成了共识,如司法责任制不应局限于司法责任追究,司法责任追究不是错案责任追究,不能以错案结果作为认定标准,司法责任追究程序应向司法化转型等。多年来的司法责任制改革实践取得了显著成效,并以立法的方式固化成果经验。《法官法》《人民法院组织法》将司法责任制部分改革成果以立法的形式予以固化。司法责任制改革是一项长期的系统工程,许多问题在理论层面、实践层面尚待进一步深入研究,目前司法责任制研究存在一些不足之处:(1)司法责任制相关概念的界定和使用较为混杂,指向不明、范围不一,使学术讨论缺乏共同的话语,不利于在理论上达成共识。从上述学术成果来看,分别使用"司法责任""法官责任""审判责任""司法问责""错案责任追究"。(2)目前的研究主要专注于理论阐释、思辨探讨,实证研究较为薄弱。司法责任制作为一种与司法人员具体司法行为及司法权运行紧密联系的责任制度,不能仅是一种理论逻辑推演或者纯粹的规范研究,更应是一种实证观察或实践验证,否则司法责任制研究难免缺乏说服力。(3)目前的研究主要集中于宏观叙事,微观论述较少,特别是与部门法、司法过程结合较少,无法全面揭示司法责任制运行状况。司法体制改革的诸多举措是相辅相成、内在关联的,唯有坚持整体性、系统性和协同

---

[1] 柴荣、林群丰:《论中国传统司法责任制度及其当代价值》,载《河北学刊》2015 年第 6 期。

[2] 刘伟:《错案的成本分析与错案责任追究制度》,载《学术研究》1998 年第 8 期。

[3] 卸责的手段主要有诉诸权威、规则依赖、对外转移和集体承担等。在机构层面,法院通常将责任转移给检察机关和上下级法院;在个人层面,法官则将责任转移给合议庭其他法官、陪审员、审判委员会以及被告人本人等。参见高童非:《我国刑事司法制度中的卸责机制——以法院和法官为中心》,载《浙江工商大学学报》2019 年第 9 期。

性，方能切实发挥改革的实效。司法责任制也并不是孤立存在的，其与其他相关司法制度或者司法改革措施紧密相关，耦合性强，在进行制度设计时应置于司法改革的大系统中通盘考虑，统筹推进。（4）目前的研究基本上属于一种“问题—对策型”或者本体论的研究，对司法责任制设计的科学性或合理性方面进行论证，特别是如何构建契合我国实际、符合职业特点的司法责任制，正确处理好有序放权与有效监督、责任追究与职务保障的关系，亟须理论界和实务界作出回应。司法责任制在新时代是一个崭新命题，有必要对其进行基础性、系统性的研究，以推动理论研究向纵深发展，更好地指导司法改革实践。

三、研究方法

本书综合采用了以下研究方法。

（一）历史研究法

以史为鉴，总结法官责任制成败得失，从中汲取历史养分。坚持历史眼光，梳理法官责任制的历史沿革和发展脉络，明晰司法责任制的“前世今生”，汲取其间的合理因素，在此基础上扬弃并创新。

（二）比较研究法

因政治体制、历史传统、法律文化等因素的差异，司法责任制在不同法系、不同国家和不同语境[1]中呈现不同的面向，唯有坚持问题导向和实践导向，既不照搬照抄，也不故步自封，“取其精华、为我所用”，方能构建符合司法运行规律和实践需求的司法责任制。

（三）系统、逻辑和辩证分析法

司法责任制属于司法改革工程中的一个基础子系统，涉及系统内外、

---

〔1〕 语境（context）是指意义确定的某种特定的语言环境，其是一种多向度的思维方式，法学领域中语境论的研究方法在于强调特定的法律制度存在及有效发挥作用的特定意义价值谱系和具体的社会、经济、文化、历史等现实图景。参见卞建林等：《中国司法制度基础理论研究》，中国人民公安大学出版社2013年版，第1～2页。

上下左右的关系,其自身又包含相互关联、相互作用的各种要素,唯有树立系统思维、整体思维,方能探究司法责任制的全貌;从规范分析和逻辑演绎的角度,分析司法责任制的理论“瓶颈”和实践困境,明晰改革面临的问题和使命;以辩证法对司法责任的运行机制和构成要素进行分析,有助于深入解构司法责任制的不同面向。

(四)实证研究法

司法责任制改革具有鲜明的时代特征和实践品性,事关每一名司法者的权利义务和权限职责,对其研究必须结合我国司法实践,通过发放问卷调查、深入阅览卷宗、典型案例分析、个别深度访谈、系列交流座谈等方式开展实证研究,以分析司法责任制运行存在的问题,剖析原因,提出对策。

第一章

司法责任制概述

明确研究对象的基本概念是开展学术讨论的第一步。司法责任制系因应本轮司法改革而产生的“新概念”，其内涵和外延如何，与其他相关概念有何区别，有何功能？对司法责任制的研究，有必要从基本概念入手，界定本书语境下的司法、责任、司法责任、司法责任制等集合概念，并与相关概念加以区别，以明确本书研究的基本范畴和对象。

第一节　司法责任的内涵

司法责任在不同的语境下，具有不同的内涵。从语义解释的角度来看，司法责任由“司法”与“责任”两个名词组成。司法意味着权力（通常是审判权），责任意味着义务。司法责任是司法者代表司法机构行使司法权及其应承担的法律责任。司法责任伴随司法权的扩展而产生，主要解决“权力—责任”的关系。

一、司法责任的概念

(一)司法的概念

从学术研究来看,我国司法的概念从三个不同维度展开:一是指广义的司法,包括立法、司法活动;二是指三大诉讼活动;三是指审判活动。[1]不同法系、不同国家和不同语境中,司法的概念并不完全一致。近代以来,世界各国通行的司法即审判。“司法”相应的英文为“justice”,与汉字司法权相对应的英文用字是“judicial power”“judicial authority”。[2]

从词典定义来看,司法的核心内容是处理案件,即认定案件事实、适用法律规范,对案件作出处理的行为。[3] 司法主体具有法定性(特定性),主要是指公检法三机关,还包括国家安全等依法履行法定职责的机关,除法律规定的特定机关(或主体)外,其他任何组织或个人均不享有司法权,如向公民调取收集证据、对嫌疑人或涉案财物采取强制性措施、开展现场勘查或侦查实验等,只有特定机关及其工作人员有权进行。司法具有严格的程序性,即司法活动须依照诉讼程序在法定框架内进行,受法律约束,不得随意而为,违反法定程序可能导致司法行为无效。

2006 年我国首次明确了司法机关的范围,[4]即人民法院和人民检察院。刑事司法实践和刑事诉讼理论通说亦持该观点。[5] 随着司法实践的

---

〔1〕“司法”通常有三种含义:“第一种指国家有关部门的立法、侦查、起诉、审判等一系列的活动;第二种指国家专门机关所进行的执法行为,包括刑事诉讼中的侦查、起诉、审判、执行等活动和民事、行政诉讼中的审判活动;第三种指法院的审判活动。这三种含义在不同的语境下经常交错使用。”参见杨宇冠:《论刑事司法规律》,载《法学杂志》2016 年第 3 期。

〔2〕参见张建伟:《刑事司法体制原理》,中国人民公安大学出版社 2002 年版,第 10 ~ 12 页。

〔3〕根据《现代汉语词典》,司法是指公安机关、人民检察院和人民法院按照诉讼程序应用法律规范处理案件。中国社会科学院语言研究所词典编辑室编:《现代汉语词典》(第 7 版),商务印书馆 2016 年版,第 1234 页。

〔4〕2006 年,中共中央出台《关于进一步加强人民法院、人民检察院工作的决定》。

〔5〕“中国式”司法应为国家的诉讼职能活动,司法机关应为法院、检察院。参见陈光中、崔洁:《司法、司法机关的中国式解读》,载《中国法学》2008 年第 2 期。

发展和理论研究的深化，特别是立足于中国本土实际和中国特色社会主义司法制度的完善，司法机关的外延及职权随之不断丰富拓展。刑事诉讼流程中具有终局性意义的是审判程序。[1] 从中央纲领性文件和改革实践来看，司法机关包括公检法司等机关，特别将刑罚的执行一并纳入司法的全过程，分工、配合、制约原则适用的范围得以扩展。司法权是对案件事实和法律的判断权和裁判权。司法权的基本特征表现为中立性、消极性、独立性和终局性。刑罚的执行亦包含诸多判断问题，如减刑等变更刑罚执行的活动，需经历提出申请、进行审理（或审核）、作出决定等一系列环节和程序，这都涉及运用证据进行证明进而作出裁决的问题。因此，随着司法改革实践的不断深化，司法机关的外延得以拓展，司法职权的定位更为科学。本书所称的司法是指人民法院在职权范围内依照法定程序，认定事实、适用法律并对案件作出处理的行为。

（二）责任的概念

"责任"包含积极和消极两个方面的含义：(1) 积极责任，即做好分内应做之事，主动承担与其角色相适应的职责；(2) 消极责任，即没有做好分内应做之事，应承担不利后果。[2] 司法领域的责任通常具有法定性，既指司法者履行法定职责，行使法定权力；又指未能正确履职、行为不当而应承担的法律上的负面评价和不利后果。归责是一个复杂的责任判断和归结过程。[3] 因果关系是归责的前提，将是否存在个人可控的原因作为判断责任是否发生的根据，强调行为人主客观相统一的要素，能够较为公允地评判责任的发展走向。

---

[1] 《依法治国决定》在"保证公正司法，提高司法公信力"部分明确提出，"优化司法职权配置。健全公安机关、检察机关、审判机关、司法行政机关各司其职，侦查权、检察权、审判权、执行权相互配合、相互制约的体制机制"。

[2] 参见张文显主编：《法理学》（第四版），高等教育出版社、北京大学出版社 2011 年版，第 121 页。

[3] 关于责任的判断和认定可参见[美]B. 维纳：《责任推断：社会行为的理论基础》，张爱卿等译，华东师范大学出版社 2004 年版，第 5～13 页。

(三)司法责任的概念

在我国传统的官方话语体系和制度逻辑中,鲜有"司法责任"的概念和坐标。"司法责任"一词因应本轮司法改革而产生,最早出现于《完善司法责任制意见》这一规范性文件。何谓司法责任?有论者指出,"司法责任"这一概念被政治化或情绪化地表达或演绎。[1] 关于责任概念的形成逻辑,事实上并不清晰。比如,长期以来相关规范性文件中使用频率最高的是"办案责任",其次是"违法审判责任",到了本轮司法体制改革涌现出"司法责任"的概念。而由于话语实践的惯性又使"办案责任""违法审判责任""司法责任"这三组概念同时存在于当下司法场域中,形成概念间的交叉关系以及意涵要素上的复杂结构,进而对各自概念的明晰化产生相互影响。三者的概念关系,既非时间上的前后关系,也非意义结构的并列、递进或者涵摄关系,因而它们其实都分享了彼此概念的知识要素进而以一个综合化的概念(束/群)呈现出来。这无疑会导致单一的法官责任概念意涵的模糊化。[2] 本书认为,司法责任是指司法者基于法定职责,在行使司法职权、履行司法职能过程中对国家、社会和当事人产生的法律责任。司法责任的概念可以从以下几个方面加以理解。

1. 司法责任是司法者基于法定职责而产生的

司法者行使权力,权力产生责任,有权必有责。职权法定是司法责任产生的前提和基础。在我国,法官并未获得完整意义上的个体独立,审判权在法院内部亦非法官独享,而是呈现出多维主体共享的格局。从纵向上看,不同的审判组织和主体在审判权运行过程中不同程度地分割行使审判权。从横向上看,与审判权行使相关的人员中,还包括人民陪审员、审判辅助人员等,其履职行为也会影响审判权的正确行使。从权力配置来看,除

---

[1] 当《完善司法责任制意见》作为一份由众多法律专家参与讨论、质疑、修改并经过法定程序最终正式通过的规范性文件出台时,"司法责任制"这一标题性的核心概念已经被先验地赋予了不同的内涵和外延。参见傅郁林:《司法责任制的重心是职责界分》,载《中国法律评论》2015年第4期。

[2] 参见方乐:《法官责任制度的司法化改造》,载《法学》2019年第2期。

审判权这一核心权力外，还存在发挥保障和监督功能的审判监督权和审判管理权，共同杂糅在审判权运行体系之中。因此，无论是享有审判权的个体之间，还是与审判相关的权力之间，均需明确职权界限，厘清职责范围，保证权责一致。

2. 司法责任是司法者在行使职权过程中产生的

司法责任适用于职务上的行为，其他非职务行为或业外行为则不属于司法责任适用的范畴。司法者职务上的行为主要是行使法定的司法权，通常表现为办理案件。从法官的角色和承担的职责来看，法官兼具“法律人”和“社会人”双重角色。就“法律人”角色而言，又有“审判之中”和“审判之外”的行为之分。对于“审判之中”的行为，坐堂问案，敲槌定案，承担司法责任系应有之义；对于“审判之外”的行为，应区分与案件审判的过程和结果有无关联以确定司法责任之有无。就“社会人”角色而言，法官亦是普通公民，要求其具有良好的道德品行。因此，司法责任适用的行为具有特定性，对于司法者从事的与职务无关的行为不适用司法责任，否则可能导致司法责任泛化和扩大化，违背制度设立的初衷。

3. 司法责任追究的事由是司法者在行使职权过程中实施的不当行为

此即惩戒事由。司法活动纷繁复杂，无论是实体认定还是程序实施，只要承认“人无完人”“法官非神”，则司法行为难免会出现瑕疵或差错。同时，司法又是司法者主客观相统一的过程，难免融入法官的“自由裁量权”。如果司法行为存在一般过失或裁判结果发生错误即追究责任，那么基于“理性人”假设，司法者会想方设法推卸或逃避责任，而不敢下判、不愿下判，转移矛盾，最终损害的是当事人的合法权益和司法机关的司法威望。因此，容许司法者在一定范围内“出错”或建立适当的“容错”机制，对于保障法官依法独立裁判，敢于担当尽责具有激励和导向作用。否则“干得多、出错多、责任多”，会严重损害司法者办案的主动性和积极性，导致其选择办理简单案件，逃避办理疑难复杂案件，这种“逆向选择”会严重影响办案质效。因此，应兼顾“独立—责任—保障”的动态平衡关系，根据主客观相统一的原则，将惩戒事由限定在合理范围内。唯有在履职过程中基于故意或重大过失实施的不当行为,方有司法惩戒之必要。

4. 司法责任是司法者对国家、社会和当事人所承担的责任,责任主体是司法者个人

在我国,审判权整体上由人民法院依法独立行使,[1]法官对外以法院的名义行使审判权,裁判结果亦由法院作出,随之可能产生的风险和责任亦由法院承担。但就具体的司法职能或司法行为而言,法官是个案中法院的特定代理人,亦是司法责任的直接承受主体。根据《公务员法》的规定,[2]法官属于公职人员。根据《法官法》的规定,普通法官由院长提请本级人民代表大会常务委员会任免。[3] 法官作为公职人员,依照法律代表国家行使司法权,承担惩罚犯罪、保障人权、化解矛盾、定分止争的司法职能,此系司法者对国家的责任。现代司法秉承公开透明原则,一方面,司法裁判行为及结果对于调整社会关系、弘扬主流价值、确立行为规范具有重要的引领导向作用;另一方面,司法裁判活动具有公共服务性质,司法裁判文书具有"公共产品"属性,均须接受社会监督和检验,特别是新闻舆论监督,此系司法者对社会的责任。在具体个案中,法官须秉持客观中立之立场,查明事实、划定责任、平衡利益、评判是非、居中裁判,让当事人感受到公平正义,此即司法者对当事人的责任。综上,司法责任是融合司法者的国家责任、社会责任和当事人(个人)责任于一体的复合责任,三者层次分明、紧密相连、相辅相成、有机统一。国家责任是最高层次的宏观责任,着眼于国家视角、政权思维,关切国家根本,有助于增强司法者的职责使命感和职业尊荣感,实现司法的政治效果。社会责任是处于第二层次的中观责任,着眼于治理视角、民众思维,关切社情民意,有助于培养司法者的公共

[1] 《宪法》第131条、《刑事诉讼法》第5条均规定,人民法院依照法律规定独立行使审判权,不受行政机关、社会团体和个人的干涉。

[2] 根据《公务员法》第2条的规定,公务员是指依法履行公职、纳入国家行政编制、由国家财政负担工资福利的工作人员。

[3] 根据《法官法》第18条的规定,地方各级法院院长由本级人民代表大会选举和罢免。在省、自治区内按地区设立的和在直辖市内设立的中级人民法院院长,由省、自治区、直辖市人民代表大会常务委员会根据主任会议的提名决定任免。

意识和担当精神，实现司法的社会效果。当事人（个人）责任是处于基础地位的微观责任，着眼于法律视角、专业思维，关切基准底线，有助于督促司法者严格公正司法，实现司法的法律效果。司法者在司法活动中唯有多维度、全方位考量，避免片面、孤立、机械司法，方能统筹实现政治效果、法律效果和社会效果的统一。

5. 司法责任是一种归结于司法者的法律责任，[1]是司法者承担的法律上的不利后果

"有权必有责，失责须担责"，责任法定、责任自负，责罚相当，是责任认定与归结的基本原则。设置司法责任不是为了单纯追究司法者的法律责任，而是为了保障司法者依法独立裁判，同时通过适度监督促进司法者正当履职、勤勉尽职，达至独立与责任的合理平衡，从而实现司法公正。司法责任，一方面是指实体法规范意义上的责任，根据责任类型的性质大致包括民事（法律）责任、行政（法律）责任（纪律责任）和刑事（法律）责任，法律责任一旦付诸实施即对法官造成不利后果，轻者如承担民事赔偿责任，接受纪律政务处分；严重者甚至承担刑事责任，接受刑罚制裁。另一方面是指惩戒程序司法化和惩戒措施的法定化，即司法者承担不利后果需由法定程序确认，并具有明确的法律依据。只有法律明确规定的，方可课以惩戒措施。除法律之外的其他规范性文件，不能设定"不利后果"的种类、数量、幅度和严苛程度等，这也是正当程序的客观要求。

---

〔1〕 法律责任有广义、狭义之分，前者是一般意义上法律义务的同义词，后者是指由违法行为所引起的不利法律后果。关于法律责任的界定，学界有三种代表性的观点，分别是法律的否定性评价、法律上的不利后果和特殊意义上的义务。通说认为，法律责任是由特定法律事实所引起的对损害予以补偿、强制履行或接受惩罚的特殊义务，亦即由于违反第一性义务而引起的第二性义务。第一性义务是一般意义上的义务，即通常所说的法律义务，包括法定的作为或不作为的义务以及合法约定的作为或不作为义务；第二性义务是特殊意义上的义务，通常是指由于违反了法定义务或约定义务而引起的新的特定义务。参见张文显主编：《法理学》（第四版），高等教育出版社、北京大学出版社 2011 年版，第 121 页。

二、司法责任相关概念辨析

(一)司法责任与司法问责

司法责任的前提是明确司法者的职权,一方面强调司法者职责的法定性,保障司法者依法独立履行职责;另一方面强调责任的承担,即违反法定职责符合法定情形须承担不利的法律后果,基本要素包括司法责任的主体、范围、事由、标准、法律后果等实体性内容。司法责任注重责任与保障相统一。问责起初适用于行政管理领域,即追究政府官员的责任。问责的形式包括引咎辞职、停职、免职和撤职等。问责偏重于追究责任,后来逐渐引入司法领域,对于办理案件造成严重后果或恶劣影响的,追究相关人员的责任。问责制(英文法律文献中称 accountability system)指追究责任的制度,[1]司法问责即是追究司法责任,主要涉及程序法规范,规定程序的启动、调查、审议、处理和救济等程序性内容。司法责任与司法问责一体两面,相互支撑,从实体和程序两个维度共同构成司法责任制度的基本内容和制度体系。

(二)司法责任与司法救济

司法救济旨在保障公民、法人或其他组织在其合法权益遭受侵害时,有权通过司法(或诉讼)的渠道寻求救济。当司法者违反法定程序,实施违法行为,侵犯他人合法权益时,法律赋予被侵害者通过上诉、申请再审或国家赔偿等渠道寻求司法救济,保护其合法权益。司法救济[2]是国家给当

---

[1] Matthew Flinde R. S., *The Politics of Accountability in the Modern State*, Aldershot: Ashgate, 2001.

[2] 司法救济是国家司法制度为当事人、利害关系人提供的补救途径,实质上是国家作为一个"制度系统"向当事人和社会承担的责任。比如,为纠正错案而设立的上诉程序(正常救济途径)和再审程序(特别救济途径),为补偿错案给当事人造成的侵害而设立的国家赔偿责任。司法问责是法官或其他审判人员作为一个"司法职业者"个人向国家承担的责任,或者说是国家对法官个人的惩戒。参见傅郁林:《司法责任制的重心是职责界分》,载《中国法律评论》2015 年第 4 期。

事人提供的权利救济管道，是国家对外承担的一种道德义务和托底责任；司法责任则是司法者个体在特定情形下须承担的办案责任，更多是一种对内责任。二者并行不悖、相得益彰，从国家和司法者、对外和对内两个层面相互补充，共同保障维护公民合法权益。

（三）司法责任与国家赔偿

国家机关及其工作人员在行使权力、履行职责过程中侵犯他人合法权益造成损害的，应当承担赔偿责任，即国家赔偿责任。[1] 从性质上看，刑事赔偿属于国家对刑事诉讼中专门机关及其工作人员的职权行为承担的一种赔偿责任，是对遭受权力侵害的受害人的救济方式。国家赔偿责任是一种客观的对外责任，不以司法者存在过错为要件，只要客观上因行使职权对受害者造成损害，即应承担赔偿责任。国家赔偿责任是一种替代性责任，为保障司法者免遭受害者的民事诉讼，由国家代替司法者对遭受权力侵害的受害人承担对外的赔偿责任。司法责任是司法人员不当履职行为而引发的法律责任，这种责任追究具有惩戒性质。司法机关对外承担赔偿责任，并不意味着司法者一定要承担错案责任，二者应予以严格区分。[2] 但在行为人实施故意犯罪或重大过失行为的情况下，国家在履行赔偿义务后有权向责任者追偿。[3]

---

〔1〕 关于国家赔偿的性质，有代位责任说、自己责任说、合并责任说、中间责任说和折中说。其中前两种观点争议较大。代位责任说主张，公务人员在执行职务过程中的侵权行为，本质上是个人侵权行为，应由公务人员个人承担赔偿责任。因公务人员个人财力有限，且赔偿影响其执行职务，故由国家代替公务人员向受害人赔偿，同时保留对公务人员的追偿权。自己责任说认为，公务人员执行职务的侵害行为，是公务人员代表国家时所作的不法行为，由此产生的责任应直接归属于国家，由国家对受害人负责。参见沈岿：《国家赔偿法：原理与案例》（第二版），北京大学出版社2017年版，第20～21页。

〔2〕 参见李建明：《错案追究中的形而上学错误》，载《法学研究》2000年第3期。

〔3〕 根据《国家赔偿法》第31条的规定，赔偿义务机关赔偿后，对于存在"刑讯逼供或者以殴打、虐待等行为或者唆使、放纵他人以殴打、虐待等行为造成公民身体伤害或者死亡的；违法使用武器、警械造成公民身体伤害或者死亡的；在处理案件中有贪污受贿，徇私舞弊，枉法裁判行为的"情形之一的，应当向工作人员追偿部分或者全部赔偿费用；对责任人应当依法给予处分；构成犯罪的，应当依法追究刑事责任。

第二节 司法责任制的内涵

在明确司法责任的概念和特点后,司法责任制的内涵亦得以确定。人民法院司法责任制是一个综合性的制度体系,是以审判组织及其人员职权的科学界分为前提条件,以“让审理者裁判、由裁判者负责”为核心要义,以若干配套保障措施为重要支撑,融合实体性规范和程序性规范于一体的司法自治和监督制约体系。

一、司法责任制的前提:审判职权之合理界分

司法责任制的基础是建立科学的审判权运行机制,前提是明确划分审判组织及其人员的职权。司法者的职责权限如果不明确,司法责任则无从谈起,更无法落实。司法职权具有多重性、复杂性:一是涉及不同审判组织的职权及相互关系,兼及专业法官会议的性质和功能;二是涉及司法者个体,即合议庭成员及审判委员会委员的职权及相互关系,还兼及法官与法官助理、书记员的职权及相互关系;三是从审判监督管理来看,作为监督管理者的院庭长,其职权范围和边界何在,与审判组织、裁判者个体之间的关系如何,均须按照司法权运行的规律和要求,配置职权,明确责任。因此,科学界分审判组织及其人员的职责权限是司法责任制的前提基础。[1]

二、司法责任制的要义:让审理者裁判,由裁判者负责

“职权—责任—保障”相统一是司法规律的内在要求和审判权的应有之义。“让审理者裁判”旨在解决审理权与裁判权分离的问题,保证审判主

---

〔1〕 参见傅郁林:《司法责任制的重心是职责界分》,载《中国法律评论》2015 年第 4 期。

体享有独立的审判权，实现法院内部司法裁判的去行政化，[1]这是因为审判讲求亲历性，遵循直接言词原则，[2]法官须身体力行，亲自接触人证（当事人、证人、鉴定人等出庭），通过“察言观色”“望闻问切”以获取案件事实的鲜活印象，实现裁判结果出自法庭的目标。[3] 无论是开庭审理还是阅览卷宗，均涉及对证据的审查判断、对人证的感性印象，而这是单纯依靠阅读审理报告、听取口头汇报所无法达至的效果。与阅览卷宗相比，阅读审理报告的方式更为间接，证据信息可能会失真，这是因为制作审理报告特别是对证据的摘录、分析和判断，不可避免会融入法官个人的主观判断，因选取的视角、内容和关注点等不同，其证明的案件事实和立基于此的定性量刑、法律适用等可能会发生偏差。故此，卷宗材料是第一手原始材料，是“原汁原味”的书面材料，在研究案件时须充分发挥其作为第一手资料的价值，对审理报告等传来的第二手资料须持谨慎态度。

“由裁判者负责”解决的是裁判与责任不统一的问题，要求裁判者对裁判行为及结果负责，行为与责任相一致。根据《人民法院组织法》的规定，人民法院作为一个整体对外承担责任。[4] 但实际上，从外在表现来看，无论是提讯被告人、询问证人、被害人、鉴定人，开庭审理，还是制发裁判文书，代表法院履行职务行为的是法官，所产生的法律后果首先归于法院，对外亦由法院承担责任。但就法院内部而言，司法责任制作为司法机关办案质量的内控机制，要求理顺各审判主体的权限和职责，压实审判者个体的办案责任，实现“审—判—责”相统一。“由裁判者负责”旨在解决“责任不清、责任不实”的问题。

---

〔1〕 参见陈瑞华：《法官责任制度的三种模式》，载《法学研究》2015年第4期。

〔2〕 直接言词原则包含两部分内容：一是直接审理原则，要求法官能够亲自参与案件审判的每一个程序；二是言词审理原则，要求控辩双方能够以针锋相对的语言辩论形式推进庭审的进行。参见刘玫：《论直接言词原则与我国刑事诉讼——兼论审判中心主义的实现路径》，载《法学杂志》2017年第4期。

〔3〕 参见林钰雄：《严格证明与刑事证据》，法律出版社2008年版，第46页。

〔4〕 参见顾培东：《人民法院内部审判运行机制的建构》，载《法学研究》2011年第4期。

三、司法责任制的保障:配套措施之重要支撑

司法责任制是一项系统工程,其实施离不开一系列综合配套措施的支撑。当前,在刑事司法领域落实司法责任制较为具体的配套措施包括:设置公平的案件分配方式,对疑难复杂案件相对公平地“分摊”司法责任,避免选择性分案导致部分法官办案责任过重,出现卸责、责任外溢现象;完善刑事审判绩效考核制度,改变以办案数量为主要考核标准(“唯数论”)的错误导向,建立以工作质效(案件质量+数量+效率+效果)为标准的刑事审判绩效考核机制;借助现代科技,剥离大量事务性工作,引入人工智能加强对刑事司法过程和结果的管控,让法官能够专注于审判的“核心业务”,以助力司法责任制的落实;重大敏感刑事案件审判具有风向标作用,贯彻“三同步”原则是落实司法责任制的重要抓手。

司法责任制是由一系列相互关联、相互配套制度组成的法律体系,主要包括司法责任的实体性规范与司法追责的程序性规范。前者包括司法责任的承担主体、适用范围、追责标准、追责事由及法律后果等实体性内容,后者包括司法追责程序的启动、调查、审议、处理和救济等程序性内容,二者共同构成司法责任制的基本内容。司法责任制不是单纯的责任追究制,也不是错案责任制,其旨在遵循司法规律的基础上,构建一套有别于行政问责,符合司法职业特点的办案责任制度。司法责任制主要解决独立与责任之间的平衡关系,一方面,明确司法职责,保障司法者依法独立行使审判权,有助于防范其他组织和个人的非法干预,促进司法公正;另一方面,对司法者履职行为实施适度的监督和制约,课以相应的法律责任,有助于防范权力任性,避免司法独断。同时,对司法者追究法律责任,应遵循司法规律,构建司法化的程序,在司法自治与监督制约之间保持合理的动态平衡。

第三节　司法责任制的功能

司法责任制改革的主要目的是在界分司法职权的基础上，保障司法者依法独立行使审判权，通过对司法职权的适度监督，强化责任意识，规范司法行为，防范冤假错案，保障审判独立，实现司法公正。其功能在于加强对司法者依法独立行使审判权的保障，构建司法者“独立—责任—保障”相平衡的监督制约机制。

一、强化责任意识，压实办案责任

司法行政化是我国司法运行与司法建设长期存在而未能解决的问题，[1]既往刑事审判因审理与裁判相分离、权力与责任不清晰、庭审走过场、形式化等问题而备受诟病。司法责任制改革旨在打破既往科层化、等级制的管理模式，回归审判权的本原，将决策权下放至办案一线，还权于一线法官。在案件办理和事实认定方面，相较于上级办案机构和人员，一线办案人员具有天然的优势，因其离案发现场最近、距离案发时间最短，特别是亲临犯罪现场，对犯罪的直观感受和冲击最为强烈，其对案件的把握显然是只审查卷宗材料、阅览书面报告所无法比拟的。例如，在办理故意杀人等命案时，为全面了解案发现场的状况，承办法官（或合议庭）踏勘案发现场显得尤为必要。在一起因邻里排水纠纷引发的命案中，被告人持刀先

〔1〕参见张卫平：《论我国法院体制的非行政化——法院体制改革的一种基本思路》，载《法商研究（中国政法大学学报）》2000 年第 3 期；谢佑平、万毅：《司法行政化与司法独立：悖论的司法改革——兼评法官等级制与院长辞职制》，载《江苏社会科学》2003 年第 1 期；陈瑞华：《司法裁判的行政决策模式——对中国法院“司法行政化”现象的重新考察》，载《吉林大学社会科学学报》2008 年第 4 期；王申：《司法行政化管理与法官独立审判》，载《法学》2010 年第 6 期；龙宗智、袁坚：《深化改革背景下对司法行政化的遏制》，载《法学研究》2014 年第 1 期。

后扎刺三人，其中两名被害人当场死亡，另一名被害人逃至邻居家而幸免于难（致重伤）。从监控录像来看，整个作案过程不足半分钟。因案发地点是一个相对封闭的大杂院，关于院落的结构、排水口的位置以及涉案人员的位置关系，现场勘查笔录和照片反映得不是很直观。为了解案发背景和起因，承办法官前往案发现场踏勘，直观了解大杂院的布局、排水沟的位置以及被告人作案的行动轨迹，从而有利于全面把握案件事实，增强内心确信，正确作出裁判。再如，在一起发生于同事之间、案发地位于公司厨房的故意杀人案中，现场有记录被告人进出案发现场的录像，但因晚上作案、灯光昏暗，无法判断现场及其周边的具体情况，被告人在厨房杀害被害人后即将厨房的灯关闭，门上锁。案发后不久被害人的丈夫即返回公司，发现厨房门被锁，未能找到其妻子，遂返回公司休息。为核实上述情况，承办法官前往案发现场实地查看走访，发现厨房是明窗，透明度差，白天从窗外几乎看不清厨房内的情况（须紧贴窗户玻璃方能看清大概），这也就解释了为何被害人的丈夫没能及时发现其妻子被害。因此，落实司法责任制，明确不同裁判者的职责，设定不同的权力清单，有利于增强法官的责任意识，压实办案责任，提高审判质效。

二、规范司法行为，预防冤假错案

本轮司法改革在某种意义上是以刑事司法改革为牵引的自上而下的全面系统改革，司法责任制倒逼司法者在履行职责时更为审慎，无论是实体的认定，还是程序的运行都要求符合法律规定。刑事司法实践表明，冤假错案的产生，除了归因于办案人员能力素质不高、办案理念落后、技术保障滞后等，很大程度上还源于办案行为不规范，特别是容易忽视对被告人有利的证据或情节，对被告人的无罪辩解和辩护人的无罪辩护意见重视不够。基于诉讼角色和职责分工的不同，审前程序与审判程序存在较大差异，随着办案阶段的推进和诉讼程序的开放，特别是辩护律师的介入，案件信息（包括无罪或轻罪的信息）不断丰富，及至审判阶段，法庭在控辩双方共同参与、社会公众广泛监督下，通过公开的庭审程序认定案件事实，依法作出裁判。因此，从程序的开放性来看，从侦查的密闭性、审查起诉的半开放，再到审判阶段的完全开放，办案程序日趋开放，案件信息不断公开（涉及国家秘密、未成年人、个人隐私或商业秘密等依法不公开开庭审理的案件除外）。从诉讼思维来看，从侦查阶段一元、有罪推定思维，到审查起诉阶段二元、客观义务思维，再到审判阶段的多元、无罪推定思维，思维方式逐步趋于科学。从诉讼参与主体来看，侦查阶段辩护律师介入时间较晚，所知悉的案件、证据信息有限，此时嫌疑人基本处于"客体"地位，积极防御的手段有限；审查起诉阶段，随着辩护律师的全面介入，有权查阅、复制、摘抄案件卷宗，提出有针对性的意见建议，嫌疑人的境遇有所改善；审判阶段，控辩双方在公开的法庭按照法定程序开展法庭调查，进行法庭辩论，被告人的主体地位得以充分体现，证人、鉴定人、侦查人员根据需要会应法庭通知到庭作证，除在法庭现场旁听外，网络庭审直播的要求使案件的审理过程还需要接受网民（普通民众）的"围观"和"检验"。司法机关的任何一点瑕疵或不规范的行为都有可能被无限放大。因此，落实司法责任制要求办案人员规范办案行为，恪守法定程序，最大限度地防范冤假错案的发生。

三、保障依法独立行使审判权，实现司法公正

我国审判权整体上由人民法院依法独立行使，不受行政机关、组织或其他个人的干预，对当事人保持中立客观。按照亲历性原则，法官对案件处理特别是事实的认定拥有独立自主裁决的权力，即保障法官裁判领域核心权力，目的是实现司法公正。

司法公正包含实体公正和程序公正两个层面。[1] 具体到刑事司法中,实体公正体现为认定案件事实符合客观真相,案件的实体处理结论符合罪责刑相适原则,法律适用和定性准确,量刑适当;程序公正表现为控辩平等、审判中立、审判公开以及裁判的及时性、终结性和说理性。[2]

就当事人而言,其参与诉讼主要是为了获取公正的实体结果,但在实体结果确定之前,其感受最直接的是诉讼权利是否被充分保障,程序是否公正,如法官的一言一行是否体现平等对待双方、被告人是否获得及时快速审判的权利、当事人家属是否被通知有权参加旁听、依法应当公开审理的案件是否公开等。这些程序性权利在诉讼过程中是否得以有效保障,在一定程度上决定着诉讼参与人对程序是否公正的评价。这是因为相较于实体公正的瞬时性(短暂性)、结论性,程序公正则具有持久性、过程性。在实体结果确定前,当事人接触或感受更多的是诉讼过程,即使将来其对实体结果可能产生不满,但因参与了诉讼过程,受到了公平对待,亦能消解、吸收其部分不满,增强裁判的可接受性。例如在非法集资案件中,涉及集资参与人人数众多,造成的经济损失数额特别巨大,集资参与人最为关心的是能否挽回损失以及挽回多少损失。由于案件信息的不对称,集资参与人通常无从知悉上述情况,而通知集资参与人推选代表参加诉讼,了解在案证据情况和财产状况,有利于最大限度避免因信息不对称而对法院或裁判结果产生不满的现象。因此,司法责任制倒逼司法人员严格公正司法,通过公正的程序实现实体的公正,进而提高司法公信力。

---

〔1〕 实体公正可以从两种意义上理解:"一是指司法者对人民实体权利和义务的公正分配,这是实体一般公正;二是指司法者根据实体一般的公正的要求,通过在诉讼中行使自由裁量权而达到公正的裁判结果,这是实体个别公正。前一种意义的实体公正属于实体法研究的范畴,诉讼法上的实体公正通常指实体个别公正,表现为裁判结果公正或结果公正。"参见樊崇义主编:《诉讼原理》,法律出版社2003年版,第177页。

〔2〕 参见杨宇冠:《论刑事司法规律》,载《法学杂志》2016年第3期。

第二章

我国法官责任制度的历史沿革、规范分析和实践样态

从人民法院司法改革的历程来看，司法责任制并非一个全新的事物。[1] 不论在何种责任制度下，不容回避的问题是：当法官在履职过程中实施不当行为或发生错案时，是否追究以及如何追究法官的责任。为避免语义混淆，本章暂用“法官责任制”这一表述。从历史沿革来看，我国法官责任制大致经历了错案责任追究制、违法审判责任制向主客观相统一的现代司法责任制演变。从规范层面来看，尽管法院系统内部形成了较为完备的法律制度体系，但仍存在法律规范位阶低、追责基准不统一、责任种类无序化等问题。从实践样态来看，基于对最高人民法院工作报告、基层刑事法官调查问卷以及典型案例的比较分析，发现实践中法官责任追究主要呈现结果责任和行为责任两种模式。上述两种模式反映出的诸多问题和困境，亟待通过司法责任制改革予以优化和完善。

---

〔1〕 胡仕浩：《论人民法院“全面推开司法责任制改革”的几个问题》，载《法律适用》2016 年第 11 期。

第一节 我国法官责任制的历史沿革

考察法官责任制的历史沿革,有助于了解这一制度的“前世今生”,把握其产生发展脉络。从20世纪90年代开始,以不同的追责基准为主导,我国法官责任制度大致经历了错案责任追究制、违法审判责任制,逐步向现代司法责任转型的三个阶段。三个阶段的划分节点不是绝对的,亦不表示每个阶段的责任类型具有排他性。责任演变是一个循序渐进的过程,每个阶段的命名只是揭示了该阶段占据主导地位的制度样式,不同样式之间存在并存或交叉关系。

一、错案责任追究制(1990~1997年)

作为冤错案件的制度性反思,从20世纪90年代初开始,部分地方法院开始探索错案责任追究制。[1] 1992年2月召开的全国法院纪检监察工作座谈会提出建立错案责任追究制,[2]同年12月召开的全国法院工作会议全面推介该制度,随后省级高级人民法院层面开始实施错案责任追究制。[3] 截至1993年10月底,河南等地在省内推行错案责任追究制。[4]

---

〔1〕 如秦皇岛市海港区人民法院于1990年开始探索错案责任追究制。参见周永坤:《论法官错案责任追究制》,载《湖北社会科学》2015年第12期。

〔2〕 参见张绳祖:《建立错案责任追究制度,保证法院公正审判案件》,载《法律适用》1998年第3期。

〔3〕 参见郭献文、陈海发:《河南明年施行错案责任追究制——案件办对办错一个样再也不能继续下去了》,载《人民日报》1992年11月18日。

〔4〕 参见张绳祖:《执行错案追究制度,提高人民法院办案质量》,载《人民日报》1994年2月22日。

最高人民法院1994年向全国人民代表大会所作的工作报告也印证了这一点。[1] 1995年颁布的《法官法》虽未在法律上确认"错案责任追究制"，但该法个别款项暗含"错案追究"的意味。[2] 随后，地方立法机关也开展积极的探索，以地方性法规立法的形式专门制定错案责任追究条例。[3]

总体而言，这一时期的错案责任追究制主要是一种以裁判结果为导向的结果责任模式，判决结果正确与否成为追究法官责任的主要标准。[4] 无论是在学术界还是实务界，错案责任追究制都存在较大争议。[5] 从各地出台的错案责任相关规定来看，法官问责基准存在"重客观轻主观，重结果轻行为"的倾向。地方法院基于自身利益需求，纷纷制定有关错案责任

[1] 1994年，最高人民法院向全国人民代表大会作的工作报告中提到，"各级人民法院还加强了内部自我监督机制，一些法院试行了错案追究制，对不公正的裁判和执法中的错误行为，本着'实事求是、有错必纠'的原则，坚决依法纠正"。这从侧面反映出该制度在全国试行推广的情况。

[2] 该法在"惩戒"一章规定了法官不得从事的13种行为，其中"玩忽职守，造成错案或者给当事人造成严重损失"蕴含着错案追究的意味。

[3] 陕西省第八届人民代表大会常务委员会第十七次会议于1996年1月30日审议通过《陕西省各级人民法院、人民检察院、公安机关错案追究责任条例》，江西省第八届人民代表大会常务委员会第二十九次会议于1997年8月15日通过《江西省司法机关错案责任追究条例》，内蒙古自治区第一届人民代表大会常务委员会第三十一次会议于1997年9月26日通过《内蒙古自治区各级人民法院、人民检察院、公安机关错案责任追究条例》，河北省第八届人民代表大会常务委员会第二十八次会议于1997年9月3日通过《河北省错案和执法过错责任追究条例》，海南省第一届人民代表大会常务委员会第三十一次会议于1997年9月26日通过《海南省各级人民法院、人民检察院、公安机关错案责任追究条例》，杭州市第九届人民代表大会常务委员会第八次会议于1997年12月24日通过《杭州市冤案错案责任追究监督办法》。

[4] 张玉洁：《错案追究终身制的发展难题——制度缺陷、逆向刺激与实用主义重构》，载《北方法学》2014年第5期。

[5] 有论者认为应当废除，理由是：错案标准在实践中很难确定，不仅过度威慑法官，而且对司法公信力产生负面影响，故主张应废止错案追究制。有论者主张改良，认为错案追究制存在的弊端，通过改革可以解决。有论者归纳了错案责任追究中最常见的三种形而上学的错误做法：一是把司法机关履行刑事赔偿义务作为刑事错案的标志，作为办案人员负错案责任的充分条件；二是把不批捕、不起诉或判决无罪的刑事案件作为错案，不问具体原因，一律追究有关办案人员的错案责任；三是凡是被上级法院改判或发回重审的各类案件，一律作为错案追究办案人员的错案责任。李建明：《错案追究中的形而上学错误》，载《法学研究》2000年第3期；有学者将这一时期的错案责任追究模式归纳为结果责任模式。参见陈瑞华：《法官责任制度的三种模式》，载《法学研究》2015年第4期。

追究办法或条例,使自身拥有管理审判权运行的制度优势;法院管理者也会强化审判管理权以影响审判权的运行。[1] 在结果责任模式导向下,司法者易与案件裁判结果发生直接的利害关系,为规避错案结果风险,司法者会选择卸责——转移风险责任。

二、违法审判责任制(1998~2012年)

为落实党的十五大(1997年)提出的"建立冤案、错案责任追究制度"的工作要求,最高人民法院于1998年9月出台《人民法院审判人员违法审判责任追究办法(试行)》(以下简称《违法审判责任办法》)。该办法开始注重审判行为的违法性要件,确立"故意违法"或"过失违法+严重后果"的追责基准,这对于纠正既往以错误裁判结果为导向追究责任的偏差具有规范意义和指引作用,但其未区分一般过失与重大过失,亦未要求错误裁判结果。与此同时,为加强对法院领导的管理,督促其依法履行职责,最高人民法院于2001年11月6日出台了《地方各级人民法院及专门人民法院院长、副院长引咎辞职规定(试行)》,将针对党政领导干部的考核标准适用于法院院级领导干部,将针对案件的审判管理与其他行政管理等量齐观,折射出这一时期法院审判管理具有浓厚的行政化色彩。

自1998年至2008年进行的法院司法改革,旨在强化法官、合议庭职责,推动实现独任法官、合议庭负责制。最高人民法院为此先后出台了一系列规范性文件和改革举措,[2] 但从实际成效来看,司法腐败案件时有发生,裁判文书低级错误频现,冤错案件时有发生,法院系统改革并没有完全实现预期目标,也没有建立起有效的办案责任制。"审理者无权作出裁判、

[1] 参见方乐:《法官责任制度的司法化改造》,载《法学》2019年第2期。

[2] 《一五改革纲要》提出,强化合议庭和法官职责,推行审判长和独任审判员选任制度。《二五改革纲要》提出,建立法官依法独立判案责任制,强化合议庭和独任法官的审判职责,逐步实现合议庭、独任法官负责制,建立健全符合法官职业特点的法官惩戒制度。为充分发挥合议庭的职能作用,2002年8月12日最高人民法院出台《关于人民法院合议庭工作的若干规定》。

裁判者不参与审理”的情况依然存在。[1] 随后的《三五改革纲要》(2009年3月17日)提出构建符合法官职业特点的责任体系,[2]这期间强调进一步加强合议庭职责,改革完善审判委员会制度,全面加强审判管理,注重从源头上防止司法腐败。[3] 最高人民法院特别重视法官职业道德和行为规范建设,[4]提出“五个严禁”“十个不准”等系列规定,对法官违反职业伦理的言行追究相应责任。这一时期虽然在规范层面强调司法者的不当行为,但从实际运行状况来看,以裁判结果为导向追究法官责任的制度惯性依然强大,事实上形成了以“裁判结果+不当行为并存”为导向的违法审判责任制。

三、现代司法责任制(2013年至今)

党的十八大特别是2014年以来,刑事司法领域开启了一系列重大司法改革。围绕防范冤假错案,实现司法公正,重树司法公信,中央政法单位出台了一系列防范冤假错案的指导意见,要求司法人员对办案质量终身负责,建立健全冤假错案的责任追究机制。最高人民法院在梳理总结既往司法改革经验的基础上,于2015年出台了《完善司法责任制意见》,初步构建了一种新型的司法责任制,即追责基准为:“故意违法”和“重大过失+裁判错误+严重后果”。与以往违法审判责任制不同,司法责任制的追责基

---

〔1〕 参见张智辉:《论司法责任制综合配套改革》,载《中国法学》2018年第2期。

〔2〕 《三五改革纲要》(2009年3月17日)提出,构建符合法官职业特点的职权明确、考核到位、追究有力的责任体系,完善人民法院错案认定标准和违法审判责任追究制度。建立健全审判人员与执行人员违法审判、违法执行的责任追究制度和领导干部失职责任追究制度,强化对法官违反司法行为规范的惩戒措施。

〔3〕 最高人民法院陆续出台了《人民法院工作人员处分条例》(2009年12月31日)、《关于进一步加强合议庭职责的若干规定》(2010年1月11日)、《关于改革和完善人民法院审判委员会制度的实施意见》(2010年1月11日)、《关于加强人民法院审判管理工作的若干意见》(2011年1月6日)。

〔4〕 2010年12月6日最高人民法院修订《法官职业道德基本准则》,同时修订《法官行为规范》。

准更为严格，限缩了过失的范围，要求重大过失，排除一般过失；同时在结果方面增加了“裁判错误”要件，凸显了行为责任模式的导向。特别是2019年4月修正的《法官法》第46条，在列举法官惩戒行为时，进一步压缩结果责任适用的空间。该条第5项为：“因重大过失导致裁判结果错误并造成严重后果的”，这就通过立法的方式明确了“裁判结果错误”要素，将程序错误排除在外。这就使得法官责任追究制度更为科学合理，逐步构建了“以不当行为为主、裁判结果为辅”的司法责任制。

为推动改革落地见效，落实院庭长办案和监督管理职责，统一裁判标准，最高人民法院密集出台了一系列配套文件，在有序放权的基础上加强对审判权的过程监管和质量控制，以期实现有序放权与有效监督的平衡统一。为全面深化司法体制综合配套改革，《五五改革纲要》强调要健全违法审判责任追究机制和法官惩戒制度，[1]同时出台了一系列配套的规范性文件。这些文件极大丰富了人民法院司法责任制的内容，初步形成了司法责任制规范化体系，进一步厘清了“审理—裁判—负责”“放权—监督”的关系，为司法者依法履职提供了行为规范和操作指南。

从我国法官责任制度的历史演变来看，围绕着追责基准是错误裁判结果还是不当审判行为，先后产生了以裁判结果为导向的错案责任制，以“裁判结果+不当行为并存”为导向的违法审判责任制以及向以“不当行为为主、裁判结果为辅”主客观相统一的现代司法责任制转型。三种责任制度相互关联，强大的制度惯性使得新旧模式仍将在实践中长期存在，培育并壮大蕴含的积极因素，抑制并削弱潜藏的消极因素，尽快实现法官责任制度向现代司法责任制度的转型。

---

〔1〕《五五改革纲要》(2019年2月27日)提出，完善符合审判权力运行规律的配套监督和保障机制，健全司法履职保障和违法审判责任追究机制，强化独任庭、合议庭的法定审判组织地位，明确院长、庭长的权力清单和监督管理职责，健全完善法官惩戒制度。

第二节　我国法官责任制的规范分析

司法责任制改革在完成“四梁八柱”基础性框架的搭建后，面临“深加工”“精装修”的问题。自2014年以来，中央层面特别是最高人民法院密集出台了一系列规范性文件，丰富完善司法责任制的主体内容，意图在独立与责任、放权与监管之间寻求平衡。从规范层面来看，尽管系统内部初步形成了法官责任制度体系，但仍存在法律规范位阶低、追责基准不统一、责任种类无序化等问题。

一、规范位阶：效力不高，体系性欠缺

法律位阶的高低决定着其适用对象、地域的不同及其效力、权威的高低。[1] 法律位阶越高，效力越高，越有权威。从法官责任制度的规范来看，全国层面除全国人民代表大会常务委员会制定的《法官法》《人民法院组织法》有部分原则的规定外，尚缺乏专门性或系统性的立法；其他均属于规范性文件，包括涉及宏观改革纲领的政策性文件和法院系统内部的规范性文件。在地方层面，关于错案责任追究的有关规定，效力位阶最高的是地方性法规，其余大多是法院内部的规定或指导意见，规范效力层级低，仅适用于系统内部，系统外难以适用，约束性不足，权威性不够。关于法官责任，不同文件使用的表述和倡导的追责模式存在不少差异：错案责任、违法审判责任、司法过错责任、司法问责、办案质量终身负责等提法并存，所指

---

〔1〕 我国法律按照位阶由高到低分别为宪法、基本法律、专门法律、行政法规、部门规章或地方性法规等。《立法法》(2023年修正)第103条规定：“同一机关制定的法律、行政法规、地方性法规、自治条例和单行条例、规章，特别规定与一般规定不一致的，适用特别规定；新的规定与旧的规定不一致的，适用新的规定。”该规定明确了特别法优于一般法，新法优于旧法的原则，但前提是“同一机关制定的”。

是否同一不得而知；即使是最高人民法院出台的文件，因制定于不同时期，不同文件之间的关系、效力如何确定，相互冲突的内容如何处理，亟须系统梳理，统一规范。由此可见，目前初具其表的法官责任制体系欠缺融贯性。[1]

二、追责基准：模糊多元，实操性不足

追责基准是法官责任追究的尺度，即以什么标准追究法官责任。从全国范围内的规范文本来看，追责基准模糊不统一。例如，错案审判责任通常聚焦于裁判是否正确，更多是一种结果导向；违法审判责任着眼于行为的违法性，又与裁判结果紧密关联；司法过错责任重在考察法官的主观过错等。追责基准存在一个突出倾向，即重客观方面轻主观方面，重裁判结果轻审判行为。片面追求“客观化”“结果化”的追责基准有违司法规律和审判逻辑。再如，《完善司法责任制意见》规定的审判责任中，重大过失、裁判错误、严重后果等要件如何理解和认定？免责条款规定中，对法律条文的理解、对案件事实的判断在专业知识范围内或根据证据规则能够给予合理说明的，可以作为免责事由。但如何区分“认识上的偏差”和主观过错，如何认定“能够给予合理说明”？现有规范性文件规定的追责要件和免责事由较为抽象笼统，在实践中可操作性不强。

三、责任种类：内容混杂，责任扩大化

在国家层面，“错案责任”的表述仅出现在改革政策性文件中，在追责规范性文件中未再提及。因“错案”概念本身具有模糊性和多义性，司法实践中不易把握，在中央司法机关内部尚未形成一致意见，故基于政策考量

---

〔1〕 参见樊传明：《追究法官审判责任的限度——现行责任制体系内的解释学研究》，载《法制与社会发展》2018年第1期。

和现实需要，“错案责任”并未在最高司法机关的规范性文件中明确表述，而是代之以“违法审判责任”。但在地方层面，出现了不少以“错案责任追究”为名的追责规范性文件。[1] 一些地方法院探索了更加多样化的法官责任制度。[2] 法院系统内部还推行其他形式的法官问责制。[3] 法官责任制度的地方性探索，呈现出多样和无序状态，全国层面的文件未能提供有力的统摄和权威的基础。地方则对错案责任进行扩大解释，“实际执行中，一些地方的错案追究直接与发回改判率、再审率等指标挂钩，极大影响了法官独立裁判”。[4] 文件所规定的名目繁多的责任（如信访维稳责任等）犹如“达摩克利斯之剑”时刻高悬在法官头上，法官责任追究呈泛化之势。[5]

从规范层面来看，我国尚缺乏法官责任制度的专门性或系统性立法，法律位阶不高使得现有的制度规范权威性和约束力不足，法官行使司法职权易遭受来自内外部的不当干扰。因法官责任模式尚处于变动之中，没有完全定型，追责基准之“错误结果”与“不当行为”亦处于相互交织状态，使得法官责任追究标准不清晰，可操作性不强。法官责任制度改革名目繁多，混杂无序，使得法官责任追究呈现泛化和扩大化之势。这些亟须通过立法加以规范和完善。

---

[1] 如河南、福建、安徽、江苏、上海等地高级人民法院出台错案责任追究办法、制度或规定。参见樊传明：《追究法官审判责任的限度——现行责任制体系内的解释学研究》，载《法制与社会发展》2018 年第 1 期。

[2] 如吉林省磐石市人民法院的“法官弹劾制度”、重庆市合川区法院的“案件质量评查制度”等。参见陈虎：《逻辑与后果——法官错案责任终身制的理论反思》，载《苏州大学学报（哲学社会科学版）》2016 年第 2 期。

[3] 影响较大的有案件改发责任追究、信访责任追究、案件质量责任追究等。错案责任作为案件质量责任的重要内容，与违法审判责任、纪律责任、案件发改责任、信访责任之间存在交叉、竞合或者包容关系。参见周长军：《司法责任制改革中的法官问责——兼评〈关于完善人民法院司法责任制的若干意见〉》，载《法学家》2016 年第 3 期。

[4] 金泽刚：《法官错判的原因与防治——基于 19 起刑事错案的样本分析》，载《法学评论》2015 年第 2 期。

[5] 参见张建伟：《错案责任追究及其障碍性因素》，载《国家检察官学院学报》2017 年第 2 期。

第三节 我国法官责任追究的实践样态

梳理发展脉络,分析制度规范,主要着眼于从静态视角考察法官责任制,而展现法官责任制的运行全貌,有必要从“动态—实证”视角对该制度的实施状况进行研究,具体从以下三个维度展开:一是基于最高人民法院工作报告公开的数据,对法官责任追究的总体情况进行宏观考察;二是基于对基层刑事法官开展调查问卷的数据,对司法责任实施情况进行微观考察;三是选取若干典型案例,对法官责任追究的实践样态进行深描,以全面揭示法官责任制度的运行图景。

一、法官责任追究的宏观考察:基于工作报告的数据分析

基于占有资料的有限性和调查手段的局限性,笔者无法对全国法院系统错案责任追究情况进行全方位细致的考察,但最高人民法院历年的工作报告都会涉及再审改判案件与追究法官责任的相关数据(见表 2-1),这为宏观考察法官责任制提供了一个重要窗口。虽然追究法官责任会基于多种原因,再审改判案件与追究法官责任之间亦无必然的因果关系,但从案件审理的角度来看,再审改判意味着原判确有错误,属于法律意义上的裁判错误,可能涉及法官责任追究的问题。[1] 因统计口径不统一和公开数据的不完整,无法对 2014~2018 年的数据进行比对分析,但从 2009~2013 年的数据来看,再审改判的案件数与追究责任的干警数之间存在一定程度的正相关关系,被追究责任的干警数占当年再审改判案件数的 4.7%~6.8%。

---

〔1〕《刑事诉讼法》第 253 条规定了因申诉而启动再审程序包括五种情形,这些均可能因法官的过错行为甚至违法犯罪而面临追责的问题。

从追究刑事责任的人数来看,2020 年以前变化不大,基本每年维持在 100 人左右,但 2020 年达到 346 人,2021 ~ 2023 年共 1610 人(平均每年 530 多人)。追究党纪政纪责任的人数变化幅度较大,2018 年接近千人,2019 年突破了 1200 人,至 2022 年达到峰值,2023 年开始回落。这一方面缘于国家监察体制改革和 2018 年《监察法》的全面实施,全面从严治党、从严治院,刀刃向内的效果凸显;另一方面,为期三年(2018 ~ 2020 年)的扫黑除恶专项斗争带动一批陈年旧案特别是涉黑恶犯罪的"保护伞"相继被挖出,法院系统"打伞破网"的力度不断加大,2021 年全国政法队伍教育整顿全面铺开,2019 ~ 2021 年被追究刑事责任的法院干警持续增长。从再审改判的刑事案件数来看,2014 ~ 2021 年呈现稳中有升的态势。2014 ~ 2017 年,再审刑事案件数保持在 1300 件左右,到 2018 年增长至 1800 件以上(较 2014 年增长 38.3%),2019 年稍有回落(维持在 1700 件以上),2020 年又小幅上涨(再次回到 1800 件以上),2021 年增长较快(突破 2200 件)。总体来看,2018 ~ 2020 年再审刑事案件数维持在 1800 件左右,而查处利用审判执行违纪违法干警人数则显著上升,维持在 1000 人以上,2020 年更是突破 1500 人(较 2018 年上升了 45.7%),2021 ~ 2022 年总数上升至 4601 人。

表 2－1　近年来全国再审改判案件与法官责任追究的对比〔1〕

年份	再审改判〔2〕案件数(件)	查处利用审判执行违纪违法干警(人)		
		其他责任(党纪政纪等)	刑事责任	合计
2009	11669	658	137	795
2010	11729	670	113	783

〔1〕 数据来源于 2010 年至 2023 年最高人民法院工作报告。

〔2〕 最高人民法院工作报告中 2009 年至 2013 年再审改判案件数包含民事案件、刑事案件等各类案件,2014 年至 2021 年仅统计再审改判刑事案件数。党的十八大以来,最高人民法院不断加大刑事冤错案的纠正力度,为凸显重点亮点工作成效,将刑事再审情况作为专项内容予以报告。

续表

年份	再审改判案件数(件)	查处利用审判执行违纪违法干警(人)		
		其他责任(党纪政纪等)	刑事责任	合计
2011	11000	442	77	519
2012	10000[1]	—	—	1548
2013	7415	280	101	381
2014	1317	725	138	863
2015	1357	601	120	721
2016	1376	570	86	656
2017	1300[2]	631	86	717[3]
2018	1821	988	76	1064
2019	1774	1259	115	1374
2020	1818	1204	346	1550
2021	2215	2557	509	3066
2022	—	1026	1190	1535[4]
2023	—	708	420	1128

[1] 2008年至2012年五年全国再审改判案件总数为55000件,推算2012年全国再审案件约为10000件。

[2] 2013年至2017年五年全国再审改判刑事案件总数为6747件,推算2017年全国再审改判刑事案件约为1300件。

[3] 2013年至2017年五年全国查处利用审判执行违纪违法干警3338人,其中移送司法机关处理531人,推算2017年利用审判执行权违纪违法干警717人,移动司法机关86人。

[4] 2018~2022年五年查处利用审判执行权违纪违法干警8589人,其中追究刑事责任1727人。推算2022年利用审判执行权违纪违法1535人,追究刑事责任509人。

二、司法责任实施的微观样本:基于调查问卷的数据分析

(一)关于选取调查样本的说明

为考察司法责任制在实践中的运行状态,笔者以B市法院[1]刑事审判为研究对象,面向基层刑事法官,通过设置问卷随机发放的方式开展调查。之所以选择基层法院刑事审判(法官)作为调查对象,主要考虑以下因素:一是基层法院在整个四级法院体系中具有特殊重要的基础性地位,所谓"基础不牢,地动山摇",全国80%的法官、80%的案件均在基层法院,[2]对其进行实证考察、分析解剖具有典型意义和普遍适用性。二是在"自上而下"的司法改革中,作为"最后一公里"的基层法院(在部分试点改革中又可能成为"最初一公里")系改革的生力军,其改革成效关乎全局。三是基层法院审理大部分一审案件,司法改革涉及的诸多制度(如陪审制度改革、认罪认罚从宽制度改革、内设机构改革等)在基层法院首先落地,应用场景具化频密,最能直接呈现改革成效。四是基层法官直面当事人和涉诉群众,身处矛盾纠纷第一线,承受着较大的审判压力和责任风险,对司法改革的感受最直接、最具体,亦最有发言权。而中级以上法院的刑事审判在受案范围、案件体量、适用程序、审判组织形式、案件研究决策机制、员额法官配置、审判职能定位等方面,均与基层法院存在很大差异。基于上述考虑,此次问卷调查面向基层法院刑事法官展开,坚持问题导向,聚焦实践难题,将主题设置为:"司法责任制改革实施效果:以刑事审判为研究对象",主要围绕基层法院刑事审判权的运行。之所以选择法官而非其他类别的人员(如法官助理、书记员或行政人员等)作为调查对象,是因为随着法院内部人员分类管理和员额制改革的不断深入,法官在整个法院中的主体地

[1] B市有16个(普通)基层法院,其中6个位于城区,5个位于近郊,5个位于远郊。经过本轮内设机构改革后,各基层法院刑庭均进行了整合,除部分未成年人审判庭加挂牌子外,基本均保留了一个刑庭。

[2] 参见田成有:《关注基层法院的法治生态》,载《人民法院报》2014年9月17日。

位越发凸显，因司法责任制改革利益受影响最大的亦是法官群体，其他类别的人员从职能定位上均是辅助、保障审判工作。为全面客观反映司法责任制改革的实施效果，确保问卷设计的合理性和科学性，笔者先后征求了多名一线法官、法官助理的意见，就问题的设置反复进行修改完善，制作完成调查问卷后，进行发放填写，共回收有效问卷76份。

（二）关于调查问卷的内容设置

此次问卷共分为两大部分，设置36道题。第一部分是答卷人的自然情况（共6道题），包括人员类别、从业时间、法官等级等。参与填写问卷的法官共76人，具体情况如下：(1)男女比例相当：男性39人、女性37人。(2)学历情况：本科21人（占27.6%），研究生以上55人（占72.4%），没有大专学历人员。(3)年龄结构：25～35岁11人（占14.5%），35～45岁42人（占55.3%），45岁以上23人（占30.2%）。(4)从事刑事审判工作的时间（见图2－1）：5年以下的7人，5～10年的21人，10～20年的34人，20年以上的14人。(5)法官所属类别：主管院长、审判委员会专职委员3人（占3.9%），（副）庭长38人（占50%），其他员额法官35人（占46.1%）。(6)法官等级（见图2－2）：四级法官1人，二级法官6人，一级法官22人，四级高级法官38人，三级高级法官7人。

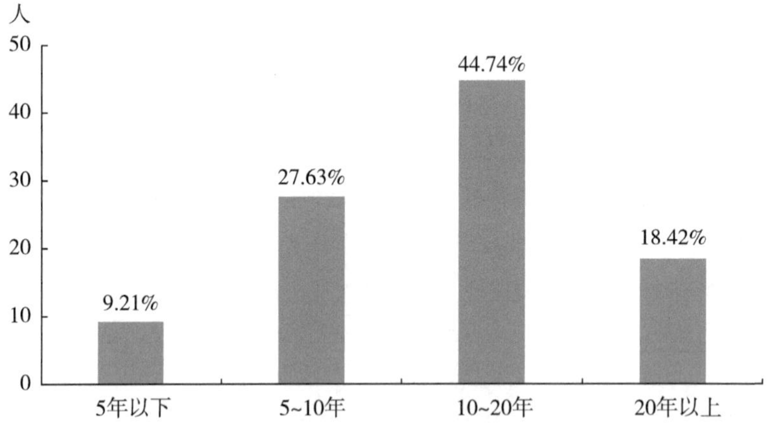

图2－1　从业时间情况

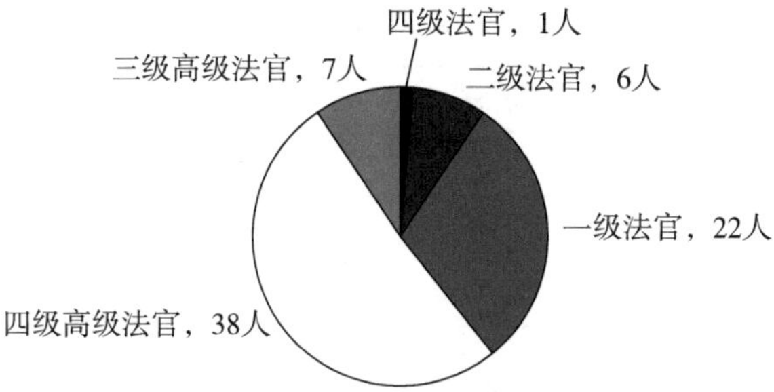

图 2－2　法官等级情况

第二部分是司法责任制改革的具体情况(共 30 道题),包括宏观和微观两个层面。问题涉及法官办案、案件分配情况,合议庭、法官会议、审判委员会运行情况,院庭长办案及对“四类案件”的监督情况,绩效考核和员额变化情况,审判责任分配及追究标准,法官自由裁量权及审判责任的变化情况等。

(三)基于调查问卷的初步结论

此次调查问卷涉及宏观指标和微观指标两个方面。因微观指标涉及司法责任制运行的具体问题,情况复杂多样,下文具体章节将分别论述。从调查问卷宏观指标的数据来看,司法责任制在基层法院的运行状况总体向好,成效初显。具体如下:

1. 员额制改革后法官数量的变化

调查问卷显示,超四成法官(34 人)认为“变少了”,四分之一的法官(20 人)认为“变多了”,近三成法官(22 人)认为“没有变化”。员额制改革是在原有审判人员的基础上做适当的减法,通过设置员额比例提高审判队伍的专业化和职业化。因法官员额数是一个动态的数据,一般情况下 B 市高院每年都会开展一次初任法官遴选(员额考试 + 考核),本调查问卷反映的是 2020 年的数据。

表 2－2　2020 年 B 市基层法院刑事案件数和刑庭人员分布

序号	全庭人数(人)	员额法官人数(人)	结案数(件)	法官人均结案数(件)
法院 1	28	7	845	121
法院 2	17	7	761	109
法院 3	63	19	2712	142
法院 4	51	18	2186	121
法院 5	32	11	1496	136
法院 6	18	6	348	58
法院 7	9	4	207	52
法院 8	17	5	974	195
法院 9	21	7	1172	167
法院 10	34	11	1583	144
法院 11	27	7	1123	160
法院 12	27	10	1117	112
法院 13	10	4	241	60
法院 14	12	3	333	111
法院 15	13	3	360	120
法院 16	13	4	214	53
合计	392	126	15672	124

根据表 2－2 可知,2020 年 B 市基层法院刑庭共有员额法官 126 人,审结一审刑事案件 15672 件,法官人均结案 124 件,员额法官数占全庭人数的 32.1%。从刑庭的人数规模来看,全市 16 家基层法院刑庭体量大致可以分为三个等级:50 人以上的大庭 2 家(最多的为 63 人),20～50 人的中庭 6 家,20 人以下的小庭 8 家(最少的为 9 人);从员额法官人数来看,10 人及以上的 5 家(最多的为 19 人),5～10 人的 6 家,5 人以下的 5 家(最少的为 3 人);从结案数来看,2000 件以上的 2 家(最多的为 2712 件),1000～2000 件的 5 家,500～1000 件的 3 家,500 件以下的 6 家(最少的为 207 件);从法官人均结案数来看,150 件以上的 3 家(最多的为 195 件,超出平均数一半

多),100～150件的9家,50～100件的4家(最少的为52件,不到平均数的一半),最多的是最少的3.8倍,工作量差距较大。这就涉及一名刑事法官年均办案数的科学测算与核定问题。

2. 关于基层刑事法官的办案数据

(1)关于近三年年均独立办案数。调查问卷(见图2-3)显示,约26%的法官年均办案数在90～120件,25%的法官年均办案数在120～150件,这两项加起来超过了一半。接近16%的法官办案数在150～180件,共有14%的法官办案数在180～270件,约10%的法官办案数在60～90件,接近9%的法官办案数在60件以下。

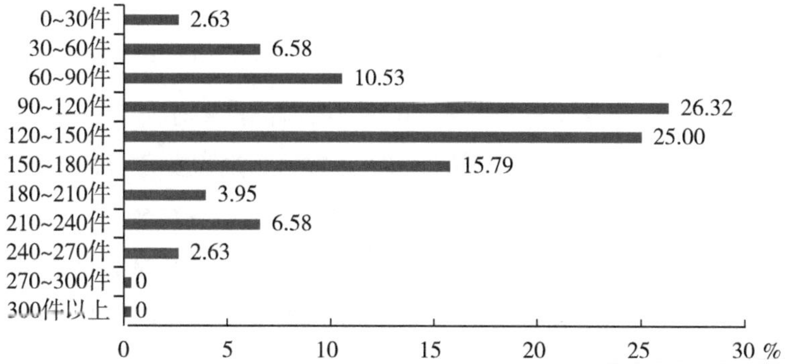

图2-3　基层刑事法官年均办案数占比

(2)不同类别人员的年均办案数。为进一步观察不同类别人员的办案情况,以法官所属人员类别为自变量(X),以年均办案数为因变量(Y),进行交叉分析(见表2-3)得知:院领导年均办案均在60件以内,七成庭领导年均办案数为90～180件,近七成员额法官年均办案数亦为90～180件,这在很大程度上说明院庭长办案制度的落实情况,庭领导特别是副庭长是办案的骨干和主力。

表 2-3 不同类别人员年均办案情况 单位:件

X/Y	A. 0~30	B. 30~60	C. 60~90	D. 90~120	E. 120~150	F. 150~180	G. 180~210	H. 210~240	I. 240~270	小计
A.(副)院长审判委员会专委	1 (33.33%)	2 (66.67%)	0	0	0	0	0	0	0	3
B.(副)庭长	1 (2.63%)	2 (5.26%)	5 (13.16%)	12 (31.58%)	7 (18.42%)	8 (21.05%)	2 (5.26%)	0	1 (2.63%)	38
C.员额法官	0	1 (2.86%)	3 (8.57%)	8 (22.86%)	12 (34.29%)	4 (11.43%)	1 (2.86%)	5 (14.29%)	1 (2.86%)	35

(3)关于合适的年均办案数。调查问卷(见图2-4)显示,接近四成(30名)法官认为80~100件合适,超二成(18名)法官认为60~80件合适,另有超二成(16名)法官认为100~120件合适,还有少数法官(12名)认为120~160件合适。综上,超过八成法官认为刑事法官合适的年均办案数在120件以内,其中以80~100件为宜。办案质量与数量存在一定的紧张关系,"案多人少""萝卜快了不洗泥",过多的案件数量会对审判质量造成负面影响。因此,设置合适的年均结案数,保持质量与数量的合理平衡,有助于推动刑事审判科学发展,实现公正与效率的统一。

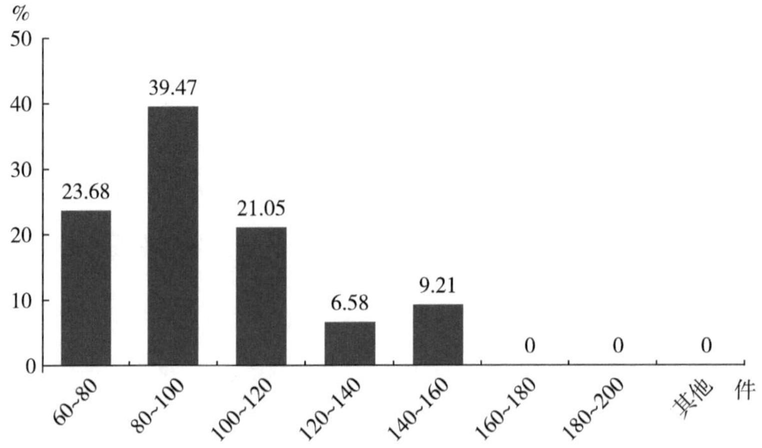

图 2-4 基层刑事法官合适的年均办案数

3. 司法改革给刑事审判模式带来的变化

接近一半法官(37 人)认为"变化明显",超过四成法官(34 人)认为"变化不大",不足一成(5 人)认为"没有变化"。以审判为中心的刑事诉讼制度深入推进,特别是认罪认罚从宽制度的全面实施,给传统刑事审判模式带来了重大变革。

4. 法官自由裁量权的变化

四分之一强的法官(20 人)认为自由裁量权"变大了",四成法官(31 人)认为"没什么变化",近三分之一法官(25 人)认为"变小了"。调查结果显示,与预期效果有所不同,刑事法官自由裁量权整体上并没有变大,这是因为司法责任制改革在放权还权于法官的同时,亦不断强化对法官的监督管理,审判权的行使处于有效的监控范围内。

5. 法官审判责任和压力的变化

调查问卷显示,超九成法官(70 人)认为"变大了",不足一成法官(6 人)认为"没什么变化",无人选择"变小了"。司法责任制改革提出案件质量终身负责,被解读为终身追究责任,这种劝诫作用和威慑效应无疑会督促法官审慎行权,尽心履职。

6. 司法改革后职务保障的满意度

调查问卷显示,表示"很满意"的有 3 人,一半法官(38 人)表示"基本满意",不到四成法官(29 人)表示"不太满意",还有个别法官(6 人)表示"很不满意"。随着审判责任和压力风险的增加,职务保障尚未与之完全匹配,这在一定程度上影响了法官对职务保障的满意度。

7. 惩戒制度的权威性与公信力

调查问卷显示,超二成法官(16 人)选择"很强的",接近一半法官(35 人)选择"一定的",一成多法官(9 人)认为"一般",还有超二成法官(16 人)表示"不太清楚"。理想的惩戒制度旨在通过专业化的组织、程序认定、追究法官的责任,但因法官惩戒制度在实践中尚未充分激活,故影响了对该制度效能的评价。

8. 关于司法责任制改革的意见建议

比较集中的意见(由高到低)依次为:考核唯数论、“一刀切”,案多人少,法官和法官助理短缺、无法组建审判团队,审判压力大、职业保障待加强。这些问题亟待在深化司法责任制改革中持续加力解决。

三、法官责任追究的实践反思:基于典型案例的实证分析

为了解司法实践中刑事法官责任追究的具体状况,本书选取了5个典型案例作为研究对象。这些案例的来源:一是来源于中国裁判文书网。为了解全国法官责任追究的有关情况,笔者登录中国裁判文书网(网址:https://wenshu.court.gov.cn)搜索相关裁判文书,案件类型选择“刑事案件”。(1)输入关键词“玩忽职守罪+法官”,检出裁判文书777篇(其中包括2020年121篇,2019年27篇)。经阅览裁判文书发现,绝大部分被告人不是法官,系其他国家机关工作人员。(2)输入关键词“徇私枉法+法官”,检出裁判文书248篇(其中包括2020年118篇,2019年79篇),含判决书124篇,裁定书120篇,通知书4篇。(3)输入关键词“民事、行政枉法裁判罪+法官”,检出裁判文书70篇(其中包括2020年10篇,2019年11篇)。因本书聚焦刑事司法领域,以刑事法官责任为视角,故选取发生在刑事司法领域法官玩忽职守的2起典型案例(案例4和案例5)。[1] 二是来源于公开的互联网。案例1和案例2均来源于互联网的公开报道(正规的官方渠道),部分裁判文书已在中国裁判文书网发布。三是来自B市法院工作中收集的刑事案例。笔者在刑事审判工作中注重收集有关刑事法官责任追究的案例(案例3),并参与了部分刑事案件的评查工作,对案件的整体情况有较为全面的掌握。本书通过对5个典型案例的全面剖析,意在真实展示法官责任追究的实际样态,并对相关问题在下文中予以回答。

---

〔1〕 分别为:谭某玩忽职守罪一审刑事判决书[(2020)川0824刑初170号],张某、李某某玩忽职守再审刑事判决书[(2018)冀06刑再15号]。

(一)案例1:证据审查不细导致轻刑重判——时某1诈骗案

1. 基本案情

2008年5月4日至2009年1月1日,时某1利用伪造的武警部队士兵证等证件和两副假军用车牌照,在高速公路通过多个收费站2000多次,骗免通行费300余万元。某市中院认为,时某1骗取高速公路公司免收其通行费,财物损失达360万余元,数额特别巨大,其行为已构成诈骗罪。2010年12月21日,法院认定时某1犯诈骗罪,判处无期徒刑,剥夺政治权利终身,并处罚金200万元。判决书显示,时某1对检察机关指控的犯罪事实及罪名均无异议,当庭认罪悔罪。法院判决后,时某1未提起上诉。该案判决后,引起了媒体的广泛关注,质疑天价收费,判决不公。后该中院对时某1案件进行复查、提起再审,并将时某1供述其弟弟时某2参与共同作案的情况,通报给公安、检察机关。时某2于15日晚到公安机关投案。鉴于本案事实、证据发生重大变化,该中院建议市检察院撤回起诉。2011年1月17日市检察院撤回起诉。

2. 调查处置和责任追究情况

省高院责成高院相关业务部门迅速对该案展开复查,并召开审判委员会、党组会,研究案件情况和追责问题。2011年1月16日,省高院召开新闻发布会,通报时某1一案的审理情况和对相关人员的责任追究情况。省高院审判委员会认为,根据现有证据,某中院认定时某1犯罪事实不清,证据不足,主要表现在时某1是否参与犯罪,是否与他人共同犯罪以及在共同犯罪中的作用、地位是什么等。加之时某1之弟时某2于1月15日已向公安机关投案,供述称其哥是替其顶罪,案情出现重大变化,据此,省高院审判委员会责成该中院对此案认真审查,妥善处理。该中院决定对时某1案提起再审,鉴于本案事实、证据发生重大变化,建议市人民检察院撤回起诉。2011年1月17日,市检察院撤回起诉。具体追责情况为:(1)该中院刑一庭主审法官对案件证据审查不细,把关不严,免去其助理审判员职务,调离审判岗位。(2)中院刑一庭庭长领导不力,负有主要责任,失职,责令中院依照法律程序提请免去刑一庭庭长职务。(3)中院副院长作为主管院长,主持审判委员会把关不严，没有尽到应尽职责，经商市委同意，对其停职检查。(4)中院院长郭某某作为院长，要对全院负责，干部教育培训管理不到位，对其诫勉谈话。(5)责成中院向省高院、市委写出检查，对中院在全省通报批评。

3. 后案认定情况

法院经审理查明：2008年年初，被告人时某2经营河沙生意，为骗免高速公路通行费，先后找到武警某部干部李某某、张某某(均另案处理)，并通过李某某取得伪造的武警部队车辆号牌、武警部队车辆行驶证、驾驶证、士兵证及作废的武警部队派车单等物品。2008年5月4日至2009年1月1日，时某2使用上述假牌证及两辆"斯太尔"牌货车，经由郑尧高速部分路段运送河沙。经审计：2008年5月4日至2009年1月1日，悬挂"WJ19－XXX55""WJ19－XXX56"号牌的两辆货车在郑尧高速公路通行共计2363次，骗免高速公路通行费(按核准装载量计算)计492374.95元人民币。时某1在明知拉沙车辆所用武警部队车辆号牌、证件等均系伪造的情况下，从2008年10月底开始全面参与沙场经营活动。经审计：2008年11月1日至2009年1月1日，上述两辆货车在郑尧高速公路通行，骗免高速公路通行费(按核准装载量计算)计117660.63元人民币。在公安机关对此事进行调查过程中，时某1、王某某受时某2的指使做了伪证。2011年1月15日，时某2向公安机关投案。法院认为，被告人时某2、时某1的行为均已构成诈骗罪，且数额巨大。鉴于时某2系主犯，时某1系从犯且具有自首情节，判处时某2有期徒刑七年，罚金5万元；判处时某1有期徒刑二年六个月，罚金1万元。2011年12月15日，法院依法对时某2、时某1诈骗案公开审理并当庭宣判。

4. 简要评析

本案系一起因"证据审查不细、把关不严"导致认定事实、适用法律错误(轻刑重判)的案件。从案件的处理结果看，对照前后两个判决，前判在事实认定和法律适用方面确有错误。具体表现为：第一，关于共同犯罪。前判认定系时某1单独作案，后判认定时某2与时某1共同作案，且时某1仅系从犯。第二，关于犯罪数额。前判认定时某1诈骗数额360万余元，后判认定犯罪数额为 11 万余元，差额悬殊。第三，法律适用（量刑结果）。前判认定时某 1 诈骗数额特别巨大，顶格判处无期徒刑，罚金 200 万元；后判认定时某 1 数额巨大，判处有期徒刑二年六个月，罚金 1 万元。[1] 无论是主刑还是附加刑，前后两个判决简直是天壤之别。毫无疑问，从裁判的实体结果看，前判是典型的错案。但错案是否就意味着应当追究责任呢？通过对该案“庖丁解牛”式分析，有助于全面展示错案形成及追究法官责任的过程。

第一，从发现错案的来源或途径看。前判经媒体报道后，引发舆情关注和热议，纷纷质疑高速公路天价收费，判决不公。民众的关注焦点已远超出个案本身——被告人实施的犯罪行为及其危害后果，而是聚焦高速收费制度不合理，质疑刑事判决不公正。敏感因素的双重叠加，使得前案迅速成为热点事件，引发负面舆情，此时无论是上级法院还是当地政府，为尽快回应社会关切，自然会立即介入调查，及时通报案情，果断作出处置。[2]

第二，从案件评查（或错案倒查）程序看。前案由省高院组织刑事审判相关业务部门，调阅案件卷宗，开展案件评查。从媒体报道的信息看，前案时某 1 宣判后没有上诉，检察机关亦没有抗诉，该案一审终审已生效。根据法律的相关规定，我国上下级法院之间是监督指导关系，高级法院审判委员会除制定本辖区的规范性文件外，通常仅对本院审理的具体个案进行讨论决定。如果上级法院的审判委员会在法定诉讼程序之外对下级法院的在审案件进行研究并作出决定，则可能会导致审级异化，削弱上诉制度

---

〔1〕《刑法》第 266 条规定，诈骗公私财物，数额较大的，处三年以下有期徒刑、拘役或者管制，并处或者单处罚金；数额巨大或者有其他严重情节的，处三年以上十年以下有期徒刑，并处罚金；数额特别巨大或者有其他特别严重情节的，处十年以上有期徒刑或者无期徒刑，并处罚金或者没收财产。根据《最高人民法院、最高人民检察院关于办理诈骗刑事案件具体应用法律若干问题的解释》的规定，诈骗公私财物价值 3000 元至 1 万元以上、3 万元至 10 万元以上、50 万元以上的，分别认定为数额较大、数额巨大、数额特别巨大。

〔2〕法院的审判承受着“经过历史的传承而积淀在文化/一般社会心理层次并体现为信访现象等‘结果指向’的问责答责压力”。王亚新、李谦：《解读司法改革——走向权能、资源与责任之新的均衡》，载《清华法学》2014 年第 5 期。

的纠错救济功能。

第三,从错案发生的原因看。其一,就被告人自身而言,时某 1 作虚假供述,替其弟时某 2“顶包”,是自己故意实施的不法行为。不论出于何种动机或目的,时某 1 的行为已严重妨碍正常的司法秩序,存在重大过错,对引发错判产生不利于己的结果负有不可推卸的责任。[1]“顶包”行为可能构成伪证罪或包庇罪,但在共同犯罪中,行为人基于各种动机、目的和原因,独自包揽刑事责任而替其他同案犯开脱的现象时有发生。因我国刑事司法通常将共同犯罪的被告人定位为当事人而非证人的身份,被告人是否如实供述共同犯罪事实的情节仅作为量刑情节加以考量,而不再单独追究其伪证或包庇的法律责任。因行为人存在重大过错,将自身置于严重不利的境地,司法机关对据此作出错误判断并引发的不良后果不承担责任或责任较小。后判亦查明时某 1 系共同犯罪人,被以诈骗罪判处有期徒刑二年六个月,这也有别于无罪者“顶包”而被重判的情形。该案前判尽管错判无期徒刑,但该判决刚生效,亦不存在违法羁押、不当剥夺被告人自由的情形。其二,就案件本身而言,前判生效后不久,时某 1 供述其弟时某 2 参与共同作案,时某 2 到公安机关投案,这属于前判出现了“新证据”、原判事实发生了重大变化而被改判的情形,合议庭在当时无法预见此后的证据情况,亦无须为此承担错判的责任。其三,关于中院承担的责任。从诉讼程序看,该案经审判委员会讨论决定,未发现违反法定诉讼程序的情形,审判程序符合法律规定;从实体处理看,存在“审查不细、把关不严”等问题,可以排除故意违反法律法规的情形,那是否可以归结为过失呢?前判认定的犯罪事实不清、证据不足,主要是本案是否有其他人共同参与作案(是否漏人),以及行为人在共同犯罪中的作用、地位不明等,这些事项都属于待证事实,唯有依靠证据方能审查认定。问题就转化为:根据当时在案证据,法官有无条件和能力审查出时某 1 系“顶包”作案?法官是否有直接发

[1] 有关刑事诉讼中伪证问题的研究,参见杨宇冠:《刑事诉讼中伪证问题的法律规制》,载《清华法学》2020 年第 6 期。

现案件客观事实的职责？法官能否超出检察机关的指控径行认定案件事实？[1]前判是否属于"因对案件事实和证据认识上的偏差而导致的裁判错误"的情形？[2]再者，本案是否因过失违法行为造成严重后果呢？上述追责逻辑是："前案判决结果损害了法院和法官形象，损害了法律的尊严和司法的公信力。"该案一经公开报道即引发社会广泛关注和民众质疑，对法院和法官产生了负面舆情，这属于"严重后果"的要件吗？违法审判行为与严重后果之间真的存在因果关系吗？这些问题都需要予以回应。

第四，从追责范围和对象看。从主审法官、庭长到主管院长，直至院长，从下到上涉及法院全部的管理层级，可谓溯及全流程、追责全覆盖，各个环节的相关人员承担连带责任。[3] 除追究个人责任外，又责成中院向市委、省高院作检查，并在全省范围内通报批评，因为一个案件对当事法院和责任法官作出如此严苛的问责并不多见。这种处理模式和追责方式在行政管理和执法领域较为常见，但简单套用于司法机关是否合适，能否起到预期的警示教育效果？司法机关的公信力和司法权威何在？

第五，从追责事由和处分根据看。主审法官因"对证据审查不细，把关不严"被免职并调离审判岗位。根据2009年《人民法院工作人员处分条例》（已于2024年5月1日起予以废止）的规定，认定失职行为要求造成不

---

〔1〕《最高人民法院关于适用〈中华人民共和国刑事诉讼法〉的解释》（以下简称《刑事诉讼法解释》）第297条规定，审判期间，人民法院发现新的事实，可能影响定罪量刑的，或者需要补查补证的，应当通知人民检察院，由其决定是否补充、变更、追加起诉或者补充侦查。人民检察院不同意或者在指定时间内未回复书面意见的，人民法院应当就起诉指控的事实，依照本解释第295条的规定作出判决、裁定。

〔2〕1998年8月26日《人民法院审判人员违法审判责任追究办法（试行）》第22条规定，因对案件事实和证据认识上的偏差而导致裁判错误的或因出现新的证据而改变裁判的，审判人员不承担责任。《最高人民法院关于进一步加强合议庭职责的若干规定》第10条规定，因对案件事实和证据认识上的偏差或因新的证据而导致案件被改判或者发回重审的，合议庭成员不承担责任。

〔3〕《人民法院审判人员违法审判责任追究办法（试行）》第26条规定，院长、庭长故意违反法律规定或者严重不负责任，对独任审判员或者合议庭的错误不按照法定程序纠正，导致违法裁判的，院长、庭长、独任审判员或合议庭有关人员均应当承担相应责任。

良后果。[1] 本案处理是否符合“处分与违纪行为相适应相结合”原则？就庭长而言，如果其担任审判长参与审理该案，则应承担审判长的职责；如果其没有参与审理该案，“领导不力，负有主要责任”从何而来，是承担监督管理责任还是其他责任？就主管院长而言，根据院长授权，其有权将案件提请审判委员会讨论决定，同时对案件质量进行把关；本案主管院长同时作为审判委员会的主持人，不知是否违背了民主集中制原则，抑或未按照多数意见作出决议，否则何来“没有尽到应尽职责”之说？[2] 院长负责全院工作，那以后是不是每个案件院长都要听取汇报，审核裁判文书，以实现对案件的全面监督管理？总之，该案追责范围广，追责力度大，追责程度深。从处分根据看，基本上是按照党政领导干部问责规定和党风廉政建设责任制规定进行处罚，将审判工作混同于行政工作[3]，不符合司法规律和职业特点要求。

第六，从追责程序看。本案参照行政追责程序，第一时间回应社会关切，以行政问责替代司法问责，加剧了审判的“行政化”色彩。这种问责方式可能产生的后果是：法官为了避免错误，本能地选择转移责任：对内转移给（副）庭长、（副）院长、审判委员会，对外则转移至上级单位，寄希望于上级审核把关。[4] 错案责任追究不能片面追求雷厉风行，错案责任有其严格的构成要件，本案再审仅同意检察机关撤诉，并未对实体问题

---

[1] 《人民法院工作人员处分条例》第90条规定，有其他失职行为造成不良后果的，给予警告、记过或者记大过处分，情节较重的，给予降级或者撤职处分；情节严重的，给予开除处分。

[2] 最高人民法院于2010年出台《关于改革和完善人民法院审判委员会制度的实施意见》规定，审判委员会讨论案件实行民主集中制，委员发言顺序一般应当按照职级从低到高的顺序发言，主持人最后发言；主持人应当归纳委员的意见，按照多数意见拟出决议，付诸表决，并按照全体委员二分之一以上多数意见作出决议。

[3] 司法工作与行政工作有明显的区别，行政工作强调纵向隶属和上令下从，而司法工作强调依法独立，且实行“让审理者裁判、由裁判者负责”和“谁办案、谁决定、谁负责”的原则，故对错案一般只追究裁判者、办案者、决策者的责任，而不追究没有参与决策的领导人的责任。参见朱孝清：《错案责任追究与豁免》，载《中国法学》2016年第2期。

[4] 有论者将此种现象称为法官卸责，具体论述参见高童非：《我国刑事司法制度中的卸责机制——以法院和法官为中心》，载《浙江工商大学学报》2019年第5期。

作出处理。追究错案责任固然要求坚决及时，但也要讲究准确无误，符合法定程序，不能片面追求雷厉风行，以防止在追究错案责任过程中产生新的错案。[1]

（二）案例2：未认真履行法定职责导致错判——王某某玩忽职守案

1. 基本案情[2]

王某某于2002年两次审理于某某诈骗案件，未发现公诉机关提供的定罪证据中存在矛盾及来源不合法的“三无证据”，并将其作为定案依据，同时对于某某及其辩护人的意见没有进行调查核实，在向某法院审判委员会和某市中院汇报的审理报告中均认定案件事实清楚，证据充分，误导某法院审判委员会和某市中院作出错误决定。县人民检察院于2007年7月9日对王某某涉嫌玩忽职守一案立案侦查。一审法院认为，王某某身为国家机关工作人员，工作中严重不负责任，致使国家和人民利益遭受重大损失，其行为已构成玩忽职守罪，判处其有期徒刑一年九个月。

2. 责任追究情况

一审法院以玩忽职守罪判处王某某有期徒刑一年九个月。王某某提出上诉，认为原判认定事实和适用法律错误，其在于某某一案中不存在违法审判之处，不构成犯罪。其辩护人的主要意见是：(1)王某某在办理于某某案过程中认真履行了职责，对案件处理多次汇报，非常慎重，2002年当时的司法环境无法排除“三无证据”，认定王某某玩忽职守的事实不清、证据不足；(2)于某某案属于疑难复杂案件，王某某因对法律理解和认识上的偏差导致裁判结果错误不应承担责任；(3)于某某案被改判无罪是因再审时出现新的证据，王某某对此不应承担责任；(4)王某某案件在适用《刑法》第397条和第399条上存在竞合，应当选择适用特殊条款的第399条，认定王某某不构成犯罪。

二审认定事实与一审基本相同。另查明，人民法院认定于某某犯诈骗

---

〔1〕 参见朱孝清：《错案责任追究与豁免》，载《中国法学》2016年第2期。

〔2〕 来源于(2011)某刑初167号刑事判决书。

罪的证据有证明于某某参与办理土地使用权证的县土地局档案资料、何某某支付购地款的中国农业银行票据复制件、周口地区淀粉厂破产清算组杜某某收到何某某购地款汇款的收条、证明于某某办理土地使用权证的证人杜某某、李某等人的证言等，但庭审中，于某某一直辩解其未参与办理土地使用权证。被告人王某某对于某某及其辩护人的辩护意见没有到土地登记管理部门进行调查核实；对于无提取人、无提取说明、无原件存放说明的中国农业银行汇款票据复制件未与原件核对以确定真假；对杜某某出具的收条中收到汇款凭证的日期早于汇款凭证记载日期这一明显矛盾，未发现并予以排除。案发后经省公安厅鉴定，县土地局地籍调查表、土地登记申请表中于某某的签名和指印均非其本人所留；上述中国农业银行汇款票据复制件经与原件核对均系伪造，证人杜某某、李某等人的证言经进一步核实均系伪证。

二审法院认为上诉人王某某的行为已构成玩忽职守罪。王某某所提无罪的上诉理由及其辩护人所提“王某某在办理于案过程中认真履行了职责，对案件处理多次汇报，非常慎重，2002 年当时的司法环境无法排除‘三无证据’”的相关无罪辩护意见，经查，王某某在审理于某某诈骗案件过程中，对辩方所提相关无罪辩护意见未认真审核，未将书证复制件与原件核对，未发现并排除证据中的明显矛盾，根据虚假证据错误认定了案件事实。[1] 其辩护人所提“王某某案件在适用《刑法》第 397 条和第 399 条上存在竞合，应当选择适用特殊条款的第 399 条的规定，王某某不构成犯罪”的辩护意见，经查，本案涉及罪名为玩忽职守罪，与第 399 条规定的徇私枉法罪在法律适用上并不存在竞合和选择适用关系。根据王某某在错案形成中的责任以及自首等情节，改判王某某判处有期徒刑一年六个月。后王

〔1〕 辩护人所提“于某某案属于疑难复杂案件，被改判无罪是由于再审时调取了新的证据，王某某对因法律理解和认识上的偏差以及新证据出现导致的裁判结果错误不承担责任”的辩护意见，经查，王某某在审理于某某诈骗一案过程中，未能认真履行其法定审查职责，错误认定案件事实，进而导致案件错误定罪，王某某是否存在认识上的偏差均不影响王某某错误认定案件事实的责任。

某某以本案事实不清，采用的证据系非法证据；一审、二审法院适用法律错误，程序严重违法为由，向漯河市中院申诉，该中院以申诉理由不能成立，于2018年12月12日驳回申诉。[1]

3. 简要评析

该案系一起因承办法官“未认真履行审查证据职责”而导致无罪判有罪（错判）的错案。该案的焦点是：王某某是否应承担审判责任进而追究其刑事责任？从一审、二审法院的判决看，二者均认为王某某没有认真核实证据，未履行法定审查职责，最终导致错判，但二者认定王某某构成玩忽职守罪的思路、逻辑和理由存在一定差异。[2] 一审法院侧重强调合议庭未严格执行审判委员会的决议，王某某误导审判委员会和上级法院作出错误决定，未认真审查证据，事实认定错误；二审法院则主要从王某某未调查核实无罪意见，未能认真履行审查证据职责，导致错误认定案件事实和定罪。相较而言，二审法院主要从审查判断证据的角度，对王某某的行为作出法律评判，相较于一审判决说理显得更为客观充分。该案合议庭多次研究，提交审判委员会讨论，并向上级法院请示汇报，王某某作为基层法院刑庭

---

[1] 来源于(2018)豫11刑申21号驳回申诉通知书。

[2] 一审法院认定：(1)在经审判委员会讨论决定拟判处于某某无罪的情况下，合议庭评议擅自决定准许检察机关撤诉；(2)在第二次重新起诉后的开庭审理过程中，王某某没有审查出案卷中存在矛盾的重要书证以及来源不合法的证据及证据复印件，对辩方所提意见没有认真调查核实，且据此作出“案件事实清楚，证据充分”的审理报告；(3)因为王某某的错误汇报，导致某法院审判委员会和某市中院作出错误决定，使于某某被错判有期徒刑十年，实际服刑2085天，国家赔偿20万余元的严重后果。无论是从物质形态上还是从社会政治影响上均属于造成国家和人民利益遭受重大损失，不能认定为一般工作失误，应依法予以刑事追究。王某某在审理于某某诈骗案时不存在徇私枉法、徇情枉法，亦不存在故意违背事实和法律，只是属于对证据和事实审核错误认定的过失犯罪，故认定其构成玩忽职守罪。二审法院认定：(1)王某某在审理于某某诈骗案过程中，对于某某及其辩护人提出的无罪辩护意见未认真调查核实，未将书证复制件与原件核对，未发现并排除证据中的明显矛盾，根据伪证认定了错误的事实。(2)王某某在审理于某某诈骗案过程中，未能认真履行其法定审查职责，错误认定案件事实，进而导致案件错误定罪，王某某是否存在认识上的偏差均不影响王某某错误认定案件事实的责任。(3)王某某在审判工作中未依法认真履行职责，错误认定案件事实，导致案件被告人于某某被错误追究法律责任，致使国家和人民利益遭受重大损失，故构成玩忽职守罪。

庭长(资深法官),应当知道该案重大疑难复杂。但即便是穷尽法定程序(部分审判委员会委员听审、审判委员会研究)、请示上级法院,亦未能防止错案的发生。

该案引发的问题至少有:(1)对辩方所提无罪辩护意见,法官应如何调查核实,其范围和限度何在?如未认真调查核实,"对证据和事实审核错误"是否需要承担责任,承担何种责任?王某某对错案的发生,系过失还是重大过失?(2)"因对案件事实和证据认识上的偏差而导致裁判错误"如何理解,该案是否属于这种情形?(3)该案合议庭多次研究,审判委员会亦多次讨论,委员意见亦存在分歧,对于错案结果,除承办法官被追责外,与承办法官意见一致的其他合议庭成员、审判委员会委员是否应承担责任,承担何种责任?(4)该案经向二审法院请示汇报,二审法院亦出具了有罪的书面答复,二审法院相关办案人员是否应承担相应责任,承担何种责任?(5)该案程序上并无其他违法之处,如何区分错判责任与一般工作失误,如何认定因错判造成的严重后果,国家赔偿情况(物质形态)和"社会政治影响"是否属于"造成国家和人民利益遭受重大损失"?这些问题,事关刑事法官的职权与责任,值得深思和警醒,笔者亦将在本书相应章节中尝试作出初步回答。

总体而言,案件事实的认定、证据规则的运用等实体判断问题涉及法官的认知能力和水平,属于法官自由裁量和内心确信的范畴,系裁判的核心领域事项,很难通过追究责任来防范或避免。除非法官恶意或明显违反法定的证据规则和一般常识,在法官能够对案件事实和证据认识上的偏差作出"合理解释和说明"的情况下,不应启动追责程序,更不应追究法官的刑事责任。相较于实体问题而言,程序问题通常由诉讼法具体规定,审判行为是否违反法定程序,判定标准相对明确。例如,证据未经质证而被采信作为定罪的根据,与案件具有利害关系的法官应当回避而未回避等。

（三）案例 3：事实认定错误导致漏人错放——高某“扛包”再审案

1. 基本案情

（1）原判情况。[1] 2014 年 4 月 25 日 15 时许，被告人高某持刀闯入某镇养老院一出租房内，以承租人王某某造谣说其贩卖毒品为由，持刀将王某某面部砍伤，致轻伤二级。后高某到公安机关投案。另外，高某朋友张某某与被害人王某某就民事赔偿签订协议，由张某某一次性赔偿王某某各项经济损失 30 万元。检察机关指控被告人高某犯故意伤害罪，于 2015 年 9 月向法院提起公诉，量刑建议为有期徒刑一年至一年六个月。法院适用简易程序独任审理，认为高某的行为已构成故意伤害罪，被告人虽主动投案，但其供述的案发原因、参与人、案发经过与被害人陈述、证人证言有较大出入，不能认定为自首，但鉴于其当庭自愿认罪，且被害人经济损失已得到弥补，可酌予从轻处罚；故以故意伤害罪判处高某有期徒刑十个月。宣判后，高某未上诉，检察机关亦未抗诉，判决已生效。

后经办案机关在审查关联案件张某某恶势力团伙犯罪案件过程中，对高某故意伤害案进行复查，发现本案存在重要事实未查清，可能遗漏其他共同犯罪人等问题，原判认定的犯罪事实确有错误，故启动再审程序。

（2）再审情况。[2] 张某某（因涉恶势力犯罪已于 2019 年判决）为非法取得某镇一村委会大院内的部分土地使用权，与时任该村村委会主任贾某某产生矛盾。2014 年 4 月 25 日 15 时许，原审被告人高某经张某某纠集，伙同徐某某等五人（均已判决）闯入一养老院内，高某持刀将贾某某之子王某某砍伤，造成其鼻外伤、头部外伤，经鉴定为轻伤二级。后张某某赔付被害人王某某 30 万元。2015 年 7 月 19 日，高某到公安机关投案，隐瞒该案系受他人指使并伙同徐某某等多人共同实施的这一重要事实。法院经再审认为，原审被告人高某受张某某指使，伙同徐某某等五人共同故意伤害他人身体致一人轻伤，已构成故意伤害罪。其虽主动投案，但欺瞒司法机

---

[1] 来源于（2015）延刑初字第 202 号刑事判决书。

[2] 来源于（2019）京 0108 刑再 2 号刑事判决书。

关、包庇同案犯，未如实供述罪行，不能认定为自首；其作为具体伤害行为的主要实施者，在原审中隐瞒犯罪事实、为他人顶罪，情节恶劣，在量刑时酌情予以考虑。另外，本案系恶势力团伙实施的犯罪行为，高某系恶势力团伙成员，应酌予从重处罚。庭审中，高某主动认罪，态度较好，酌情予以考虑。对于本案中涉及的民事赔偿情况，结合原审被告人高某及相关人员对被害人进行赔偿的动机、目的，在量刑时酌情考虑。故以故意伤害罪判处被告人高某有期徒刑二年四个月。

2. 处理结果

经复查，该案在实体认定和程序方面均存在问题。经循线深挖，发现原审承办法官及时任刑庭庭长受人请托，收受财物，枉法对高某从轻处罚，因涉嫌受贿、徇私枉法罪被追究刑事责任。

3. 简要评析

本案是在开展为期三年的扫黑除恶专项斗争中发现的"案中案""案外案"，系司法人员充当黑恶势力"保护伞"而导致重刑轻判（错放）的典型案例。2019 年，公安机关在办理张某某恶势力团伙犯罪案件时，发现该组织成员涉嫌实施共同伤害王某某的行为，但法院在 2015 年认定该起犯罪事实的判决中，对同为恶势力重要成员的高某仅认定为个人单独犯罪，原判存在重要事实不清、可能遗漏共同犯罪人的情形。经对原判进行复查，发现该案存在诸多问题：（1）关于事实认定。被告人高某主动向公安机关投案，在侦查及法庭审理中均承认其持刀将被害人王某某面部砍伤的事实，但坚持称此案无其他人参与，犯罪动机是因王某某造谣其贩毒，故其实施报复，明确否认此事与张某某有关。但被害人王某某的陈述、在场证人证言及案发地外楼道的监控录像等证据均证明，当日在现场参与作案的有 10 余名男子，并有多人持械，足以证明本案系多人共同作案，并非高某一人单独犯罪；且被害人陈述、多名证人证言均指向张某某与本案有密切关联。本案承办法官在庭审中就此反复讯问被告人，但被告人一直坚称系自己一人作案。在此情况下，承办法官未向检察机关建议补充侦查，在全案事实尚未查清的情况下，根据检察机关指控直接认定高某一人实施犯罪行为，显然存在问题。(2)关于量刑。原判考虑被告人高某如实供述自己持刀砍伤被害人的犯罪事实,自愿认罪,且被害人经济损失得到弥补,对高某酌予从轻判处有期徒刑十个月。但高某伙同他人,在事先预谋的情况下,侵入被害人出租房内,持刀砍伤被害人面部,其主观恶性及社会危害性较大,且未如实供述全部犯罪事实,亦存在因殴打他人被行政处罚的劣迹,人身危险性较大,上述从重情节在量刑时未充分体现。在高某认罪态度及赔偿情节均存在疑问的情况下,对高某判处有期徒刑十个月,系在量刑建议幅度之下,明显偏轻。(3)关于审判程序。本案法院适用简易程序审理。高某持刀伤害被害人王某某,并造成王某某面部损伤达轻伤二级的事实清楚,证据确实、充分,但高某关于本案的起因、参与人数、行为人的作用及地位等供述内容均不属实,且赔偿情节亦存在疑问,在此情况下适用简易程序明显不当,应转为普通程序审理。

综上,该案在重要案件事实尚未查清,可能遗漏其他共同犯罪人的情况下,承办法官未开展实质性的补证工作,存在量刑结果偏轻、审判程序不当等问题,后通过审判监督程序再审予以纠正。因本案承办法官涉嫌职务犯罪,即将面临刑事处罚,显然不再具备法官的任职资格,应当退出员额。〔1〕本案除存在因请托受贿而放松案件实体审查标准、违背法律作出枉法裁判外,案件办理本身亦存在诸多值得反思、令人警醒之处。本案案情并不复杂,在案亦有现场监控录像证明同案犯共同实施了殴打被害人的行为,侦诉机关指控明显存在遗漏同案犯的情形,在被害人以及多名证人均指向张某某指使作案的情况下,侦诉机关均未实质性地开展补查补侦工作,仅以出具工作记录或说明的方式进行了形式上的补证,意图纵容包庇其他同案犯的罪行,这种反常的做法值得司法者高度警惕,即便是适用简易程序、速裁程序、认罪认罚的案件,亦应达到“事实清楚、确实充分”的标准,具体将在下一章第二节“独任法官的职责”部分一并予以阐述。

---

〔1〕最高人民法院于2020年1月8日出台《人民法院法官员额退出办法(试行)》,规定法官退出员额包括申请退出、自然退出和应当退出三种情形,其中第6条规定,法官因违纪违法不宜继续担任法官职务的,应当退出员额。

（四）案例4：疏于送监执行造成严重后果——谭某玩忽职守案

1. 基本案情

2017年1月5日，某区法院立案受理李某成（系累犯）诈骗案，被告人谭某是该案的承办人。在案件侦查阶段，公安机关于2016年11月19日以李某成患有严重疾病为由决定对其取保候审。在案件审理过程中，李某成向法院提交了相关医院的住院病历资料和《病情证明书》，称自己身患急性重症胰腺炎等严重疾病不能到庭。2017年4月5日，合议庭对李某成案开庭审理。其间，李某成坐轮椅进入审判庭，并有一名雇请的驾驶员和护工陪同，全程呈严重病态状，且每半小时服用药物一次。辩护人李某1当庭出示了《病情证明书》及住院病历资料，证实李某成患有“重症性坏死胰腺炎、胰腺肿瘤”以及住院治疗的情况，出庭公诉人对证据的真实性无异议，合议庭确认了该证据的效力，并作为量刑的参考。案发后，李某成交代该《病情证明书》系自己托他人代开。2017年4月6日、26日合议庭对该案进行了两次评议，认为李某成患有严重疾病，主动退缴部分赃款，可对其适当从轻处罚，但未讨论宣判前或宣判时是否对李某成的强制措施变更为逮捕，也未讨论案件生效后如何执行等问题。同年4月28日法院以犯诈骗罪判处李某成有期徒刑三年，并处罚金10000元。判决生效后，谭某于2017年5月9日以李某成在异地住院治疗为由未将其收监执行刑罚。次日，李某成委托律师李某1向谭某提交了暂予监外执行申请，谭某在收到该申请后，按照该院的习惯做法向审管办负责人文某咨询了暂予监外执行的办理流程，文某称必须罪犯亲自到场才能开展组织诊断工作。谭某遂未将李某成暂予监外执行的申请及材料移送给审管办，未启动对李某成暂予监外执行审查程序。同日，谭某到市中院参加全省法院系统篮球联赛集训。此后，谭某多次打电话联系李某成到法院接受暂予监外执行疾病诊断检查，但李某成以身患重病在异地住院治疗等为由拒绝到法院。2018年5月15日，法院启动李某成暂予监外执行案审查程序，谭某将李某成暂予监外执行申请等相关材料移交区法院审管办。经对李某成组织诊断，认为其不符合《保外就医严重疾病范围》，2018年8月2日，法院向看守所送达了李某成移送执行材料,8月15日李某成被转入川北监狱服刑。同时查明,李某成于2017年5月至2018年8月与他人实施诈骗犯罪,骗取他人财物1104万元,被以诈骗罪判处有期徒刑十四年,并处罚金50万元,附加剥夺政治权利二年。2020年5月31日,被告人谭某投案。

2. 处理结果

法院认为,被告人谭某身为司法机关工作人员,作为李某成诈骗罪一案的承办法官,在办理刑事案件的过程中,对李某成伪造并提交的《病情证明书》等书证不认真审查其合法性、真实性,在未对李某成的疾病进行检查诊断的情况下,对李某成是否患有严重疾病作出错误判断,从而对累犯李某成应当变更强制措施而不作出逮捕决定报领导审批,也未在判处李某成有期徒刑三年宣判时予以收监羁押;且在一审判决生效后,应当移送执行而未移送;在收到暂予监外执行申请后,未及时将申请材料移送院审管办开展组织诊断工作,判决生效一年多后才启动暂予监外执行程序。经鉴定,李某成所患疾病不符合《保外就医严重疾病范围》,于2018年8月2日收监执行。谭某在办理刑事案件过程中,工作严重不负责任,不正确履行工作职责,导致罪犯李某成在案件审理期间及判决生效后一直处于脱管状态,并再次故意实施诈骗犯罪,谭某的行为严重危害了司法机关的正常活动,影响了司法权威和公信力,造成了恶劣的社会影响,其行为已构成玩忽职守罪。鉴于罪犯李某成长期脱管并再次犯罪系多种原因、多方面责任造成,该区法院刑事审判管理存在不规范、不完善之处,且被告人谭某刑事审判工作经验不足,未妥善处理好审判工作与篮球集训之间的矛盾,案发后积极认罪悔罪,有自首情节,当庭表示愿意认罪认罚,因其犯罪情节轻微不需要判处刑罚,故对其免予刑事处罚。

3. 简要评析

本案是一起因法官严重不负责任,未认真审查证据材料,对患病的被告人/罪犯(系累犯)未及时逮捕、收押、送监造成严重后果而被追究玩忽职守罪的典型案件。在刑事司法实践中,患病罪犯"送监难""收押难"是送监执行活动中的"老大难"问题。对于患病(未必有生命危险,亦不一定属于《保外就医严重疾病范围》)嫌疑人,看守所为确保在押人员“零死亡”,往往对疾病种类作扩大解释,以嫌疑人患严重疾病而拒绝收押。因无法执行逮捕,审前办案单位只能对嫌疑人变更强制措施,又因监视居住成本高、执行难,故不论是否符合取保候审的条件,实际中往往都会采取取保候审的措施,这就导致社会危险性的评估在现实面前并未发挥作用。本案被告人审前未被羁押,一路取保直至一审宣判结束。判决生效后即涉及法院将罪犯交付执行的问题。但因李某成向法院提交了虚假的诊断证明材料,且以在外地治疗为由,拒不配合到法院,使得该案长期未能启动暂予监外执行审查程序,造成李某成长期脱管,并在脱管期间又实施严重的诈骗犯罪。从刑事诉讼流程来看,送监执行属于执行程序,不属于典型意义上的审判活动。但因法律规定不明确,又涉及责任承担问题,对于未羁押罪犯的收押送监应当由法院负责还是由公安机关执行,实践中争议很大。本案承办法官因未认真履行法定职责(包括未认真审查证据、对累犯未变更强制措施、合议形式化、长时间迟延送监执行等,属于重大过失的范畴),造成严重后果而被追究玩忽职守罪,追责模式属于行为责任模式。

(五)案例5:未送达执行手续造成严重后果——李某某玩忽职守、张某无罪案

1. 基本案情

被告人李某某在某法院未成年人案件综合审判庭审理纪某、耿某故意伤害案期间,因本庭书记员休产假,临时借用审管办的合同制法警张某帮忙做庭审记录。2013年6月5日分别判处纪某、耿某缓刑。判决生效后,李某某不正确履行工作职责,未按照《社区矫正实施办法》的规定将判决书、执行通知书等法律文书送达该地司法局,致使纪某、耿某未接受社区矫正,脱离监管并再次犯罪,给国家利益造成重大损失。

2. 处理结果

原审法院认为,被告人李某某身为法院工作人员不认真、不正确履行工作职责,致使判处缓刑人员脱离监管,再次犯罪,给国家利益造成重大损失,其行为构成玩忽职守罪。李某某虽在纪某、耿某被判处缓刑后,告知了二人报到的期限和地点，履行了部分工作职责，但未将该案的刑事判决书、执行通知书送达该地司法局是纪某、耿某二人漏管的原因之一，李某某负有责任。被告人张某身份虽是法院聘用法警，但受领导指派临时担任少年庭书记员已有半年之久，实际已赋予了其书记员的职责，在工作过程中，其没有认真履行工作职责，致使纪某、耿某二人漏管，其亦负有一定责任。鉴于被告人李某某、张某的玩忽职守行为并非纪某、耿某在缓刑期间又犯罪的直接原因和主要原因，且犯罪情节轻微，故认定被告人李某某、张某犯玩忽职守罪，免予刑事处罚。宣判后，二人均提起上诉，二审法院经审理后驳回二人上诉，维持原判。后张某提出申诉，并提交了新的证据。

法院再审认为，原审被告人李某某身为法院工作人员，严重不负责任，不认真履行工作职责，未按照《社区矫正实施办法》的规定将判决书、执行通知书等法律文书送达司法局，致使判处缓刑人员脱离监管，再次犯罪，给国家利益造成重大损失，其行为构成玩忽职守罪。申诉人张某提交的新证据证实申诉人张某系合同制法警，仅是参与了纪某、耿某故意伤害案的庭审记录工作，庭审记录完成后，该案的其他工作其未参与。新的证据与申诉人张某的申诉理由相印证，对张某所提其不具备玩忽职守罪的主体资格，没有玩忽职守的行为和主观故意，不构成玩忽职守罪的意见，法院予以采纳，改判申诉人张某无罪。

3. 简要评析

本案与案例 4 有相似之处，均不是发生在典型意义的审判环节，而是发生在判决生效后刑罚执行过程中。法官因未认真履行协助执行刑罚的义务，导致罪犯纪某、耿某未接受社区矫正，脱离监管并再次犯罪，给国家利益造成重大损失，最终认定李某某构成玩忽职守罪。该案的追责逻辑是，法官未办理刑罚执行的相关手续—罪犯脱管—再次犯罪—造成严重后果—法官被追责。张某因后来提交了新证据，证明其不具备职权主体资格，没有玩忽职守的行为和过错，再审改判其无罪。本案是典型的行为责任模式，即李某某严重不负责任，存在重大过失，造成严重后果而被追究玩忽职守罪。从处理结果来看，均是定罪免刑，在刑事制裁上属于轻处理。

上述5个案例中,前3个案例因裁判结果发生错误,法官在不同程度上承担了相应责任;后2个案例因承办法官严重不负责任,违反了《刑事诉讼法》的相关规定,造成严重后果被追究刑事责任。案例1中,因承办法官认定案件事实有误、定性不准,导致对被告人轻刑重判,原审法院涉案相关人员被组织处理,如免职调岗,停止职务、诫勉谈话等,属于纪律责任(包括组织处理和纪律处分)的范畴。案例2中,因承办法官未认真履行证据审查职责,未能发现在案证据之间的矛盾,导致无罪被告人被错误羁押,尽管案件经向上级请示汇报,审判委员会讨论决定,承办法官仍被追究刑事责任。案例3中,因承办法官接受黑恶势力的请托,收受贿赂,放松证据审查标准,导致重刑轻判、放纵恶势力的严重后果,承办法官因此被追究刑事责任。上述3个案例均通过审判监督程序对原错误判决进行了纠正。从裁判结果看,在案例1和案例2中,原判均作出了对被告人不利的判决(错判,轻刑重判、无罪判有罪);在案例3中,原判作出了对被告人有利的判决(错放)。从主观过错看,在案例1和案例2中,承办法官均属于过失(不负责任、玩忽职守);在案例3中,承办法官系故意,构成徇私枉法。从对被告人造成的后果看,案例1因错误判决被及时发现并纠正,尚未给被告人造成严重的后果;案例2因错判造成被告人被无辜羁押五年多,造成后果严重;案例3因重刑轻判导致被告人提前释放,造成后期恶势力坐大成势、欺压百姓的严重后果。从错误发生的原因看,除法官自身的原因外,案例1和案例3还存在被告人"顶包""扛包"的因素,这在很大程度上增加了证据审查、事实认定的难度。案例1还集中反映了实践中错案责任追究的常见路径:案件裁判结果经媒体曝光,迅速成为热点案(事)件,引发社会广泛关注;上级单位关注后,有关部门及时介入调查,迅速查明事件原因;启动纠错或善后程序,对相关责任人员严肃追究责任;通过召开新闻发布会、发布新闻通稿等形式,回应民众关切。与前3个案例均发生在刑事审判环节,裁判结果发生错误不同,案例4和案例5均发生在刑事判决生效后刑罚执行环节,承办法官因严重不负责任,未履行后续协助执行刑罚的义务,使得罪犯脱管再次实施严重犯罪。该两案的追责逻辑相同,循果溯因,因发生了严重后果(罪犯脱管期间再犯重罪)而倒查原因,发现承办法官严重不负责任,不作为或消极作为,导致罪犯长期脱管并再次犯罪,系“多因一果”,故在最终处理结果上给予了承办法官较为宽缓的处罚(定罪免刑)。

上述案例 1 至案例 3 反映出司法实践中法官责任追究的普遍样态——以裁判错误为导向的结果责任模式,即以刑事裁判结果的错误,作为法官责任追究的依据。评判裁判结果是否正确,往往取决于下一阶段程序的处理结果(案例 1 中,原判尚未启动再审即对相关人员开始追责)。案件裁判结果正确与否取决于该裁判结果是否被上级法院或再审法院改变,被改变的则视为错案,从而引发司法责任。[1] 结果责任模式之发生,一方面是由于我国刑事司法秉持实质真实原则,“实事求是、有错必纠”的理念在社会公众和部分司法人员脑海中根深蒂固,对于裁判结果的错误(尤其是重大错误),首先希望通过审判监督程序尽快纠正当下的错案(无论是错判还是错放),而不会过多顾及维护程序的安定性和生效判决的既判力;另一方面是由于刑事司法特别是热点案件容易引发舆论关注,当法官的专业思维与普通民众朴素的司法观念发生抵牾甚至严重背离,案件的裁判结果得不到社会的认可时,为应对网络舆情,回应社会关切,往往会对生效裁判案件启动评查程序,以评判当时的案件处理结果是否正确,程序是否合法,法官的审判行为是否违法,进而决定是否启动对法官的调查程序。因此,在结果责任模式下,法官面临被追究错案责任的较大风险。

上述案例 4 和案例 5 则体现出司法实践中法官责任追究的另一种样态——以不当行为为导向的行为责任模式,即法官在履行司法职权过程中存在违法行为导致严重后果而被追究相应责任。不当行为表现为未认真审查证据、应调取证据而未调取、违反《刑事诉讼法》等法律的义务性规定、违反法院组织法确立的司法决策方式的行为(如该合议而未合议)以及其他违反法律法规的行为。行为责任模式一般为过失行为,要求造成严重后

---

[1] 参见马骏、马翔:《司法责任制改革基本问题研究》,载《云南社会科学》2018 年第 6 期。

果,这也是责任追究包含的后果要件。行为责任模式对于规范审判行为、防范冤假错案具有积极作用,但其会对审判独立产生负面影响,遏制程序性制裁的效果,与结果责任一样,可能造成对法官责任的过度追究和对处罚权的滥用。[1]

---

〔1〕 参见陈瑞华:《法官责任制度的三种模式》,载《法学研究》2015年第4期。

第三章

司法责任与司法权力的关系

审判权在法院权力体系中居于核心地位,法院从事的其他行为或活动,无一不是围绕审判权这一中心而展开的。其中与之紧密相关的审判监督权和管理权,也是依托审判权、保障审判权的正当行使而产生的,三者在运行过程中涉及权力划分和责任承担的问题。我国的审判权对外整体上由人民法院依法独立行使,对内则由多个审判组织(主体)共享。责任因权力而产生,考察司法责任首先须厘清各审判组织(主体)的职责和权限,在此基础上方能明确责任的范围和限度。司法责任是人民法院的宪法责任,由审判委员会、院庭长、合议庭、法官依法定职责分别承担、共同负责。审理者、裁判者不仅为法官、合议庭,院庭长在不直接审理案件时,仍须依法履行审判监督管理职责;审判委员会讨论决定案件,既是审理、裁判案件,也是履行监督管理职责。裁判文书系司法活动的最终产品,也是评判司法责任的重要依据。人民法院的裁判权最终体现为裁判文书的签发(案件阅核)权,通过合理区分不同审判组织签发裁判文书(案件阅核)的各自方式,明确责任的归属,有助于实现审理者—裁判者—责任者的统一。

第一节 司法责任的权力范畴:司法权多维共享

一般而言,没有权力在手,也不必为权力的运作后果承担责任。[1] 根据“权力—责任”相一致原则,法官行使司法权即应承担相应的责任。审判权居于司法权力运行体系的核心地位,本质上是判断权;审判管理权、审判监督权由审判权衍生,审判管理权的对象主要限于程序性事项,审判监督权则是解决实体与程序事项,三者紧密相关,共同构成司法责任的权力范畴。

一、审判权:司法权力运行体系的核心

司法权的本质是判断权,判断是一种认识。[2] 从狭义上理解,司法权即审判权,包括审理权和裁决权两项内容。审判权是专属于法院行使的法定权力,其核心是裁决权,裁判是本真意义上的司法。[3] 司法责任约束的核心是审判权。

根据我国《宪法》第131条的文义理解,[4] 审判权是专属于法院行使的法定权力。为了监督审判权的正确行使,立法赋予对裁判的救济渠道,设置了二审程序、审判监督程序等;同时为了保障审判权的正常行使,内部又衍生出审判管理权,对案件的诉讼流程和重要时间节点进行监管。如何处理三者的关系是司法难点。院庭长的审判监督权、审判管理权有时凌驾

---

[1] 参见张建伟:《错案责任追究及其障碍性因素》,载《国家检察官学院学报》2017年第1期。

[2] 参见孙笑侠:《司法权的本质是判断权——司法权与行政权的十大区别》,载《法学》1998年第8期。

[3] 参见张文显:《论司法责任制》,载《中州学刊》2017年第1期。

[4] 该条内容为:“人民法院依照法律规定独立行使审判权,不受行政机关、社会团体和个人的干涉。”

甚至直接取代法官审判权，违反相关权力配置“以审判权为核心”的要求，引发对院庭长审判监督管理权的概括否定和绝对排斥。[1] 深化司法责任制改革，一方面，要求明确审判组织及其人员的职责，落实“让审理者裁判”的要求，实现“由裁判者负责”的目标；另一方面，为避免“一放就乱、一管就死”的困境，保证统一适用法律，促进公正司法，现阶段有必要赋予并规范院庭长的审判监督权、审判管理权。

从法律依据来看，《法官法》为院庭长行使审判管理监督权提供了依据。[2] 我国三大诉讼法均规定了须经院长审批的事项，如对法官回避、司法拘留、罚款的决定权，院长发现本院生效的裁判文书确有错误的提请启动再审程序；刑事诉讼中对被告人变更强制措施须报请院长审批等。院庭长的审判监督管理权是伴随审判权而诞生的，立法为审判监督管理权的运行提供了法律依据。

从实践需求来看，现代社会分工日益精细，特别是涉及程序性事项、标准化流程等均离不开精细化管理。作为公权力运行的审判活动，亦概莫能外，任何一个诉讼环节或程序都可能深刻影响当事人的权利义务。实践中，如办案时长即将超出法定期限，由谁来督促尽快结案；对于审判流程信息，由谁来负责通过网络公开；对于不宜公开上网的法律文书，由谁来负责审核确认；对于重大敏感案件，如何进行把关以避免引发负面舆情等，这些与当事人权益密切相关的程序性事项，均有赖于必要的监督管理加以保障。

---

〔1〕 在司法责任制改革中，有意见认为，要彻底还权于法官、合议庭，应该让主审法官、合议庭切实承担起办案主体责任，院庭长对其未参加审理的案件的裁判文书不再审核签发，失去了管理抓手，彻底不管为好。也有意见认为，法律对审判权有明确表述，对审判管理权和审判监督权没有明确的规定，法律依据不足。参见最高人民法院司法改革领导小组办公室编著：《〈最高人民法院关于完善司法责任制的若干意见〉读本》，人民法院出版社2015年版，第20～21页。

〔2〕 根据《法官法》第9条的规定，人民法院院长、副院长、审判委员会委员、庭长、副庭长除履行审判职责外，还应当履行与其职务相适应的职责。

从法定职责来看,我国宪法法律规定人民法院依法独立行使审判权。[1] 重心在于排除非法干涉,并不排斥专业内部的切磋研讨。“独立”,是指人民法院整体独立,而非法官独立。[2] 无论是开庭审判,还是裁判文书的发布,均是以法院的名义实施的诉讼行为或者职务行为,其责任后果首先归结于法院。就这个意义而言,院长对该院所办理的案件承担的更多是审判管理责任。如果不赋予院庭长对在审案件的监督管理权,只能待判决作出或生效后方能启动监督程序,则过于机械教条,完全脱离实际。特别是对重大敏感案件,审判过程中如果出现问题,其产生的影响和造成的后果无法预估,法院院长将承受巨大压力。[3] 而法官个人是负不起这个责任的,亦难以承受如此之重。[4] 通过院庭长的审判监督和管理,有利于管控审判风险,保障审判安全。司法改革不是要弱化、取消院庭长的管理职责,而是要建立一种新型的、符合法官职业特点的审判管理模式。

二、审判管理权:限定于程序性事项

去行政化被认为是本轮司法改革的重要价值取向和改革目标,但去行

〔1〕 究竟谁可以代表人民法院行使审判权,学理上有不同的观点。有观点认为,法院的法人代表是院长,院长要对该院所办理的案件承担全部责任。参见朱孝清:《错案责任追究与豁免》,载《中国法学》2016 年第 2 期。另有观点认为,作为一把手的法院院长不是法院享有的审判权的当然代表,除非其参与案件审理。参见傅郁林:《司法权的外部边界与内部配置》,载《法制与社会发展》2016 年第 2 期。

〔2〕 我国司法机关则实行民主集中制,注重发挥司法人员的集体作用,强调领导审批把关,因而是整体独立。参见陈光中、魏晓娜:《论我国司法体制的现代化改革》,载《中国法学》2015 年第 1 期。

〔3〕 有学者将这种现象归纳为“权力在法官、压力在法院、责任在院长”。参见朱孝清:《错案责任追究与豁免》,载《中国法学》2016 年第 2 期。

〔4〕 有学者指出,法院改革的方向不应是从法院整体本位转向法官个体本位,而应是从以院庭长为主导的法院整体本位转向以法官为主导的法院整体本位。参见顾培东:《法官个体本位抑或法院整体本位——我国法院建构与运行的基本模式选择》,载《法学研究》2019 年第 1 期。

政化不等于去管理监督。[1] 审判管理是对审判活动的组织、协调和监督。[2] 审判监督权与审判管理权的界限并非十分清晰。最高人民法院发布的规范性文件亦未明确区分审判监督权和审判管理权。审判业务监督一般是外部监督，就规范意义而言，包括当事人监督、专门机关（检察机关）监督、法院内部或审级监督。审判管理权本质上是一种行政权，旨在服务保障审判权的正确行使。管理权须尊重审判权，“到位而不越位”，不得侵犯审判权的独立性，更不能凌驾于审判权之上，超越法律规定干预法官依法办案。[3]

审判管理的对象应作严格的限定，一般限于审判活动中涉及的程序性事项，与法官认定案件事实（事实是否存在）、审查判断证据（证据能否采信）、具体适用法律（罪与非罪、此罪与彼罪）等实体性决策事项，均与法官的亲历性密切相关，不应纳入审判管理的范畴，也无法通过审判管理来解决。审判管理更多是过程管理、事中管理，是防止审判权运行偏离法定轨道的有效方式。例如，案件的审限特别是长期未结案的管理，院庭长通过办案系统的自动预警和约谈提醒，提示法官审限即将届满，督促法官在审限内结案。再如，庭审网络直播、裁判文书上网等程序性事项，均属于审判管理权的范畴。

三、审判监督权：基于实体和程序事项

我国立法意义上的“审判监督”从两个维度展开：一是诉讼法规定的“审判监督程序”，即对确有错误的生效裁判的纠正程序；二是《宪法》和《人民法院组织法》确立的上下级法院之间的监督关系，主要是审判业务监

---

〔1〕 参见马渊杰：《论进一步深化司法责任制改革的路径》，载《人民司法·应用》2017年第34期。

〔2〕 参见龙宗智：《审判管理：功效、局限及界限把握》，载《法学研究》2011年第4期。

〔3〕 参见田成有：《审判权、审判管理权及审判监督权的分立与制衡》，载《法制日报》2016年12月28日。

督。院庭长的审判监督权显然不属于上述立法层面的含义,其既是职权也是职责,带有指令权的性质。[1] 如果说审判管理权是人民法院内部主要为解决程序性事项而设定的,那么审判监督权则主要是为解决程序与实体事项而设定的。审判权不能被审判监督权直接改变,但要受审判监督权制约。审判监督权包括法院内部和外部监督、事中和事后监督。庭院长监督主要是内部的事中监督,外部监督主要是职能部门(审监庭)的监督;审判业务监督权本质上是审核权,而非审批权,特别是办理重大敏感案件,发挥院庭长审判经验丰富、业务能力突出的优势,有助于对案件质量加强"把关",共同提高办案质效。[2]

第二节 司法责任的权力主体:多元化审判组织

我国的审判组织主要包括独任法官、合议庭、审判委员会。[3] 不同的审判组织享有的职责权限不同,审判权在法院内部呈现出多元主体共享的格局。考察司法责任首先须厘清各审判组织的职责和权限。独任法官、合议庭及其成员、审判辅助人员、院庭长、审判委员会及其成员共同构成司法责任的权力主体。

一、独任法官的职责

独任法官是人民法院审判组织的简易形态。经验数据表明,大部分简单案件均由独任法官审判。我国三大诉讼法均明确规定了独任法官审理

[1] 参见万毅、杨春林:《论院庭长的审判监督权》,载《思想战线》2016 年第 4 期。

[2] 参见田成有:《审判权、审判管理权及审判监督权的分立与制衡》,载《法制日报》2016 年 12 月 28 日。

[3] 根据《人民法院组织法》的规定,中级以上人民法院设赔偿委员会,依法审理国家赔偿案件。因赔偿委员会具有特殊的案件管辖范围,有别于一般的诉讼程序,故本书不论及赔偿委员会的司法责任问题。

的案件范围。独任审判主要存在于一审基层法院（人民法庭），适用简易（速裁）程序，通常系案件事实清楚、法律关系明确，诉讼各方没有争议的案件，同时尊重当事人程序选择权，体现程序意思自治。“迟来的正义非正义”，独任审判主要以效率为价值导向，以较少的司法资源实现较快的公平正义，这对缓解人案矛盾，提高审判效率具有积极的促进作用。

独任法官对案件处理行使全部的裁判权，包括程序性事项和实体性事项，《完善司法责任制意见》列举了六项职权。[1] 独任法官审理案件，意味着对案件处理由其个人承担全部的审判责任。[2] 2018 年修订的《刑事诉讼法》正式规定了认罪认罚从宽制度，2019 年年底“两高三部”出台《关于适用认罪认罚从宽制度的指导意见》，加之检察机关主导推进该制度的适用，刑事速裁案件在整个一审刑事案件中占比日益突出，独任法官在其中是当然的主角，亦意味着承担更多的职责。

二、合议庭的职责

合议庭是法院审判组织的基本（或标准）形态。世界各国审判组织的构造反映了一国的司法制度属性与特点。[3] 如英美法系国家实行陪审团制度，大陆法系国家则由职业法官（和陪审员）组成合议庭。不论是域内还是域外司法，合议庭都属于集体行权的审判主体。[4] 与独任法官相比，设

---

〔1〕 该意见第 15 条规定，独任法官的审判职责包括：(1)主持或者指导法官助理做好庭前会议、庭前调解、证据交换等庭前准备工作及其他审判辅助工作；(2)主持案件开庭、调解，依法作出裁判，制作裁判文书或者指导法官助理起草裁判文书，并直接签发裁判文书；(3)依法决定案件审理中的程序性事项；(4)依法行使其他审判权力。

〔2〕 适用独任审判的刑事案件包括速裁案件和可能判处三年有期徒刑以下刑罚适用简易程序的案件。这两类案件约占全部一审刑事案件的七成以上。2019 年全国法院适用速裁程序审理的占 27.6%，适用简易程序审理的占 49.4%，判处三年有期徒刑以下刑罚的轻罪案件占 83.2%。相关数据来源于最高人民检察院 2020 年 10 月 15 日在第十三届全国人民代表大会常务委员会第二十二次会议上所作的《关于人民检察院适用认罪认罚从宽制度情况的报告》。

〔3〕 参见［英］罗杰·科特威尔：《法律社会学导论》，华夏出版社 1989 年版，第 234 页。

〔4〕 参见赵瑞罡：《司法改革背景下合议制度研究》，法律出版社 2018 年版，第 51 页。

置合议庭审理案件,有利于发挥集体智慧,弥补个人智识和审判经验的不足,有利于形成内部监督制约,避免个人恣意擅断,从而形成理性正确的裁判。因此,明确合议庭成员的职责权限,充分发挥各自作用,对落实办案主体责任显得尤为重要。

不同层级、不同审级法院合议庭的组成形式不尽相同,成员的内部分工、职责权限亦有所区别。从成员组成看,合议庭由法官组成或者由法官和人民陪审员组成,成员人数为三人以上单数。其中陪审合议庭的组合方式有三种:1 法官 +2 陪审员,2 法官 +1 陪审员,3 法官 +4 陪审员。〔1〕根据合议庭成员是否固定可以分为固定合议庭和随机合议庭。从最高人民法院规范性文件的导向看,鼓励随机组成合议庭,并提出相对固定的合议庭成员应定期交流。〔2〕中级以上法院审理的刑事二审或复核案件,基于办案便利和审判效率考虑,合议庭通常较为固定,由一名资深法官或业务能力过硬的法官担任审判长。〔3〕

---

〔1〕 根据2018 年4 月27 日施行的《人民陪审员法》的规定,涉及群体利益、公共利益的,人民群众广泛关注或者其他社会影响较大的,案情复杂或者其他情形,需要由人民陪审员参加审判的,由人民陪审员和法官组成合议庭进行审判。对可能判处十年以上有期徒刑、无期徒刑、死刑,社会影响重大的刑事案件,由人民陪审员和法官组成七人合议庭进行审理。之所以没有选择五人或九人及以上的合议庭组成模式,主要是考虑在区分事实审和法律审的前提下,采用五人合议庭,法官人数至少要保证三人,人民陪审员则仅有两人,难以发挥实质参审的作用。采用七人合议庭,一方面,七人合议庭已能满足审理重大案件的需要,法庭设施也不需要大规模改造;另一方面,七人合议庭中人民陪审员四人和法官三人,数量配比相对均衡。如果合议庭人数为九人及以上,既会加剧人民法院"案多人少"的矛盾,增加陪审成本,又会影响审判活动的效率。

〔2〕《最高人民法院关于进一步加强合议庭职责的若干规定》第 2 条规定,关于合议庭的组成有固定与随机之分,合议庭的组织模式从随机到固定、从普通到专业化合议庭。参见姜梅:《现行合议制的变革与完善》,载《人民司法》2013 年第 11 期;姜树政:《合议制审判权行使的异化与回归——以审判权集体行使为视角》,载《人民司法》2014 年第 7 期;余文唐:《诉讼评议:自由抑或他律——以两例"司法创新"为视角》,载《法律适用》2014 年第 7 期;朱福勇:《论合议庭的评议对象与论证表达》,载《法律科学(西北政法大学学报)》2017 年第 1 期。

〔3〕 如《最高人民法院司法责任制实施意见(试行)》(2017 年 7 月 25 日)规定,最高人民法院实行合议庭办案责任制,每个合议庭配备适当数量的法官助理和书记员。在巡回法庭一般以法官助理、书记员"1 +1 +1"的模式配置审判团队。合议庭原则上随机产生,也可以根据专业化审判需要组成相对固定的合议庭。

就案件审级而言，一审案件可引入人民陪审员参与审判，一般由承办法官担任审判长，此时合议庭无固定之必要，即使固定亦较为松散，更多由承办法官主导。问卷调查显示，在问及“所在部门合议庭是否固定”时，10%的法官选择合议庭固定，由法官组成；接近90%的法官选择合议庭不固定，由法官、陪审员随机组成。二审案件均由法官合议庭审判，根据成员是否固定，分为固定合议庭和非固定合议庭两种。

合议庭办理案件最为重要的四个环节是共同阅卷、庭审、评议和制作裁判文书。如何共同阅卷，庭审中合议庭成员如何分工配合，如何开展案件评议等目前仅有原则性规定，尚缺少统一具体的操作规范。最高人民法院关于加强合议庭职责的三个文件，[1]赋予审判长主持人的地位，确立了合议庭成员权利的平等性原则，明确了审判长和承办法官的职责，全体成员应当共同参与案件审判的各个流程、环节。

从群体视角来看，扁平化是合议庭内部理想的权力结构；从个体归属来看，过于讲求团结、完全一致的评议意见，对于合议制裁判方式而言并非正常现象，因为成员之间更注重的是维护关系、彼此照顾、防止冲突，并不是追求作出最优的决策。[2] 合议庭成员包括审判长、承办法官和其他成员，这涉及合议庭内部各自职责权限和责任区分问题。根据权责相一致原则，有必要细分合议庭内部各成员的具体审判职责。

（一）审判长的职责

从历史发展来看，审判长是《人民法院组织法》规定的称谓和概念。审

---

〔1〕《最高人民法院关于人民法院合议庭工作的若干规定》、《最高人民法院关于进一步加强合议庭职责的若干规定》(2010年1月11日)、《最高人民法院关于规范合议庭运行机制的意见》(2022年10月26日)。

〔2〕参见[美]埃略特·阿伦森等：《社会心理学》(第5版)，侯玉波等译，中国轻工业出版社2005年版，第235～237页。

判长基于实行合议制的实际需要而产生，最先由院庭长指定，[1]在案件审理过程中处于组织者、主持人地位。彼时审判长属于一种临时性的指定，而非一个固定的职务，随着合议庭的存在而存在并随着合议庭的解散而消亡。[2] 直至人民法院《一五改革纲要》提出在全国推行审判长选任制，随后，最高人民法院于2000年7月出台《人民法院审判长选任办法（试行）》，[3]审判长由院庭长临时指定改为选任后相对固定。

从审判长的选任来看，选任的主要标准是审判业务能力强的法官，包括具有丰富的审判经验、娴熟的法律知识、较强的庭审驾驭能力和语言文字表达能力。[4] 2001年以来审判长选任制在全国法院普遍实行，特别是在中级以上法院。经选任程序，审判长逐渐演变成一种固定的审判职务，对其单独进行监督管理、任免惩戒，并享受特殊津贴待遇。审判长一旦选任则较为固定，同时配以两名法官组成固定合议庭。这种"双重固定"模式，进一步强化了审判长的管理职能，形成内部行政化的"科层"管理。例如，合议庭接收分配的案件后，审判长有权在合议庭内部二次分案，确定案件的承办法官，即审判长享有一定的分案权；审判长除负责合议庭案件质量的把关外，进一步延伸到对合议庭成员的工作业绩、纪律考勤等进行考核，成为合议庭的"主管"，即在庭长与普通法官之间衍生出新的"中间管理层"。审判长在案件评议、处理结果上具有更大的"话语权"。当然，这种模式适合于案件数量适度、人案适配度较高的法院。随着司法改革的持续

---

〔1〕 1979年公布的《人民法院组织法》第10条第4款规定，合议庭由院长或者庭长指定审判员一人担任审判长，院长或庭长参加审判案件的时候，自己担任审判长。该条在1983年、1986年、2006年《人民法院组织法》修正时未作修改。《最高人民法院关于人民法院合议庭工作的若干规定》淡化了指定色彩，第2条笼统规定为"合议庭的审判长由符合审判长任职条件的法官担任。"

〔2〕 参见陈卫东、石献智：《审判长选任制的缺陷刍议》，载《法商研究》2002年第6期。

〔3〕 该办法全面规定了审判长的选任原则、配备条件、选任程序、职责、监督管理和任免惩戒等内容。

〔4〕 《一五改革纲要》提出在全国推行审判长选任制，《人民法院审判长选任办法（试行）》（2000年7月11日）、《最高人民法院关于人民法院合议庭工作的若干规定》规定了审判长的具体职责。

推进和工资待遇的配套改革，审判长去福利化，加之人民法院人案的矛盾日益凸显，为解决实践难题，提高审判效率，在一审合议制案件中广泛引入陪审员，开始探索"谁承办谁担任审判长"的新合议庭模式。以 B 高院某刑庭为例，2015 年以前，除庭长、副庭长外，该庭有 9 名法官，分设 3 个合议庭，3 名审判长固定，无论是二审开庭还是提讯复核，均要求合议庭成员集体参加。3 个合议庭的组成相对较为固定，较少发生交叉。但随着法官员额制改革，法官人数减少，固定审判长 + 合议庭模式难以为继，于是出现了法官之间的内部重组。2019 年，该庭仅有 4 名普通法官，加上庭长、副庭长方能组成两个合议庭。为了弥补审判力量的不足，加快案件办理进度，开始实施承办法官担任审判长的合议庭模式。

就职能作用而言，尽管审判长与合议庭其他成员权利平等，按照少数服从多数的原则对案件作出裁决，但其除承担合议庭成员共同的审判职责外，还肩负着特定的角色职责，〔1〕主要表现为案件审理过程的组织者、庭审活动的指挥者、案件评议的召集人、裁判文书的审核签发者。〔2〕因不同审级法院的职责和功能定位不同，审判长的产生和组成不尽相同。随着员额制改革的实施，在法院原有审判人员（包括审判员和代理审判员）的基础上进一步择优遴选出员额法官，除法官等级有所差别外，员额法官在合议庭审理案件时地位平等、不分高下，享有相同的权利和义务，这就打破了以往"审判长—审判员—助理审判员"的原有格局，固定审判长制度面临挑战。目前，基层法院、中级法院基本实行承办法官担任审判长制度，即案件分配给谁，谁就担任审判长。在高级法院、最高人民法院，一定程度上还保

---

〔1〕 根据《完善司法责任制意见》第 18 条的规定，合议庭审理案件时，审判长除承担由合议庭成员共同承担的审判职责外，还应当履行以下审判职责：(1) 确定案件审理方案、庭审提纲、协调合议庭成员庭审分工以及指导做好其他必要的庭审准备工作；(2) 主持、指挥庭审活动；(3) 主持合议庭评议；(4) 依照有关规定和程序将合议庭处理意见分歧较大的案件提交专业法官会议讨论，或者按程序建议将案件提交审判委员会讨论决定；(5) 依法行使其他审判权力。《最高人民法院关于规范合议庭运行机制的意见》(2022 年 10 月 26 日) 亦规定了类似的内容。

〔2〕 参见丁寿兴：《庭审中的审判长》，上海三联书店 2006 年版，第 44 页。

留着审判长职务。[1] 承办法官担任审判长的优势在于：承办法官较为熟悉案件情况，特别是通过庭前阅卷大体了解案件的脉络，在正式庭审中更能把握案件的争议问题和焦点所在。例如，在法庭调查阶段可以有效组织控辩各方围绕证据开展有针对性的讯问、询问；为核实证据、澄清疑点亦可视情进行补充讯问。在法庭辩论环节，可以有效归纳控辩双方争议的焦点，提高辩论的质量和效率。特别是随着庭审程序的推进，在法庭辩论阶段如有恢复法庭调查之必要，可及时恢复法庭调查，尽量一次性开庭到位，避免多次、反复开庭。承办人担任审判长有利于顺利推进审判程序，提高庭审质效，夯实审判责任。相较而言，如果是固定审判长模式，审判长（非承办人）更多是完成组织庭审等程序性事项，可能会出现因不熟悉案情而无法对案件的实体问题当庭及时作出处理，这在很大程度上会影响庭审的效果。这是因为开庭是一个动态而富有突发性的过程，不论庭审预案事先准备得如何充分，庭审终究尚未发生；而一旦开庭审理，则当庭可能会出现各种突发情况，如被告人当庭申请非法证据排除，申请通知证人、鉴定人出庭作证等，合议庭均须当庭作出回应，这就要求合议庭成员在法庭上互相交流，进行简短评议，快速作出处置。2018 年 10 月 26 日修订的《人民法院组织法》对审判长的产生作了修改，弱化院庭长指定审判长的权力，仅规定“合议庭由一名法官担任审判长”。

（二）承办法官的职责

承办法官是具体负责办理案件的法官。我国法律并没有规定“承办法官”制度，最高人民法院结合审判实践，于 2010 年出台规范性文件明确承

[1] 根据《最高人民法院司法责任制实施意见（试行）》第 5 条、第 6 条的规定，合议庭审判长一般由资历较深的法官担任，也可以由承办法官担任。因专业化审判需要组建的相对固定合议庭和审判团队，人员应当定期交流，期限一般为两年，最长不超过五年。

办法官的职责。[1]《完善司法责任制意见》《最高人民法院关于规范合议庭运行机制的意见》在此基础上进行了优化完善,确定了承办法官的九项职责。[2] 上述规范性文件的调整对承办法官的职责定位更为科学合理:一是强化了承办法官职责,将以往属于审判长的职责剥离出来赋予承办法官;[3]二是丰富了承办法官职责,如对当事人提出非法证据排除申请等涉及重要诉讼权利的事项提请合议庭评议等。这些都体现了"谁承办谁负责"的精神。

人民法院受理刑事案件后,通过审判管理系统随机分案,或由庭长指定分案将案件分配至承办法官名下,承办法官指导法官助理、书记员开展庭前、庭中以及庭后等一系列审判事务。审判是亲历性极强的活动,承办法官制度对于提高审判效率、明确法官职责、落实主体责任具有积极意义。但承办法官主导审判过程,容易造成"合而不议"。从庭前准备(阅卷、拟定庭审提纲)、开庭讯问、案件评议(首先提出拟处理意见)、制作裁判文书等全流程几乎均由承办法官包办,其他法官忙于各自承办的案件,无暇交叉阅卷,对证据的审查判断往往依赖承办法官的口头介绍或阅览审理报告,难以提出实质性的不同意见,简单附和,合议在一定程度上流于形式。因

[1] 《最高人民法院关于进一步加强合议庭职责的若干规定》第3条规定了承办法官的7项职责:(1)主持或者指导审判辅助人员进行庭前调解、证据交换等庭前准备工作;(2)拟定庭审提纲,制作阅卷笔录;(3)协助审判长组织法庭审理活动;(4)在规定期限内及时制作审理报告;(5)案件需要提交审判委员会讨论的,受审判长指派向审判委员会汇报案件;(6)制作裁判文书提交合议庭审核;(7)办理有关审判的其他事项。

[2] 《最高人民法院关于规范合议庭运行机制的意见》第4条规定,合议庭审理案件时,承办法官应当履行以下审判职责:(1)主持或者指导审判辅助人员做好庭前会议、庭前调解、证据交换等庭前准备工作及其他审判辅助工作;(2)就当事人提出的管辖权异议及保全、司法鉴定、证人出庭、非法证据排除申请等提请合议庭评议;(3)全面审核涉案证据,提出审查意见;(4)拟定案件审理方案、庭审提纲,根据案件审理需要制作阅卷笔录;(5)协助审判长开展庭审活动;(6)参与案件评议,并先行提出处理意见;(7)根据案件审理需要,制作或者指导审判辅助人员起草审理报告、类案检索报告等;(8)根据合议庭评议意见或者审判委员会决定,制作裁判文书等;(9)依法行使其他审判权力。

[3] 如指导审判辅助人员做好庭前准备工作,制作裁判文书,参与案件评议时先行提出处理意见等。

承办法官更为熟悉案情，最能体现亲历性、直接性，对案件的处理结果最有发言权，容易影响其他合议庭成员的意见。为此，需要准确定位承办法官的角色职责，与其他成员一道平等地、实质性地参与审判活动，以切实发挥合议庭成员各自的作用。

(三) 主审法官的职责

"主审法官"并不是一个由法律正式确定的概念，其最早出现于20世纪90年代初。1993年4月，上海市杨浦区人民法院为克服工作中审判分离的弊端，任命符合条件的业务庭审判员和代理审判员为主审法官，由院长将部分案件审理和裁判的权限赋予主审法官。[1] "主审法官"这一概念首次出现在最高人民法院关于《一五改革纲要》的说明中，[2]随后《三五改革纲要》中提出"加强主审法官的职责"，直至《四五改革纲要》再次强调要健全主审法官办案机制，规定主审法官任职条件，明确权力地位，细化岗位职责。[3]

一般认为角色就是与社会地位、社会身份相连的被期望的行为。[4]一个人可能同时扮演多重角色，主审法官兼具"审判长"和"承办法官"的双重角色。从制度的实质功能看，主审法官的"主"应当是指"主持""主导"，而非"主要""决定性作用"等。主审法官制度是对以往审判长责任制和承办法官负责制的合理扬弃。随着法官员额制的全面实施，法官入额的条件和标准越来越高，程序越来越严。如果说2017年以前的员额制改革

---

〔1〕 参见李德恩：《主审法官责任制构建之二维展开》，载《东南大学学报(哲学社会科学版)》2017年第6期。

〔2〕 从行文表述看，《一五改革纲要》旨在强化合议庭和法官职责，推行审判长和独任审判员选任制度，实际上是对主审法官负责制的扬弃。最高人民法院在《一五改革纲要》的说明中指出，审判长和独任审判员选任制度不同于主审法官负责制。

〔3〕 《四五改革纲要》规定，选拔政治素质好、办案能力强、专业水平高、司法经验丰富的审判人员担任主审法官。主审法官作为审判长参与合议时，与其他合议庭成员权利平等，但负有主持庭审活动、控制审判流程、组织案件合议、避免程序瑕疵等岗位责任。作为审判权主体的主审法官应具有高度职业化和专业化的司法能力。参见叶青：《主审法官依法独立行使审判权的羁绊与出路》，载《政治与法律》2015年第1期。

〔4〕 参见庞树奇、范明林主编：《普通社会学理论》，上海大学出版社2011年版，第135页。

主要是对现有法官的筛选和确认，消化现有存量，对于具有法官职称但常年未办案的人员不再纳入法官序列管理，那么 2018 年以来主要是从法官助理中遴选初任法官，要求从事审判工作至少五年（中级法院以上的法官任职要求更高，一般八年以上），可以预见新入额法官的综合能力和素质越来越高。从长远看，员额法官均可成为主审法官，与承办法官相比，主审法官的概念更为科学合理，亦符合司法改革的实践需求，未来可使用主审法官的概念代替承办法官，即谁承办谁主审。

（四）合议庭其他成员的职责

合议庭其他成员参与审判形式化，是传统合议制的突出问题。除参与庭审、评议案件外，承办法官以外的其他成员较少阅卷、撰写裁判文书等，对裁判文书的审核把关常流于形式；庭审过程完全由审判长或承办法官主导，尤其是讯问或询问环节，其他成员通常“一言不发”，亦无其他庭审分工，简单扮演陪审角色。在合议环节，“合而不议”现象仍然存在：因未阅览案件卷宗，加之鲜有证人、鉴定人等出庭作证，合议庭其他成员凭庭审印象和承办法官的报告，简单附和承办法官的意见，不阐释详细理由，合议流于形式。从问卷调查看，在回答“合议制审理的案件能否做到实质性合议”这一问题时，约有 73% 的法官认为基本/完全能，另有约 27% 的法官认为偶尔能或几乎不能。合议庭其他成员在开庭、评议和制作裁判文书等关键环节，与审判长享有平等的参与权和决策权，[1]具体包括：

1. 共同参与阅卷

刑事诉讼卷宗是办案单位按照一定规则和程序记录刑事诉讼活动、固定归集刑事证据的书面载体。不同的办案单位在各自的办案阶段会形成一定的材料，制作相应的卷宗。每个阶段的卷宗根据内容能否公开、是否涉密等，分为正卷和副卷。根据刑事诉讼阶段和办案机关的不

---

〔1〕《完善司法责任制意见》第 18 条规定，合议庭审理案件时，合议庭其他法官应当认真履行审判职责，共同参与阅卷、庭审、评议等审判活动，独立发表意见，复核并在裁判文书上签名。

同，诉讼卷宗分为侦查（预审）卷宗、检察卷宗、审判卷宗等。其中侦查卷宗具有基础性作用，较为完整地记录侦查活动的各环节和全过程。侦查卷宗根据证据种类、证明事项和形成时间的不同，大致又分为口供卷（每个嫌疑人的口供单独成册，通常还附有同步讯问录音录像的光盘）、证据卷（包括言词证据、实物证据等证据种类，涉案视听资料等会形成光盘单独成卷）、法律手续卷、律师卷，在有检察机关退回公安机关补充侦查或自行侦查的情况下，又分为补充侦查卷和检察卷。审判阶段的案件信息最为集中全面，阅卷则是庭前全面了解案情的重要途径。为避免庭前预断、减少先入为主，阻隔卷宗材料在庭前对法官产生不当影响，我国刑事一审案卷移送方式由1979年的全案卷宗移送改革为1997年的主要证据复印件移送，再到2013年恢复全案卷宗移送。[1] 虽然以审判为中心的诉讼制度改革要求刑事审判愈加重视庭审实质化功能，强调证人、鉴定人等出庭作证，但由证据材料汇集而成的侦查卷宗在司法实践中仍具有基础地位，特别是侦破和抓获经过、案发现场情况、监控录像等，均有赖于卷宗材料。阅卷仍然是合议庭开庭前知悉案件信息的主要途径，特别是提讯审理的二审案件、死刑复核案件或法定以下减刑的核准案件，阅卷的作用显得尤为突出。[2] 无论是开庭审理还是案件评议，阅卷是基础性的保障环节。除承办法官阅卷外，合议庭其他成员亦应阅卷，必要时制作书面阅卷意见。但在承办法官责任制下，刑事审判中合议庭其他成员共同阅卷的积极性不高，执行情况不理想。实践中，除少数特殊案件外，合议庭成员往往难以做到共同阅卷。

2. 共同参与庭审

阅卷是庭审的前提和基础，庭审是审判的核心和关键，也是一审审判

---

〔1〕 参见宋英辉等：《刑事诉讼法修改的历史梳理与阐释》，北京大学出版社2014年版，第260页。

〔2〕 “案卷笔录中心主义”广受学者诟病，庭前卷宗移送制度可能使法官形成庭前预断，先入为主，先定再审，影响案件公正审理的弊病不容忽视。参见陈瑞华：《案卷笔录中心主义——对中国刑事审判方式的重新考察》，载《法学研究》2006年第4期；陈瑞华：《案卷移送制度的演变与反思》，载《政法论坛》2012年第5期。

活动的必经程序。侦查机关收集的证据质量如何，检察机关的指控是否成立，均须接受控辩双方的质疑和辩驳，接受法庭的审查和检验。法庭是查明案件事实唯一正式的场合。推进庭审实质化，关键是要克服以往对书面卷宗笔录的过度依赖，充分发挥庭审的实质功能，解决“先入为主”“先定后审”“卷宗笔录中心”等庭审形式化、走过场问题，实现由“以侦查为中心”向“以审判为中心”诉讼模式的转变。〔1〕 衡量庭审实质化有三个指标：一是司法证明实质化。即司法证明不能简单依靠书面卷宗材料进行形式化举证，对于控辩双方的争议点，应当通过证人、鉴定人，侦查人员等出庭接受质证的方式当庭证明，质证的对象是“人”而非“卷”，实现证据调查由静态的“审卷”向动态的“审人”转变，确保诉讼证据出示在法庭。“司法裁判应当注重亲历性，合适范围宜限定于案件事实层面。因为，当事人在法庭上的语音语调、面部表情和肢体表现等信息，通常很难通过转述进行确切表达，同样构成法官裁判事实、构建内心确信的事实依据。但是，基于查证属实的证据如何认定案件事实以及如何准确适用法律等规则适用与价值判断问题，则是法庭之外也可充分讨论的事项。两者可以适度分野，实践中不能一概而论、泛化适用亲历性。”例如，对于物证痕迹的审查判断，除确认其真实性、关联性（通常经过鉴定确认）外，更要关注其来源途径、获取方式的合法性，审查其保管链条的完整性和同一性，〔2〕特别是对于重要的实物证据，仅依靠书面卷宗（主要是各种“笔录类证据”）是难以审核判断其证据效力的。二是控辩对抗实质化。一方面，从量的维度实现律师辩护全覆盖，通过委托辩护、指定辩护和值班律师帮助三种形式，保障被告人的

---

〔1〕 有关庭审实质化的论文，参见汪海燕：《论刑事庭审实质化》，载《中国社会科学》2015年第2期。

〔2〕 陈瑞华教授将其归纳为实物证据的鉴真规则：一是证明法庭上出示、宣读的某一实物证据，与举证方“所声称的那份实物证据”是一致的；二是证明法庭上所出示、播放的实物证据的内容，如实记录了实物证据的本来面目，反映了实物证据的真实情况。我国刑事规定尽管确立了“保管链条的证明”方法，但强调通过对各种“笔录类证据”的形式审查，来验证实物证据在来源、收集、提取、制作、保管等各个环节上的可靠性。参见陈瑞华：《实物证据的鉴真问题》，载《法学研究》2011年第5期。

辩护权;另一方面,从质的维度提高律师辩护效果。保证被告人依法获得及时的实质性法律帮助,充分保障律师在庭审中合法权利,提高辩护质量,与控诉职能形成有效对抗。三是依法裁判实质化。落实及时、集中审理制度要求,逐步提高当庭宣判率。对应当当庭宣判的案件作出原则性要求,不能当庭宣判的案件确定庭审后评议、宣判的时限要求,保障当事人获得"快速审判"的权利;加强裁判文书论证说理,回应民众关切,赢得社会认可。刑事庭审实质化要求合议庭成员聚精会神参加庭审,认真听取诉讼各方意见,聚焦证据开展法庭调查。合议庭成员参与庭审并非简单的陪审(解决审判力量不足的问题),而须发挥实质性参审作用,根据案件具体情况进行庭审分工,互相补台提示,及时查漏补缺,当庭交换意见、及时就诉讼参与人所提申请作出回应等,通过庭审特别是质证和辩论活动形成对被告人、案件的整体印象和初步评判,努力实现"裁判结果形成于法庭"的效果。

3. 独立发表意见

合议庭其他成员对与案件有关的重要程序性、实体性事项应当独立发表意见,如申请排除非法证据、申请通知证人出庭等涉及当事人重要诉讼权利的事项,须经合议庭评议方能作出决定。实践中,有的合议庭其他成员就案件处理仅发表结论性意见或简单附和,对焦点问题"合而不议",审判长(或承办人)"一言堂",未能有效发挥合议制功能。因此,有必要进一步完善合议规则,确保合议庭成员平等行权、民主决策、共同负责。开庭审理前,审判长或者承办法官可以根据案件具体情况召集合议庭成员进行庭前合议。庭审结束后应及时进行评议。关于评议的方式,除采取传统的、面对面线下同场评议外,合议庭成员确有客观原因难以实现线下同场评议的,可以通过人民法院办案平台采取在线方式评议,但不得以提交书面意见的方式参加评议或者委托他人参加评议。合议庭评议过程不向未直接参加案件审理工作的人员公开。合议庭评议案件时,承办法官应当全面客观介绍案情,并确保其他合议庭成员能查阅有关卷宗材料。承办法官先对案件事实认定、证据采信以及适用法律等发表意见,其他合议庭成员依次发表意见。合议庭成员评议时,应当充分陈述意见,独立行使表决权,不得拒绝陈述意见;同意他人意见的,应当提供事实和法律根据并论证理由。审判长应根据评议情况总结合议庭评议的结论性意见。[1]

4. 共同制作裁判文书

裁判文书是案件处理意见的正式法律表达,直接关系到当事人的权利义务。合议庭审理案件,通常由承办法官根据合议庭评议意见制作裁判文书,其他成员可以对裁判文书提出修改意见,并反馈给承办法官。正式裁判文书由合议庭成员签署并共同负责。一方面,合议庭成员可以对裁判文书共同把关,特别是针对判决说理和主文部分,确保裁判结论与合议庭意见保持一致,避免发生低级错误和重大瑕疵;另一方面,可以压实合议庭成员的各自责任,审慎对待裁判文书,共同提高裁判文书质量。

以上阐释的主要是合议庭不同成员分别承担的各自职责,就合议庭的整体职责而言,还包括:评议案件应按合议庭多数意见作出决定;可以根据案情或院庭长提出的监督意见复议;专业法官会议讨论形成的意见,合议庭复议时可参考;审判委员会的决定,合议庭应当执行;发现审理的案件属于"四类案件"或者有必要参照"四类案件"监督管理的,应当按照有关规定及时向院庭长报告。

(五)人民陪审员的职责

人民陪审制度在我国作为人民群众参与、监督司法的表征和形式,被赋予诸多政治意义和民主价值,[2]有助于提高司法对不同社会成员的可接近性和可参与性。[3] 我国三大诉讼法均设置人民陪审员参与一审案件审判的管道,并赋予其与法官有同等权利。

---

〔1〕 参见《最高人民法院关于规范合议庭运行机制的意见》第5条。

〔2〕 《人民陪审员法》的功能定位是在司法领域贯彻中国共产党的群众路线和实现司法民主,公民有序、有效地参与司法是司法民主的应有之义,也是实现司法民主的必由之路。参见卞建林、孙卫华:《通向司法民主:人民陪审员法的功能定位及其优化路径》,载《浙江工商大学学报》2019年第4期。

〔3〕 参见顾培东:《当代中国司法生态及其改善》,载《法学研究》2016年第2期。

1. 人民陪审员参审的案件范围

人民陪审员参审的案件范围广泛,[1]通常社会关注度高、牵涉利益广,案件处理结果具有较强的示范性和导向性,需要人民法院综合权衡各种利弊,依法审慎作出处理。除常见的人民陪审员参加的三人合议庭(小陪审合议庭)外,《人民陪审员法》第16条首次明确了七人合议庭(大陪审合议庭)审理案件范围,并作了类型化区分。就刑事案件而言,从罪行的严重性(或刑罚的严厉性,即重罪案件)、涉公共利益和社会影响的重大性三个维度限定了大陪审合议庭审理的一审刑事案件的范围,这也就意味着大陪审合议庭主要由中级人民法院采用。司法实践经验亦表明,这类案件通常社会各界关注度高、审判压力大、责任重,采用大陪审合议庭审理,一定程度上能够争取民众理解,减轻法官压力,分担法院责任。但从实践情况来看,组成大陪审合议庭审理的案件数量非常有限。从问卷调查的情况看,在问及"您的审判经历中,有无组成七人合议庭审理的案件"时,有24%的法官回答"有",具体数量共计18件,其中有二人审理过2件,其他14人均审理过1件,76%的法官回答"没有"。从整体上看,大陪审合议庭适用率低,审理案件非常少,究其原因主要在于:精细化的制度设计带来制度运行的高成本和低效率,司法实践需求不足,无法有效解决刑事疑难案件。在调查访谈中,有受访者表示,人民陪审员选任门槛相对较低,其法律知识储备不足,在案件陪审过程中,无法厘清案件的关键问题。法官在合议过程中需花费大量精力将案件事实进行单独整理,并对陪审员释法明理,有时与陪审员的沟通效果不理想,徒增法官的工作量。同时,对于证据

---

[1] 根据《刑事诉讼法》《人民陪审员法》等法律规定,人民陪审员参审的案件范围包括一审刑事案件、民事案件和行政案件。根据《刑事诉讼法》第183条的规定,除基层人民法院适用简易程序、速裁程序的案件可由审判员一人独任审判外,其他一审案件均可由人民陪审员参与审判。除最高人民法院外,基层人民法院、中级人民法院和高级人民法院审判第一审案件,可由审判员和人民陪审员三人或者七人组成合议庭进行。《人民陪审员法》第15条规定,陪审员参审的案件具体包括:(1)涉及群体利益、公共利益的;(2)人民群众广泛关注或者其他社会影响较大的;(3)案情复杂或者有其他情形,需要由人民陪审员参加审判的。

繁多、疑难复杂的案件，陪审员亦无法做到庭前阅卷和庭后审查证据，不利于保障案件的审判质量。如何激活大陪审合议庭的适用需求，充分发挥该制度应有的功能，亟待司法实践予以破解。若大陪审合议庭能够发挥疑难复杂问题处理的助推器、专业化审判的保障器、审判责任的减压阀这三个作用，则能有效激活潜在的司法适用需求。

2. 人民陪审员的参审模式

不同的参审模式，人民陪审员的审判职责亦不相同。我国传统司法并无事实审与法律审之分，法律赋予人民陪审员与法官同等的地位和权利。《依法治国决定》首次提出“逐步实行人民陪审员不再审理法律适用问题，只参与审理事实认定问题”，随后，中央政法单位出台的改革试点方案和实施办法，[1]区分事实审与法律审，从参审的案件范围、评议表决程序和不同意见的处理机制等方面进行了探索。陪审员虽非法律适用方面的专家，但其随机产生于社区居民，来源于各行各业，具有代表性和广泛性。案件事实来源于社会事件和生活事实，陪审员参与审理案件事实认定问题，有利于发挥其一般民众视角的独特价值，通过参审感受司法文明，传播司法正能量，吸纳社会对裁判的不同意见，提高裁判的社会认可度。经过三年来的试点，人民陪审部分改革试点经验被2018年制定的《人民陪审员法》吸收固化，集中表现为：创新参审方式和表决机制，在法官和陪审员之间重新配置刑事裁判权。根据合议庭组成人员规模的不同，分为小陪审合议庭（三人）和大陪审合议庭（七人）。小陪审合议庭采用审判权共享模式，陪审员与法官就事实认定、法律适用问题共同表决、共同负责。大陪审合议庭采用“分权＋建议”模式，即陪审员就事实认定和法律适用问题分别表决：对事实认定问题，陪审员独立发表意见并表决，此为事实认定的“分权”模式；对法律适用问题，陪审员可以发表意见，但不参加表决，此为法律适用的“建议”模式。在此模式下，陪审员仅对事实认定问题表决并负责，对

〔1〕 2015年，最高人民法院、司法部出台《人民陪审员制度改革试点方案》《人民陪审员制度改革试点工作实施办法》。

法律适用问题有建议权无表决权,亦不承担审判责任。

3. 人民陪审员依法履职之保障

人民陪审制度作为中国特色社会主义司法民主的重要体现,在立法上被赋予诸多功能和期许,特别是在事关惩罚犯罪与保障人权的刑事审判领域作用更为凸显。为充分发挥人民陪审员的作用,关键是依法保障人民陪审员履行审判职责。鉴于以往陪审制度在司法实践中存在的形式化、走过场等现象,保障人民陪审员依法履职的着力点在于:

(1)保障陪审员阅卷权等案件信息知悉权。人民法院受理案件后分配至具体承办法官,承办法官根据案件情况,初步确定开庭时间,至少在开庭3日前向陪审员管理部门提出陪审需求(包括所需陪审员的数量、特定的专业背景[1]和庭审持续时间等),陪审员管理部门根据供给与需求相一致的原则在辖区范围内随机抽取确定陪审员。对于特殊类型的案件(如涉及医疗、保险、知识产权等较为专业的领域),可在具备相应专业知识的陪审员名单中随机抽取确定。合议庭一旦确定,无正当理由不得随意变更其成员。陪审员享有包括阅卷权等在内的案件信息知悉权。因陪审员非驻庭法官,而诉讼进程又是客观、实时发生的,审判中日常的程序性事项通常由专业法官处理决定,陪审员与专业法官之间就可能产生个案信息不对称的问题。虽然实时、动态告知陪审员个案的全部信息显无必要,但事关当事人重大利益、需由合议庭集体作出决定的事项,须充分保障陪审员依法履职。为发挥陪审员在事实认定方面的优势,避免陪审虚化,保障阅卷权是其实质参与审理、尽职开展评议的基础。随着现代信息网络技术的快速发展,电子卷宗随案生成日益普及,阅卷亦不再受时间、场所的限制,在确保安全保密的前提下,通过“一键发送”“智能共享”等方式,可以为陪审员及时阅览案件卷宗、全面知悉案件信息提供便利和保障。

(2)审判长履行告知、指引和提示义务。人民陪审员来源于普通公民,

[1] 陪审员来自各行各业,对于审判中涉及的专业性较强的领域(如医疗、专利技术等),实践中可通过约请相关职业或领域经验丰富的陪审员参加庭审,以弥补合议庭部分专业知识不足的缺憾。

通常不掌握基本的法律专业知识,其履职时会接受基础法律知识和审判业务的相关培训。面对纷繁复杂的纠纷和日趋精细的法律,作为专业人员的审判长(一般为主审法官)应对陪审员履行告知、指引和提示义务。例如,向陪审员简要介绍起诉书指控的犯罪事实和罪名,被告人庭前对指控内容的意见和相关辩解(是否认罪认罚),拟适用的审判程序(如简易程序或普通程序),拟出庭作证人员名单以及指控罪名的犯罪构成要件等,让陪审员在庭审前对基本案情和控辩意见有大致了解,向陪审员提示庭审中应予关注的重点问题。在庭审过程中,审判长应注重归纳总结案件争议的焦点,引导陪审员聚焦庭审重点,发挥庭审实质化的功效。在评议过程中,审判长对涉及的事实认定、证据规则、争议焦点等事项,向陪审员解释说明。为避免干扰陪审员独立发表意见,审判长须把握好"度",不可利用专业优势先入为主,将自己的观点、意见强加于陪审员,影响其独立判断。

(3)事实问题与法律问题之界分。虽然2018年4月27日施行的《人民陪审员法》设置了大陪审合议庭,并规定了由其审理的一审刑事案件的范围,但该规定在2018年10月26日修正的《刑事诉讼法》中并未得到积极的回应,直至最高人民法院2021年1月26日出台的《关于适用〈中华人民共和国刑事诉讼法〉的解释》(以下简称《刑事诉讼法解释》)作了相应规定[1],与《人民陪审员法》保持了协调一致。出于司法资源、诉讼效率以及裁判结果可控性等因素的考量,人民法院对大陪审合议庭持谨慎、选择适用的姿态,即小陪审合议庭是常态,大陪审合议庭是例外。在大陪审合议庭模式下,陪审员的职能定位为审理案件的事实问题,不再涉及法律适用问题。无论是在法哲学、法学方法论等理论层面还是在事实层面,诉讼中

---

〔1〕 根据《刑事诉讼法解释》第213条第2款的规定,基层人民法院、中级人民法院、高级人民法院审理下列第一审刑事案件,由审判员和人民陪审员组成七人合议庭进行:(1)可能判处十年以上有期徒刑、无期徒刑、死刑,且社会影响重大的案件;(2)涉及征地拆迁、生态环境保护、食品药品安全,且社会影响重大的;(3)其他社会影响重大的。

的法律问题和事实问题彼此交汇,很难从本体论或认识论上加以明确界分。[1] 但这并不意味着在实践层面无所作为。实际上,无论是立法层面还是司法层面,都存在大量"事实"与"法律"相互对应的关系。从立法规定看,我国司法秉承的"以事实为根据、以法律为准绳"原则,贯穿诉讼的全过程,是诉讼主体进行诉讼活动所必须遵循的基本准则。从诉讼理论看,裁判的形成过程分为事实认定和法律适用两个阶段,[2] 反映到庭审程序中即法庭调查和法庭辩论两个环节,前者主要解决证据采信和事实认定问题,后者主要解决行为定性和法律评价问题。在量刑规范化活动中,相关指导意见[3] 均强调量刑活动的相对独立性,这也在一定程度上说明法律适用问题相对独立于事实认定问题。从裁判文书的结构和内容来看,正文包括"经审理查明"和"本院认为"两大部分。前者是审判机关在起诉书指控事实"同一性"的范围内,对在案证据进行分析评判,对案件事实依法作出认定;后者主要是对公诉、辩护意见的辩驳以及适用法律的论证说理,这也反映出形成判决结果时认定事实在先、适用法律在后的裁判逻辑。实际上,形成裁判的过程是"目光不断往返于事实与规范之间",寻求事实与规范的互动与融合,从而作出妥帖的裁判结果。从实操层面看,事实认定问题和法律适用问题难以区分时,推定作为事实认定问题处理方式。从技术层面框定事实问题的边界,以书面形式罗列事实问题的清单,为事实问题和法律问题之界分提供可行路径。

---

〔1〕 有关人民陪审员制度改革中裁判权的配置方式,尤其是事实问题与法律问题的区分等问题的研究,参见陈杭平:《论"事实问题"与"法律问题"的区分》,载《中外法学》2011年第2期;陈学权:《刑事陪审中法律问题与事实问题的区分》,载《中国法学》2017年第1期;陈学权:《美国刑事审判中陪审团适用法律权述评》,载《比较法研究》2017年第2期;陈学权:《刑事裁判权在法官与陪审员之间的配置》,载《现代法学》2018年第1期;陈学权:《人民陪审员制度改革中事实审与法律审分离的再思考》,载《法律适用》2018年第9期;顾培东:《人民法院改革取向的审视与思考》,载《法学研究》2020年第1期;黄茂荣:《法学方法与现代民法》,中国政法大学出版社2001年版,第247页。

〔2〕 参见陈学权:《刑事陪审中法律问题与事实问题的区分》,载《中国法学》2017年第1期。

〔3〕 最高人民法院于2009年4月修订的《人民法院量刑程序指导意见(试行)》,"两高三部"于2020年11月联合出台的《关于规范量刑程序若干问题的意见》。

(4)制作事实问题清单。七人合议庭开庭审理案件时,审判长需两次制作事实问题清单。第一次是开庭前,审判长逐项列举所涉事实问题,供陪审员参加庭审时参考。第二次是合议庭评议时,审判长归纳案件事实,列出问题清单,具体包括:一是定罪事实清单,即指控的犯罪事实是否成立,包括指控的犯罪事实是否存在,被告人实施犯罪的行为和过程,有无罪过等。二是量刑事实清单,即影响刑事责任大小、轻重的事实问题,包括案发起因,被害人是否有过错,是否赔偿经济损失、退赔退赃,是否达成刑事和解,是否具有如实供述、自动投案、立功表现等情节,是否系累犯、再犯以及与犯罪形态(犯罪预备、既未遂)、犯罪地位(主、从犯)和阻却刑事责任事由(是否系未成年人、完全刑事责任能力人)紧密相关的事实问题。当然,有的量刑情节既涉及事实认定,又涉及法律评价,如自首包含自动投案和如实供述罪行两个要素,其中"自动投案"又分为"形迹可疑型""现场等候型""准备型"等投案形式;"如实供述罪行"又有供述全部、主要和部分罪行之分,而这些往往又杂糅着法律评价的问题。问题清单可设计为一问一答的一般疑问句形式,陪审员通过回答"是"或"否",有问必答,最终完成对案件事实的评议和表决。至于被告人是否构成犯罪,则属于法律评价的范畴,不强制要求陪审员作出回答。

三、审判辅助人员的职责

法官助理和书记员均是协助法官从事审判工作的审判辅助人员,前者侧重业务性,后者则注重事务性,二者均以保障服务审判为依归。[1]《完善司

[1] 根据中共中央组织部、最高人民法院于2013年3月1日印发的《人民法院工作人员分类管理制度改革意见》的规定,法官助理的主要职责是在法官指导下履行审查诉讼材料、组织庭前证据交换、接待案件诉讼参与人、准备与案件审理相关的参考资料、协助法官进行调解、草拟法律文书等职责。书记员的主要职责是承担案件审理过程中的记录工作,负责整理、装订、归档案卷材料以及法官交办的其他事项。

法责任制意见》虽分别列举了二者的职责分工,[1]但实践中经常存在交叉混同,不易严格区分,更多需要互相配合、互相补充,形成工作合力,避免互相推诿。"审判辅助人员根据职责权限和分工承担与其职责相对应的责任。法官负有审核把关职责的,法官也应当承担相应责任。"[2]因审判辅助人员履职行为产生的法律后果通常会及于法官,就这个意义而言,法官是案件质量的第一责任人。从传统的人事管理制度看,法官对辅助人员除拥有一定的工作分配权外,在工作考核和人事管理方面并无多少话语权,这也使得法官对审判辅助人员的管理约束手段有限。随着最高人民法院《关于深化司法责任制综合配套改革的实施意见》的出台,这一现象有望得到改变,该意见第6条规定:"法官与审判辅助人员配备可以实行双向选择与组织调配相结合,赋予法官对审判辅助人员的工作分配权、考核建议权以及一定的人事管理建议权。"这或将有助于法官强化团队管理,激发团队潜力,提高审判效能。

职业预期和队伍稳定性在很大程度上影响审判辅助人员履职尽责的工作态度。随着司法改革的渐次展开,司法人员实行分类管理的程度加深,审判业务部门审判辅助人员的范围在以往的法官助理、聘任制书记员基础上,增加了聘任制审判辅助人员。法官助理主要来源于应届毕业法学专业的大学生或研究生,通过公务员考试和法律专业考试,成为具有政法编制(行政编)的公务员,这部分人员系司法辅助的中坚力量,有稳定的职业预期和晋升空间,亦是未来员额法官的后备力量。聘任制书记员则属于合同编,本市户口,对专业和学历要求相对较低(一般为大专),通过法院系

---

[1] 《完善司法责任制意见》第19条、第20条规定,法官助理在法官的指导下履行以下职责:(1)审查诉讼材料,协助法官组织庭前证据交换;(2)协助法官组织庭前调解,草拟调解文书;(3)受法官委托或者协助法官依法办理财产保全和证据保全措施等;(4)受法官指派,办理委托鉴定、评估等工作;(5)根据法官的要求,准备与案件审理相关的参考资料,研究案件涉及的相关法律问题;(6)在法官的指导下草拟裁判文书;(7)完成法官交办的其他审判辅助性工作。书记员在法官的指导下,按照有关规定履行以下职责:(1)负责庭前准备的事务性工作;(2)检查开庭时诉讼参与人的出庭情况,宣布法庭纪律;(3)负责案件审理中的记录工作;(4)整理、装订、归档案卷材料;(5)完成法官交办的其他事务性工作。

[2] 《完善司法责任制意见》第32条规定。

统组织的专业考试成为法院的“合同工”，其中部分优秀者有机会转为不固定期限合同制书记员，其经济待遇和职业保障将实现较大提升，[1]因此，这部分人员在劳动合同服务期限内亦相对稳定。

历经员额制改革，全国法院员额制法官总数较此前法官总数减少超四成，而审理案件数每年以10%以上的速度增长，这进一步加剧了法院“案多人少”人力资源不足的结构性矛盾。[2] 问卷调查显示，员额制改革后庭里办案点（能够独立办案的法官）总体变少了，其中四成左右的法官认为办案点变少了，四分之一强的法官认为办案点变多了，近三成法官认为办案点没有变化。因此，增加审判辅助人员被视为减轻法官负担的有效之举。受制于政法编干警数量和法院体量的限制，在大规模招录法官助理不可得的情况下，面向社会公开招聘审判辅助人员，成为配套改革的替代性措施。[3] 从招聘条件看，要求具有大学本科及以上学历，户籍和专业不限，法律及相关专业优先，年龄不超过35周岁。[4] 从实际招聘的人员看，有相当比例是法学或法律硕士。从人力资源配置和使用看，聘用制审判辅助人员与法官助理并无实质差别，特别是辅助法官从事审判工作，均须经历从陌生到熟悉再到熟练的实践过程，而这一成长过程有赖于大量案件的淬炼和相当时间的积累。良好的改革愿景面临尴尬的现实处境，以下两个方

[1] 以北京为例，北京高院2018年以前每年统一组织从北京政法职业学院招录聘任制书记员，他们具有司法相关专业的大专学历，拥有本市户口，首次签订七年劳动合同；七年后部分优秀的聘任制书记员转为不固定期限合同。

[2] 截至2017年10月，全国法院从原来的211990名法官中遴选产生120138名员额法官。数据来源于2017年11月最高人民法院在第十二届全国人民代表大会常务委员会第三十次会议所作的《关于人民法院全面深化司法改革情况的报告》。

[3] 以北京法院为例，自2016年起每年面向社会大规模公开招聘聘用制审判辅助人员，如2016年招聘1400余名，而同期招录的法官助理仅为十分之一左右，随后几年二者大体保持了类似的比例。按照改革者的预期，此举将有利于构建新的审判团队，落实司法责任制；有利于缓解法院审判力量不足的压力，法官将专心于案件审理，从繁杂的事务性工作中解放出来；有利于充分利用社会优质人力资源，通过向社会购买服务的方式提升法院工作水平。

[4] 根据“北京法院2020年聘用制审判辅助人员招聘公告”，工资待遇：试用期内，月均收入约6300元（含“五险一金”个人负担部分）；转正定级后，根据核定级别等次及月度、年度考核结果，年收入84000元～114000元（含“五险一金”个人负担部分）。

面值得深思:一是聘用制司辅人员的功能定位。审判工作具有专业性、实践性、稳定性且不可替代的特点,保持人才队伍的稳定和可持续发展至关重要。其作为司法改革的新兴产物,聘用制司辅人员介于法官助理和聘任制书记员之间,职责定位不甚清晰,加之使用管理的错位,并未真正发挥其预期作用。二是聘用制司辅人员的职业保障。希冀通过较低的经济成本获取优质的人力资源,在市场经济开放竞争的今天可能是一种美好的愿景。受编制身份的制约,聘用制司辅人员普遍感到归属感不强、职业发展受限。在现有的制度空间内,如何拓展聘用制司辅人员的发展空间,稳步提升职业尊荣感,形成良性的发展态势,是当前需要着力破解的问题。

四、院庭长的职责

院庭长在法院组织架构中拥有双重身份,承担不同职责:作为员额法官,其承担着办案职责;作为法院、庭室的领导,其又承担着审判监督管理职责。

(一)院庭长的办案职责

院庭长作为员额法官,办案是其分内之事、应有之义。司法改革中强调院庭长办案,旨在让其回归法官身份,重回审判主业,对司法责任制改革具有示范引领作用。

1.院庭长为什么要办案

既往审判权运行高度行政化和科层化,院庭长忙于各种政务、审务管理事项,更多是进行审判指导,无暇静心、潜心办案,长此以往距离办案一线渐行渐远。从法官队伍成长的实践看,院庭长一般是从审判业务部门历练多年逐级选拔晋升而来。[1]《法官法》修订之前,尚有助理审判员这一

〔1〕晋升流程大致按照书记员、法官助理、审判员、副庭长、庭长、副院长、院长。法院院长一般同时兼任党组书记,作为"一把手"其产生和发展路径有所不同,较少从本院直接产生。如在北京等直辖市,基层人民法院院长是副局级,其产生的渠道通常由市高级人民法院、中级人民法院中层正职、基层人民法院的党组副书记、副院长提任等。在省域范围内,基层人民法院、中级人民法院的院长,通常由上一级法院的中层正职下派提任产生。当然,法院院长也有从公安局、检察院、司法局等政法单位交流任职的。

称谓；员额制改革特别是新修订的《法官法》仅保留了审判员称谓。体制内除极少数人能破格晋升、择优选升，其余大部分人均按部就班、论资排辈，保持着固有的差序等级和晋升秩序。起初系办案骨干、业务专家的法官，成长为院庭长后，主要职责由具体办案转变为开展审判指导，对重点案件进行监督，以及从事其他管理工作（包括党建、队建以及其他行政管理工作）。

司法办案要求亲历性、直接性，而听取案件汇报、监督指导主要是间接的、非亲历性的审判活动，特别是对案件事实的认定，对被告人的直观感受和认知评判，非直接阅卷、开庭审理往往无法察觉，无法形成坚定的内心确信。如果仅满足于听取汇报，审阅书面材料，不直接阅览卷宗、开庭审理，其办案的敏锐度会逐渐降低，审判能力亦会弱化。因此，司法改革中强调庭院长直接办案，旨在督促庭院长回归审判一线，发挥其审判经验丰富、专业过硬的优势，切实防范冤错案件。

2. 院庭长办什么案、办多少案

按照理想的制度设计，根据能力与责任相匹配原则，院庭长理应办理重大疑难复杂案件。司法实践中，因院庭长作为主管或部门领导，承担大量非审判的事务性工作，真正用于司法办案的时间相对较少。而在办案数量上又有一定的要求，如何在办案质量与数量之间寻求平衡，是院庭长面临的一大难题。在以结案数为主要考核的标准下，基于“理性人”选择，办案人员会优先完成结案数的任务而回避复杂案件的办理。因为同样是办案，办理繁案所需时间和精力是办理简案的数倍、数十倍甚至更多。如非法集资案件，涉案金额数亿元甚至上千亿元，投资人达数万人甚至数百万人，案件卷宗达数千册，仅阅卷即需数月，接待投资人更是不计其数，审理周期很长，但在统计结案数时仅为“1”，该案工作量显然与简易或速裁案件不能相提并论，在绩效考评时亦无法体现其特殊性。在现行体制下，一方面,院庭长要承担大量审判管理事务和司法行政事务,[1]很难有较完整或系统的时间用于办案;另一方面,院庭长又要完成基本的结案数任务,否则面临考核不合格、退出员额的风险。关于院庭长办案的数量,最高人民法院规范性文件采用的是比例制,[2]北京则根据法院的不同审级采用"比例+数量"制。具体采用何种方式确定办案量,不宜"一刀切"。[3]

(二)院庭长的监督管理职责

院庭长(特别是庭长)在审判监督管理中享有哪些权力,《法官法》《人民法院组织法》没有作出明确的界定,《刑事诉讼法》就院长有权审批决定某些程序性事项作了零星的规定。从机构设置看,人民法院根据审判工作需要通常设置一定的专业审判庭,[4]按照审批权行政化、科层化运行的要求,庭长作为审判庭的部门负责人,对本庭审判工作及其他日常工作负有组织领导职责,对报请院长审批的事项代行初审把关之责。科学划分院庭长审判监督、管理职权的边界,是实现有序放权与有效监督的重要保障。

---

[1] 以B市高院刑庭庭长(或副庭长)为例,每周至少有两天用于参加系统内外的各种会议,除研究本庭案件外,还要指导下级法院办案,真正能用于自己办案的时间非常少。庭长尚且如此,院长自不待言。

[2] 《最高人民法院关于加强各级人民法院院庭长办理案件工作的意见(试行)》(2017年4月10日)第4条规定:基层、中级人民法院的庭长每年办案量应当达到本部门法官平均办案量的50%~70%。基层人民法院院长办案量应当达到本院法官平均办案量的5%~10%,其他入额院领导应当达到本院法官平均办案量的30%~40%。中级人民法院院长办案量应当达到本院法官平均办案量的5%,其他入额院领导应当达到本院法官平均办案量的20%~30%。

[3] 就此问题,《最高人民法院关于深化司法责任制综合配套改革的实施意见》(2020年7月31日)授权各高级人民法院,由高级人民法院综合考虑人员数量、案件规模、分管领域、监督任务和行政事务等因素,区分不同地区、层级、岗位,科学合理确定辖区法院院庭长办案数量标准。

[4] 自2014年全面推开司法改革以来,一些改革试点法院试行法院内部机构扁平化管理改革,弱化庭长职能,一些法院甚至取消了传统审判庭与庭长的设置,采取在院长下面直接设置若干合议庭或审判团队的模式,由审判长代替庭长履行相关职责。例如,广东省横琴法院推行扁平化管理,内设机构从传统的10多个减至"三办一队",取消立案、民事、刑事、行政等审判庭。参见最高人民法院司法改革领导小组办公室编著:《〈最高人民法院关于完善司法责任制的若干意见〉读本》,人民法院出版社2015年版,第178页。

1. 监督管理的边界

为规范权力行使,避免权力“任性”,设置权力清单,以列举的方式将权力的范围和内容予以明确,是推动院庭长规范行使审判监督管理权的重要抓手。《完善司法责任制意见》分别概括了庭长权力清单[1]和院长权力清单,[2]最高人民法院于《关于进一步全面落实司法责任制的实施意见》进一步细化了院庭长审判监督管理职权,并于2019年出台《最高人民法院关于完善人民法院审判权力和责任清单的指导意见》,根据不同审级法院的职能定位和工作实际,区分法定审判组织,界定各类审判组织、审判人员的权力和责任清单。审判权力清单则以审判流程节点、诉讼程序类型或者专业审判领域等因素为参照,逐项分条列明审判职责的具体内容及其要求,用程序规则约束和规范法官自由裁量权行使。院庭长的监督管理职责包括审判业务指导、统一裁判标准、审核批准程序事项、保证审判质量效率、执行审判工作纪律和排除不当干扰等。其中,与审判权行使联系最为紧密的是院庭长对个案的监督。

---

〔1〕 在司法实践中具体包括:一是依照法律规定履行相关审判职责。庭长除通过独立办案或担任审判长参加合议庭审理案件外,还享有对不涉及案件实体裁判、可规范化处理的部分程序性事项的审批权。如对于程序性或者强制措施的决定,一般需经庭长审批后,再报主管院长审批,即采取层报院长审批的方式。二是从宏观上指导本庭审判工作。三是研究制定各合议庭和审判团队之间、内部成员之间的职责分工。四是负责随机分案后因特殊情况需要调整分案的事宜。五是定期对本庭审判质量情况进行监督。六是履行其他必要的审判管理和监督职责。

〔2〕 在司法实践中具体包括:一是依照法律规定履行相关审判职责。院长除通过独立办案或担任审判长参加合议庭审理案件外,还履行法律规定的其他职责:(1)依法对生效案件进行监督。人民法院院长对已经发生法律效力的判决和裁定,如果发现在认定事实上或者适用法律上确有错误,须提请审判委员会处理。(2)依照法律规定的权限和程序,对案件审理中的程序事项和强制措施事项作出审批。例如,对审理程序变更、审限变更、审理期限、回避、罚款、拘留、逮捕等事项作出审批。二是从宏观上指导法院各项审判工作,组织研究相关重大问题和制定相关管理制度。三是综合负责审判管理工作。四是主持审判委员会讨论审判工作中的重大事项。五是依法主持法官考评委员会对法官进行评鉴。六是履行其他必要的审判管理和监督职责。七是副院长、审判委员会专职受院长委托,可以履行部分审判管理和监督职责。

2. 监督的案件范围

司法改革在还权于法官的同时，注重对审判权的监督制约，强调院庭长对“四类案件”的监督，考虑如何确定院庭长监督个案的范围，以保持法官依法独立审判与院庭长监督管理的平衡。

(1)监督的个案范围。根据《完善司法责任制意见》第24条的规定，院庭长对“四类案件”[1]进行监督，即关乎社会稳定、具有重大影响、涉及法律适用统一以及违法审判的案件。作为院庭长负有审判质量管理的宏观职责，对于上述案件须履行把关职责。《最高人民法院关于完善人民法院审判权力和责任清单指导意见》在此基础上进一步细化作为“四类案件”重点进行个案监督的范围。[2]

(2)个案的识别机制。在明确个案监督的具体范围后，随之而来的问题是如何准确识别、及时发现“四类案件”。为确保院庭长能够进行实时动态监督，有必要建立全员、全程、智能化识别发现机制。“全员”要求除合议庭外，涉及案件管理的相关部门(如立案、监察、审判管理部门)在工作中亦应对案件进行甄别；“全程”则要求从立案、审判到执行等各个环节和流程对案件进行甄别，发现属于“四类案件”范围的，及时向院庭长报告或以留痕的方式提示院庭长进行个案监督。“智能化”要求借助大数据、人工智能等手段，在办案平台健全完善“四类案件”自动化甄别和预警、智能化监管和提醒等功能，提高审判监督管理的专业化和规范化水平。

(3)监督的行权方式。院庭长对“四类案件”实施监督的方式包括查阅卷宗、听取汇报、审核审理报告和类案检索报告等。为避免院庭长不当干预法官依法独立办案，有必要规范院庭长的监督方式：一是监督全程留

---

[1] 具体包括：(1)涉及群体性纠纷，可能影响社会稳定的；(2)疑难、复杂且在社会上有重大影响的；(3)与本院或者上级法院的类案判决可能发生冲突的；(4)有关单位或者个人反映法官有违法审判行为的。

[2] 就刑事案件而言，具体包括涉及政治安全、国家利益、民族宗教、社会稳定等因素的；重大职务犯罪的；可能对被告人判处死刑、拟判处无罪或者免予刑事处罚、拟在法定刑以下判处刑罚的；检察机关抗诉或者提出检察建议的。上述范围大体与审判委员会研究讨论的案件范围重合。

痕。院长、庭长行使审判监督管理权,应当在案卷和办案平台记载行权流程、监督的时间、内容、处理结果等事项。二是组织化行权。与以往院庭长监督管理主要采取单独听取案件汇报、个人即能左右或决定案件处理结果的方式不同,新型的审判业务监督权是以集体研究、组织化方式行使的,即在与合议庭意见不同的情况下,可以提请启动专业法官会议、审判委员会集体讨论研究案件程序,其个人无权决定案件的实体处理结果。

(4)监督的效力后果。司法改革进一步从程序上规范院庭长个案监督权的行使。一方面对于"四类案件"或者参照"四类案件"管理的案件,院庭长可以按照职权要求合议庭报告案件审理进展和评议结果,就案件审理涉及的相关问题提出意见,对法官(或合议庭)拟处理意见有异议的,不得直接改变其意见,但可以视情况建议合议庭复议;院庭长对审判过程或者评议、复议结果有异议的,可以决定将案件提交专业法官会议讨论或者按照程序提交审判委员会讨论决定。对提请院长决定提交审判委员会讨论决定的案件,院长认为不必要的,可以建议合议庭复议一次。[1] 这实际上是赋予院庭长对案件的"指令权"——"程序启动权,而非实体处分权"[2]。为避免影响法官依法独立行使审判权,"指令权"的行使须恪守必要适度原则,对同一事项的指令宜以一次为限。

五、审判委员会的职责

作为法院内部的最高审判组织,审判委员会对特定案件的处理具有决定权。[3] 审判委员会主要有三大职能:司法审判、总结审判经验和审判监督管理。司法审判是审判委员会的基础(或原生)职能,其他两项职能则是在司

---

〔1〕 详见《刑事诉讼法解释》第216条的规定。

〔2〕 万毅:《"审判监督"之惑——解读院庭长审判监督权》,载《人民法治》2016年第6期。

〔3〕 有学者通过实证研究发现,审判委员会只是极少数案件而非所有重大案件的最终决策者,在讨论内容上事实问题与法律问题并重。参见左卫民:《审判委员会运行状况的实证研究》,载《法学研究》2016年第3期。

法审判职能基础上拓展和延伸出来的辅助职能。不同层级、不同法院审判委员会职能的侧重点有所不同。司法审判职能则是司法责任制聚焦的重点。

(一)审判委员会的职能定位

根据《人民法院组织法》等法律规定,审判委员会的职能主要包括以下内容。

1. 司法审判职能

司法审判是审判委员会的基本职能、核心职能,也是审判委员会得以产生、延续发展的立身之本。从实践情况看,中基层人民法院审判委员会的主要工作是研究讨论个案,总结审判经验和审判监督管理功能相对较弱。[1] 从研究讨论的案件类型看,主要是刑事案件。[2] 尽管审判委员会改革旨在限缩讨论案件的范围,聚焦法律适用问题,但事实认定问题与法律适用问题在具体个案中不易界分。案件事实依靠证据得以建构,事实认定问题在很大程度上即转化为证据的审查判断问题。一般而言,证据的有无、真假及证明力大小(真实性和关联性)属于事实层面的问题,证据是否合法(合法性)则关乎法律问题。例如,在拟判处死刑的故意杀人案中,讨论该不该判处死刑(法律适用)的前提是被告人实施了故意杀人行为,而审查证据是否具有证据能力、判断证明力大小等事项,则介于事实和法律之间或融合二者。这也意味着相当一部分提交审判委员会讨论的案件,均涉及事实认定问题和法律适用问题的判断。因此,审判委员会发挥司法审判功能,重在依法妥善解决个案,有效抵御外部不当干扰,排除外在因素对法官个人审理案件的不良影响,严把案件质量关。

2. 总结审判经验职能

对于具有典型意义和示范作用的案件,最高人民法院审判委员会通过

---

〔1〕 最高人民法院强调,各高级人民法院不能制定类似于司法解释性质的规范性文件。随着规范性文件制发权的上收,中基层人民法院的审判委员会主要研究决定个案,还包括制定涉审判管理类文件,为服务中心工作出台司法保障意见等文件。

〔2〕 具体包括抗诉案件、拟宣告被告人无罪、在法定刑以下判处刑罚、免予刑事处罚以及判处死刑的案件。

发布指导性案例供全国法院参照执行;通过发布司法解释或规范性文件,统一司法政策和法律适用,解决实践难题。尽管如此,无论是指导性案例还是司法解释的体量,均无法满足日趋复杂多元、变动不居的司法实践需求,在本辖区内规范裁判尺度,成为高级人民法院审判委员会总结审判经验的动力源泉,如及时出台规范性文件和有关审判管理的重大措施(举措),就专业问题或服务中心工作提出司法保障意见等。

3. 审判监督管理职能

就审判管理体系而言,大致可分为业务庭内部的微观管理—审判管理部门的中观管理—审判委员会的宏观管理。业务庭立足本部门司法实际,聚焦具体个案,从微观上对案件的审判过程和处理意见进行把关;审判管理部门则注重分析审判运行态势情况,分析问题原因,提出整改建议;审判委员会在审判管理体系中占据主导地位,承担着审议重大审判问题的法定职责,发挥着从宏观上监督、管理审判工作的核心作用,如定期评议审判执行工作,研究提高审判执行工作质效的措施。

(二)审判委员会的设立和组成

《人民法院组织法》规定,审判委员会由院长、副院长和若干资深法官组成。本轮司法改革以来,审判委员会的组成和结构发生了新的变化:改革前,政治部主任、纪检组组长通常作为院领导(具有审判员身份)当然进入审判委员会;改革后,政治部主任作为专职的政工干部,一般不再进入法官员额,亦不再进入审判委员会;同时随着国家监察体制的全面改革,为加强异体监督,发挥监督实效,法院纪检组组长一般不再由本院产生,而改由同级纪检监察机关派驻,组织人事关系亦在纪检监察机关,因此,纪检组长不具有法官身份,亦不再进入审判委员会。

从审判委员会委员的席位分配看,院长、副院长成为当然的审判委员会委员(人民代表大会常务委员会任命职务时会一并任命审判委员会委员)[1]。资深法官委员主要从审判业务庭庭长、研究室、审判管理办公室主任(负责人)等法院中层正职中产生。审判委员会专职委员是为进一步加强人民法院工作于2006年设置的领导职位,其介于庭长和副院长之间,从资深庭长(委员)中产生,享受副院级待遇。随着司法改革人员分类管理的全面实施,资深法官委员通常成为择优晋升更高一级法官等级的前提条件。因此,审判委员会委员经过历练和积累,有望晋升专委和更高一级法官,这无疑具有极大的吸引力。本轮司法改革中强调院庭长办案,凸显庭长的法官身份,在2018年修订的《人民法院组织法》中也较少出现“庭长”一词,以弱化其行政职务属性,但未带“长”的普通法官跻身审判委员会的仍是凤毛麟角。虽然畅通普通法官职级晋升,打破“天花板”效应是司法改革的目标之一,但受制于法院在整个政治框架和权力结构中的地位,特别在以行政等级为主要评判标准的差序格局中,择优抑或破格的天平自然会倾向领导。例如,根据庭长的任职资历,结合其担任审判委员会委员的年限,综合确定择优晋升更高一级法官的条件。综上所述,审判委员会委员的席位大致可分为两种类型:固定席位与非固定(竞争性)席位。前者赋予具有员额身份的院级领导;后者则在进入法官员额的中层正职之间竞争产生,考虑到审判的专业性和均衡性,传统的审判业务庭庭长一般都会成为审判委员会委员。

从审判委员会委员的数量看,法律仅要求单数,具体人数并未统一规定。在司法实践中,审判委员会委员的人数从10余人至20余人不等。诚如上文所述,院长占据1席,副院长通常占据2~5席位,其他席位在审判部门庭长或主任之间分配。基层法院内设机构改革后大为瘦身,缩减至最

---

[1] 根据《人民法院组织法》的规定,院长由人民代表大会选取产生,副院长、审判委员会委员、庭长、副庭长和审判员由院长提请本级人民代表大会常务委员会任免。

多14个以内(不含派出法庭)。[1] 以往有的基层人民法院有2~3个刑庭,此次改革合并为1个,极大压缩了庭长职务的数量(尽管领导职数和待遇仍予以保留)。与此同时,审管办等综合职能部门则朝着"大部制"方向改革,部分职能进行优化重组(拆分、合并或裁撤),并给上述部门分配一定的法官员额。当然,审判委员会委员数量有一定的限制,总体上与法院的体量(包括审理案件数、员额法官数、内设机构数等)匹配,在委员满员时则需等待有空缺后轮候递补。

为推动审判委员会专业化、精细化发展,审判委员会在全体会议的基础上,分出专业委员会会议,《人民法院组织法》授权中级以上法院可以设立刑事、民事行政审判等专业委员会。专业委员会(又被称为"小审判委员会")是从全体会议中分离出来的,审判委员会委员根据所属审判领域或分管工作的不同,分别参加不同的专业委员会。专业委员会作出的决议效力等同于审判委员会的效力。根据规范性文件的要求,专业委员会成员不得少于审判委员会人数的二分之一,而作出有效决议则要求不低于全体专业委员会成员二分之一同意。[2] 就理论上而言,一项决议最低只需全体审判委员会成员的四分之一同意即可通过。如审判委员会全体成员为17人,专业委员会成员最低为9人,则有效决议最低只需5人同意即可作出,这样的要求和标准显然过低,与发挥审判委员会集思广益、民主决策的功

---

[1] 按照2018年中央机构编制委员会办公室、最高人民法院印发《关于积极推进省以下人民法院内设机构改革工作的通知》的要求,政法专项编制50名以下(含本数,下同)的基层人民法院,内设机构总数一般不超过5个,51~100名的一般不超过8个,101~200名的一般不超过10个,工作任务较重或201名以上的,可以根据工作需要适当增加审判业务机构并从严审批。高级、中级人民法院根据审级职能、案件数量、人员编制等情况,适当精简内设机构数量。各级人民法院的非审判业务机构数量不得超过审判业务机构数量。上下级法院的机构设置不必一一对应,上级法院不得要求下级法院对口设置相应机构,也不能以考核评比、经费划拨等方式变相限制下级法院整合内设机构。基层人民法院的人民法庭不纳入内设机构改革范围。纪检监察机构按照中央有关规定设置。

[2] 根据《最高人民法院关于健全完善人民法院审判委员会工作机制的意见》的规定,专业委员会会议全体组成人员应当超过审判委员会全体委员的二分之一。审判委员会全体会议和专业委员会会议讨论案件或者事项,一般按照各自全体组成人员过半数的多数意见作出决定,少数委员的意见应当记录在卷。

能是否相符,决议的合法性值得反思。为确保决策的科学性,有必要严格程序,提高专业委员会成员组成和决策的权重比例,即设定专业委员会成员人数不得少于全体委员的三分之二,专业委员会作出决议不得低于全体专业委员会委员的三分之二。照此比例,上述专业委员会成员应不低于12人,作出决议应不低于8人。

(三)审判委员会讨论的案件范围

讨论的案件范围关乎审判委员会履行司法职能的边界,是首先需要解决的问题。从立法沿革看,《人民法院组织法》制定于1954年,此后经历1979年、1983年、1986年、2006年和2018年五次修改。在2018年以前,《人民法院组织法》规定审判委员会讨论决定的案件为"重大或疑难案件",未区分事实问题和法律问题。最高人民法院结合审判实际于2010年出台的关于审判委员会的意见,[1]根据四级法院管辖案件范围的不同和功能定位的差异,区分"应当"提交和"可以"提请审判委员会讨论的案件范围。2018年修订的《人民法院组织法》对此进行了调整,即侧重讨论法律适用问题;同时将生效裁判文书是否应当再审的问题纳入讨论范围。该案件范围较为抽象原则,司法实践中不易把握。最高人民法院于2019年再次完善审判委员会工作机制,出台《关于健全完善人民法院审判委员会工作机制的意见》。优化讨论决定的案件范围:一是不再根据四级法院管辖和功能定位的不同分别规定案件范围,而是作出一体化的统一规范,表述技巧和方式更为简洁,更具包容性。二是根据案件类型和审判需要,区分"应当"(强制型)提交和"可以"(裁量型)提交审判委员会讨论的情形,兼顾法律的原则性与实践的灵活性。三是聚焦法律适用,注重统一裁判尺度。[2] 四是进一步优化审判委员会讨论的案件范围,科学划分审判委员

---

〔1〕 最高人民法院2010年出台《关于改革和完善人民法院审判委员会制度的实施意见》。

〔2〕 如法律适用规则不明确的新类型案件;合议庭对法律适用问题意见分歧较大,经专业(主审)法官会议讨论难以作出决定的案件;拟作出的裁判与本院或者上级法院的类案裁判可能发生冲突的案件。

会与合议庭对案件处理的事权。[1] 如对一审判决不服的抗诉案件,无须再报请审判委员会研究,仅保留适用审判监督程序的抗诉案件,这更契合刑事诉讼原理、符合控辩平等的司法规律。从刑事诉讼原理看,同为参加诉讼的主体,控方和辩方在法律上地位应是平等的。但实践中,无论是采取强制措施还是调查取证,控方都居于优势或主导地位,如一审程序中,检察官肩负起诉者和法律监督者的双重身份;检察机关认为一审裁判有误的,有权提起抗诉,抗诉案件须提交审判委员会讨论决定;检察长有权列席审判委员会,发表意见影响审判委员会委员的决策,这相当于给控方再次答辩的机会,而作为辩方却失去了一次影响关键性决策的机会。该意见删除了一审抗诉案件审判委员会研究讨论的规定,廓清了一审、二审程序中检察机关的地位和职能,理顺了刑事诉讼中诉辩审三者的关系。

与审判委员会改革相呼应,《刑事诉讼法解释》对审判委员会讨论决定的刑事案件的范围进一步优化,特别是对死缓案件是否上会研究进行了调整。[2] 从理论上说,死刑立即执行和死缓案件均系死刑案件,但二者关乎被告人的"生"与"死",裁判结果有本质上的区别,对于判处死刑立即执行的案件,须坚持最高标准,遵守最严程序。对于死刑案件,须夯实一审的基础性作用,增加一道程序即审判委员会审查把关,有利于保证案件质量。从实践情况看,省高院统管全省中级法院判处死缓的二审或复核案件,案件体量大,而二审重在解决事实法律争议,又受上诉不加刑等诸多原则的

---

〔1〕 如取消了就法律适用问题向上级法院请示的案件,因管辖问题需要报请移送上级法院审理的案件等,实际上此类问题均属于法律适用问题。

〔2〕《刑事诉讼法解释》第216条规定,对下列案件,合议庭应当提请院长决定提交审判委员会讨论决定:(一)高级人民法院、中级人民法院拟判处死刑立即执行的案件,以及中级人民法院拟判处死刑缓期执行的案件;(二)本院已经发生法律效力的判决、裁定确有错误需要再审的案件;(三)人民检察院依照审判监督程序提出抗诉的案件。对合议庭成员意见有重大分歧的案件、新类型案件、社会影响重大的案件以及其他疑难、复杂、重大的案件,合议庭认为难以作出决定的,可以提请院长决定提交审判委员会讨论决定。人民陪审员可以要求合议庭将案件提请院长决定是否提交审判委员会讨论。对提请院长决定提交审判委员会讨论决定的案件,院长认为不必要的,可以建议合议庭复议一次。独任审判的案件,审判员认为有必要的,也可以提请院长决定提交审判委员会讨论决定。

限制,死缓二审或复核案件均要求省高院审判委员会研究难以为继,容易造成案件积压,影响审判质效。

以B市法院为例(见表3-1),自2016年开启司法责任制改革以来,审判委员会讨论决定的案件数呈逐年下降的趋势。2015年至2017年(改革前后),该市基层法院审判委员会讨论决定的案件数分别为846件、865件、491件,2017年较2015年减少355件,降幅为42%。由统计数据可知,B市基层法院审判委员会讨论案件占比非常低,除法院16外,其他法院均不超过0.5%,有3家受案数量前三的法院(法院3、法院4和法院9)甚至低于0.02%。这些数据表明,该市基层法院审判委员会讨论决定的案件比例非常低,从侧面说明独任法官或合议庭办案决定权得以有效落实。

表3-1 B市基层法院审判委员会讨论决定案件的情况

年度	2015		2016		2017	
法院	案件数(件)	比例(%)	案件数(件)	比例(%)	案件数(件)	比例(%)
法院1	48	0.20	45	0.10	88	0.20
法院2	62	0.14	229	0.46	30	0.05
法院3	52	0.07	34	0.03	37	0.03
法院4	45	0.09	21	0.03	30	0.04
法院5	47	0.13	33	0.07	28	0.05
法院6	38	0.19	25	0.11	17	0.05
法院7	14	0.18	7	0.07	2	0.02
法院8	55	0.20	38	0.12	34	0.09
法院9	24	0.07	47	0.08	13	0.02
法院10	79	0.29	79	0.24	45	0.12
法院11	32	0.11	32	0.12	25	0.07
法院12	44	0.16	40	0.14	28	0.08
法院13	24	0.24	16	0.14	8	0.06
法院14	35	0.26	44	0.28	18	0.10
法院15	34	0.26	22	0.14	13	0.07
法院16	213	1.98	153	1.17	75	0.51
总计	846	—	865	—	491	—

上述表格反映的是基层法院审判委员会讨论决定的各类案件数量，具体就刑事案件的数量而言，问卷调查情况显示（见图3－1），七成以上法官认为基本没有变化，接近二成法官认为明显减少，有少量法官（4人）认为明显增加。总体而言，审判委员会讨论的刑事案件数量呈减少趋势。

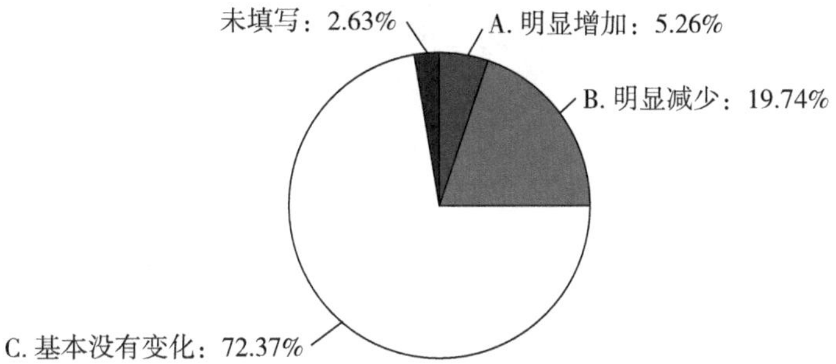

图3－1　提请审判委员会讨论的刑事案件数量变化情况

具体到刑事法官个人年均提请审判委员会讨论的刑事案件数量，问卷调查显示（见图3－2），四分之三的法官为0～3件，4～6件、10件以上的各有一成法官。

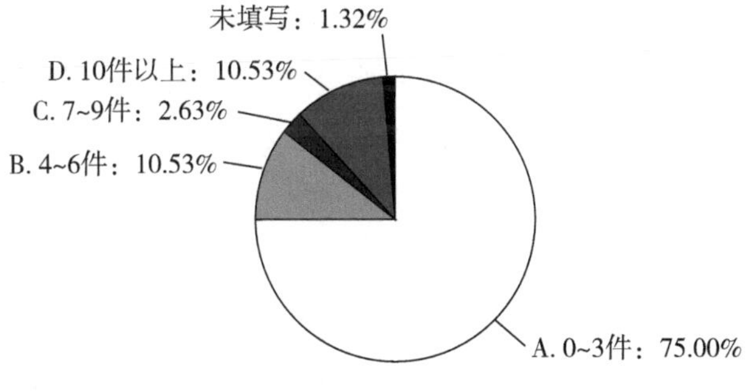

图3－2　法官个人提请审判委员会讨论的刑事案件数量

关于提交审判委员会讨论的刑事案件的标准变化情况。问卷调查显示（见图3－3），超过八成的法官认为与改革前没有变化或没有大变化，近16%的法官认为与改革前有很大变化。

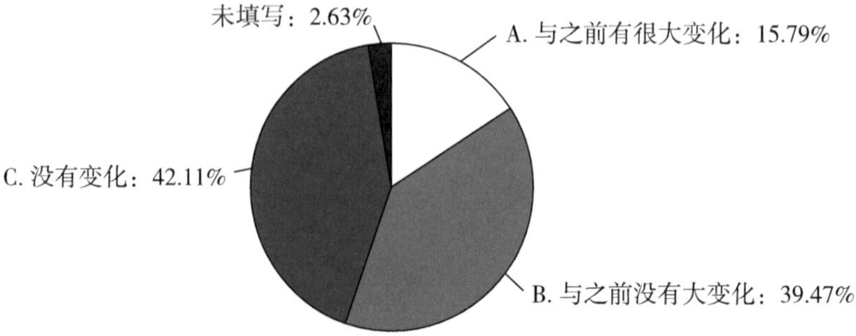

图 3－3　提交审判委员会讨论的刑事案件标准变化情况

六、专业法官会议的职责

为减少或淡化审判的“行政化”色彩，本轮司法改革加强专业法官会议规范化、制度化建设。专业法官会议的前身为审判长联席会议或法官联席会议，通常在本部门或口内组织形成，主要讨论研究疑难复杂案件。因缺乏顶层设计和正式制度依据，长期以来法官会议的性质功能模糊，参会人员和组成不明，会议程序不规范，会议效力不明确，导致在实践中遭冷遇，参会人员积极性不高，效果不彰。为此，最高人民法院加强制度顶层设计，出台了专业法官会议工作机制的相关规范性文件，[1]完善专业法官会议的组织形式、人员组成、讨论范围、召开程序、议事规则等机制。专业法官会议逐渐由非正式向正式制度转变。

作为由员额法官组成的集体研究组织，专业法官会议融合群体智慧，为法官办案提供专业的咨询意见和参考建议，这对丰富法官办案思路，增强法官内心确信，统一裁判尺度具有促进作用。专业法官会议是向审判组织和院庭长履行法定职责提供咨询意见的内部工作机制，其非法定审判组

〔1〕 最高人民法院于 2018 年 11 月 28 日出台《关于健全完善人民法院主审法官会议工作机制的指导意见(试行)》(已废止)，2021 年 1 月 6 日出台《关于完善人民法院专业法官会议工作机制的指导意见》。

织，亦非法定诉讼程序，而是嵌入审判权力运行体系的内部机制或咨询平台。具体表现为：一是院庭长行使审判监督权的平台。院庭长通过参加专业法官会议，有利于发挥其审判经验丰富、专业能力过硬的优势，严把案件质量关。二是发挥法官集体智慧、推动裁判尺度统一的过滤平台。面对纷繁复杂、层出不穷的新类型案件，仅依靠法官个人或合议庭的力量是有限的。专业法官会议是一个开放的交流平台，是融合集体经验和智慧的载体。参会的员额法官地位平等，可以独立发表见解。这为拓展办案思路，补齐认识短板，共同研究解决疑难复杂问题提供了契机。通过讨论具体个案，总结归纳裁判规则，借助法官会议平台在全体员额法官之间交流分享，从而达到互通有效信息、统一法律适用的功能。三是交流经验技巧、发挥传帮带作用的学习平台。因案件办理采取承办人制度，而承办人之间相对是封闭的，不能过问或透露案件信息，以往法官之间的业务交流主要是点对点、一对一、非正式进行，较少有面对面、一对多、正式交流的场合，专业法官会议为此提供了正式的制度管道。每一次法官会议都是学习交流的机会，资深法官可以向年轻法官传授办案经验，分享办案体会，助推后者尽快成长成熟；年轻法官可以增长知识阅历，学习审判经验，少走弯路、错路。法官助理通过列席法官会议（亦可发言），可以了解办案思路，学习专业知识，为未来成为员额法官提供能力储备。

厘清法官会议的职责，还须明晰法官会议的效力。从实体层面来看，法官会议不是正式的审判组织，其讨论形成的意见供审判组织和院庭长参考，并无强制约束力。法官会议对案件的处理意见有时并不统一，主持人总结归纳讨论情况，往往会形成多种意见。如果法官会议意见与合议庭意见一致，则自不待言；如果二者不一致，则合议庭进行复议；若复议后仍不一致的，院长有权决定是否提交审判委员会讨论。

从程序上看，专业法官会议虽非法定的诉讼程序，但其在合议庭与审判委员会之间发挥着桥梁纽带作用。从讨论案件范围上看，法官会议与审判委员会讨论的案件范围存在相当程度的重合，专业法官会议对拟提请审判委员会讨论决定的案件先行研究，发挥筛查过滤作用，尽量避免案件“带病”上审判委员会,这就要求提高法官会议质量,切实发挥把关作用。一是优化法官会议讨论的案件范围。除需报送审判委员会讨论的案件外,对于改变检察机关定性的一审案件、抗诉案件、拟改判或发回重审的二审案件以及下级法院提请研究的涉及统一法律适用的案件,可提交专业法官会议讨论。二是完善专业法官会议的程序。会议由审判长提请或院庭长依职权启动,承办法官应提前制作审理报告交予法官会议参加者,明确讨论问题,提高讨论质量。如果与会者事先不了解案情,不熟悉证据,仅凭承办法官现场汇报,特别是对于证据复杂的案件,很难真正吃透,深入讨论,从而影响法官会议的质量,无法真正起到过滤把关作用。三是强调保密纪律。因参加法官会议的人员范围广泛,原来由合议庭知悉的审判秘密事项(主要指案件评议过程及结果)扩展为全体员额法官及法官助理,因此,非常有必要做好保密工作,避免泄露审判秘密。专业法官会议在实践中运行效果总体良好。问卷调查显示(见图 3－4),总体上(八成以上)对该制度的运行效果持积极评价,近一半的法官认为效果很好,功能得到有效发挥;三成多法官认为效果比之前好,另有一成多法官认为效果不好,没有大变化。

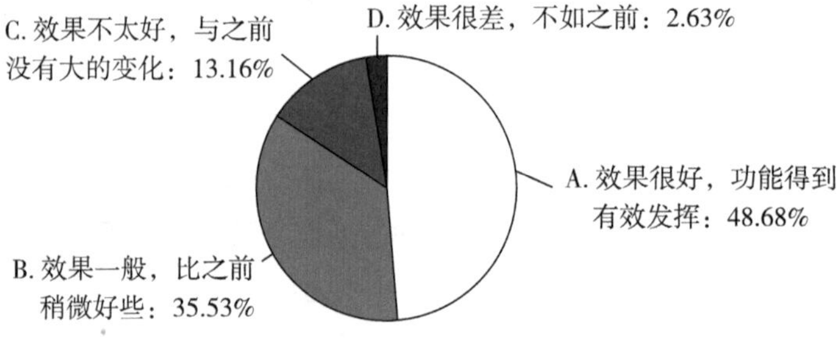

图 3－4　专业法官会议运行效果情况

第三节　司法责任的载体：裁判文书的签发（案件阅核）

刑事裁判文书是人民法院确定被告人是否承担、承担何种以及如何承担刑事责任的最终“司法产品”，是对诉讼当事人具有决定性意义、产生法律效果的法律文书。人民法院的裁判权最终体现为裁判文书的签发权，[1]因此，裁判文书的签发是人民法院行使审判权的重要组成部分，亦是确定司法责任的载体。裁判文书签发具有双重意义：实体上（对内），签发者有权对裁判文书内容进行审核并修改；程序上（对外），裁判文书非经签发不得正式发布。

从裁判文书签发制度的发展历程来看，其经历高度收权—高度放权—约束型放权（有限还权）三个时期。[2] 在高度收权时期，裁判文书的制作与审核签发相互分离，即法官（或合议庭）负责制作裁判文书，审核签发权则归属于庭院长。“一五改革”前（20 世纪 90 年代中后期以前）处于高度收权时期，几乎所有的裁判文书均须经院庭长审批签发后方能宣判发布。这一时期裁判文书签发带有浓厚的行政化色彩，很大程度上分解和压缩了法官（或合议庭）的审判权，违反了审与判合一原则，削弱了合议庭的功能，不符合现代司法规律的要求。为改革这一弊端，“一五改革”期间，裁判文书签发权开始放权，即大部分裁判文书由合议庭签发，以加强合议庭职能，提高审判效率。但这一时期放权步伐过快，审判队伍的素质与之不相匹配，造成案件质量的隐患，同时潜藏着司法腐败的风险。“二五改革”后裁

[1] 所谓裁判文书签发制度，是指人民法院的判决书、裁定书由案件承办法官拟制后，须报经有关合议庭审判长、审判庭庭长、分管院长或院长审查、核准并签发，方能作为法院的正式裁判文书予以发布的制度。参见王光龙：《裁判文书签发制度的思考》，载《山东审判》2003 年第 2 期。

[2] 参见重庆市第一中级人民法院课题组、黄明耀：《合议庭职责和院庭长裁判文书签发权限制度的完善》，载《西南政法大学学报》2008 年第 3 期。

判文书签发权又呈回收之势。[1]《二五改革纲要》《三五改革纲要》以及最高人民法院发布的有关合议制规范性文件均未提及裁判文书的签发问题。这期间最高人民法院先后出台了《关于完善院长、副院长、庭长、副庭长参加合议庭审理案件制度的若干意见》《关于进一步加强合议庭职责的若干规定》,都没有提及裁判的审核签发事项,这从一个侧面也反映出人民法院已经习惯于裁判文书由院庭长审核签发的工作模式。除对裁判文书的语言文字等进行形式审查外,院庭长往往更为关注裁判文书的释法说理和案件的实体处理结果,包括对事实认定、证据采信、案件定性和量刑结果提出调整意见,在审判权高度行政化运行的科层模式下,法官或合议庭通常会采纳院庭长的意见,而较少提出不同意见。这种审与判的分离,在一定程度上分散了审理者和裁判者的责任,导致彼此依赖、相互推诿、互不负责;同时削弱了庭审对认定案件事实的决定性作用,容易导致庭审"走过场",影响裁判结果的可接受性,这也有悖于"诉讼以审判为中心,审判以庭审为中心,庭审以质证为中心"的刑事诉讼制度改革方向。但与此同时,中央政法委、最高人民法院印发的关于司法责任制的一系列文件,从来都是既明确法官、合议庭的裁判责任,又强调审判委员会、院庭长的监督管理责任。法官个人的司法裁判责任和院庭长的监督管理责任根本统一于党的领导责任,以党的领导责任统领、压实司法审判各环节、各方面责任,是全面准确落实司法责任制的本质要求。

---

〔1〕《最高人民法院关于人民法院合议庭工作的若干规定》第15条、第16条、第17条规定,裁判文书一般由审判长或者承办法官制作。但是审判长或者承办法官的评议意见与合议庭评议结论或者审判委员会的决定有明显分歧的,也可以由其他合议庭成员制作裁判文书。对制作的裁判文书,合议庭成员应当共同审核,确认无误后签名。院长、庭长可以对合议庭的评议意见和制作的裁判文书进行审核,但是不得改变合议庭的评议结论。院长、庭长在审核合议庭的评议意见和裁判文书过程中,对评议结论有异议的,可以建议合议庭复议,同时应当对要求复议的问题及理由提出书面意见。合议庭复议后,庭长仍有异议的,可以将案件提请院长审核,院长可以提交审判委员会讨论决定。《法官行为规范》第47条规定了"裁判文书质量责任的承担":(1)案件承办法官或者独任法官对裁判文书质量负主要责任,其他合议庭成员对裁判文书负有次要责任;(2)对裁判文书负责审核、签发的法官,应当做到严格审查、认真把关。

根据审判组织、文书内容和表现形式的不同，裁判文书的签发（案件阅核）方式有不同样态。

一、独任审理案件形成的裁判文书的签发

适用独任制审理的案件，裁判文书由独任法官签发。[1] 初任法官在办案初期因审判经验不足而提请院庭长对裁判文书进行审核把关，这对提高办案质效、统一裁判尺度具有一定的积极意义。但在员额制改革后，这种传统做法则缺乏了法律依据。对初任法官而言，制作并签发裁判文书是一项非常重要且富有压力的审判活动。就个体心理依赖而言，初任法官希望审判经验和阅历丰富的资深法官帮助把关，或者从一个专业读者的角度对裁判文书提出意见建议。实践中，存在初任法官向庭长提交裁判文书，以寻求非正式的指导或咨询意见，但庭长对裁判文书并不签发。

因独任审判的案件体量大，特别是速裁案件呈现出批量化处理、格式化文书的态势，基于效率考量，独任法官会指导法官助理起草裁判文书，经审核确认后予以签发。但这并不意味着法官助理对裁判文书承担法律责任，裁判文书的法律效果仍归于法官，承办法官是裁判文书的第一责任人。因此，法官要加强对裁判文书的审核把关，对外需承担因裁判文书出现问题而引发的办案责任。

二、合议庭审理案件形成的裁判文书的签发

为保证案件集中高效审理，法律规定开庭审理终结后合议庭应于 5 日内评议，评议后应及时制作裁判文书。裁判文书是合议庭集体智慧的结晶，通常由承办法官制作，亦可由审判长制作，或者由合议庭成员分工制

---

〔1〕 根据《法官行为规范》第 47 条第 1 款规定，“案件承办法官或独任法官应对裁判文书质量负主要责任，其他合议庭成员负有次要责任”。

作。根据《法官行为规范》第 47 条第 1 款的规定，对裁判文书质量，承办法官与其他合议庭成员承担的是主要责任与次要责任的关系。这种责任区分有待进一步细化：在承办法官暨审判长的情况下，这种主次责任的区分具有一定的合理性；但在承办法官不担任审判长的情况下，审判长对裁判文书具有审核把关和签发职责，其责任显然要重于另一名合议庭成员，这种情况下合议庭成员之间的责任区分尚需进一步细化。实际上，签署裁判文书的过程本身即对裁判文书修改完善、质量把关和审核确认的过程。合议庭成员通过审阅裁判文书可以提出修改完善意见，签署即意味着对裁判文书的质量负责，将来作为评判审判责任的重要依据。这既反映合议庭成员分工负责，又体现民主集中制原则，充分发挥集体智慧保障裁判文书质量。

三、经审判委员会讨论决定案件裁判文书的签发

根据《刑事诉讼法》第 185 条及相关司法解释的规定，对合议庭成员意见有重大分歧的案件、新类型案件、社会影响重大的案件以及其他疑难、复杂、重大的案件，合议庭认为难以作出决定的，可以提请院长决定提交审判委员会讨论决定。人民陪审员可以要求合议庭将案件提请院长决定是否提交审判委员会讨论决定。对提请院长决定提交审判委员会讨论决定的案件，院长认为不必要的，可以建议合议庭复议一次。独任审判的案件，审判员认为有必要的，也可以提请院长决定提交审判委员会讨论决定。对于审判委员会作出的决议，合议庭、独任审判员应当执行；有不同意见的，可以建议院长提交审判委员会复议。根据《最高人民法院关于健全完善人民法院审判委员会工作机制的意见》第 24 条的规定，除法律规定不公开的以外，裁判文书均应公开审判委员会的决定及其理由。院长是审判委员会的主持人，法院的法定代表人。根据权责一致原则，经审判委员会讨论决定的案件，裁判文书由院长签署。院长可以根据分工授权主管副院长签署裁判文书，庭长（或授权的副庭长）作为承上启下的中层管理者，对报请主管院长签发的裁判文书负有先行审核职责，对裁判文书的文稿提出修改完善

意见,逐级审批、层层把关。经过内部的审判管理程序,可以监督独任审判员、合议庭是否执行了审判委员会的决定,是否按照审判委员会的决议作出裁判,从而最大限度地确保裁判文书的质量。

四、院庭长对特定案件(裁判文书)的阅核

在本轮司法改革前,院庭长对未参与审判的裁判文书具有较大的影响力,〔1〕在行政化、科层制的管理模式下,合议庭成员在复议时可能会改变原来评议意见。如果院庭长不同意合议庭的意见,有权要求合议庭复议,此时存在两种可能:一是合议庭改变原有意见,与院庭长意见保持一致;二是合议庭不同意院庭长意见,仍坚持原有意见,院庭长有权提交审判委员会讨论决定。院庭长原则上不得签发其未参加审理的案件裁判文书〔2〕,这是司法改革提出的新要求。为减少和杜绝裁判文书的低级错误,作为审判管理的替代性措施,院庭长对特定类型案件(如"四类案件"、合议庭有分歧意见的案件)的裁判文书质量进行把关。当然这种把关不能针对案件的实体处理结果,亦不得改变合议庭的处理意见。

裁判文书的签发权是人民法院行使裁判权的重要体现,意味着对裁判文书质量的把关。明确不同审判组织签发裁判文书的方式,旨在明确审判责任的归属,实现"审理者—裁判者—责任者"的高度统一。作为司法活动的最终产品,裁判文书的质量至关重要。作为展示裁判过程、宣告裁判结果的载体,裁判文书对当事人的决定性意义不言而喻。裁判文书还体现法

---

〔1〕 根据《最高人民法院关于人民法院合议庭工作的若干规定》,院长、庭长可以对合议庭的评议意见和制作的裁判文书进行审核,但是不得改变合议庭的评议结论,但如果其对评议结论有异议的,可以建议合议庭复议,同时应当对要求复议的问题及理由提出书面意见。

〔2〕 根据《最高人民法院关于进一步全面落实司法责任制的实施意见》的规定,各级人民法院领导干部要在严格落实主体责任上率先垂范,充分尊重独任法官、合议庭法定审判组织地位,除审判委员会讨论决定的案件外,院长、副院长、庭长不再审核签发未直接参加审理案件的裁判文书,不得以口头指示等方式变相审批案件。

官的能力水平，展现法院的公正形象。以往因裁判文书的低级错误被媒体曝光后，造成不良社会影响的案例不在少数，教训也较为深刻。[1] 因此，在司法公开日益深化的互联网时代，注重裁判文书说理，[2] 提高裁判文书质量，通过裁判文书的公开倒逼法官能力素养的提升，显得尤为重要。每一名法官须养成在公开、监督的环境下开展工作的习惯，并使之成为一种思想自觉、行动自觉。

值得关注的是，司法实践中时有出现"裁判尺度不统一、审判质效不高、文书低级错误"等问题，为强化对审判权运行的监督制约，全面提升审判质效，强化和压实院庭长的审判监督管理职责，案件阅核制应运而生。阅核制的载体主要是裁判文书。人民法院裁判文书不仅签署法官、合议庭成员的姓名，还必须加盖人民法院印章。司法责任制既不意味着错案责任由法官个人全部承担，也不意味着审判权力由法官个人独立行使。一个确有错误的裁判，人民法院要承担最终责任。因此，司法责任制不仅是指"谁办案谁负责"的法官司法裁判责任，还包括院庭长的监督管理责任。

(一)案件阅核制的含义[3]

所谓案件阅核制，是指院庭长依法对案件的审理裁判进行审核把关，并承担相应责任的工作机制，目标是确保案件质量、统一裁判尺度、防控司

---

〔1〕 针对一些法院个别上网裁判文书存在低级错误等问题，最高人民法院于2018年5月10日印发《关于全面提升裁判文书质量切实防止低级错误反复发生的紧急通知》，明确案件承办法官是裁判文书质量的第一责任人，同时应明确其所在审判团队、所在部门和分管领导的管理责任，做到权责归位，有效强化法院内部监督。审判管理部门要加强常态化裁判文书质量管理工作，一经发现存在多处瑕疵和低级错误的文书，造成不良社会影响的，要协同监察部门严肃处理问责。参见郭隽：《最高法通知要求裁判文书要切实防止低级错误发生》，载《人民日报》2018年5月11日。

〔2〕 胡云腾大法官将裁判文书说理分为五种：事理是基础，法理是尺度，学理是辅助，情理是佐料，文理是工具。裁判文书要立足事理，严守法理，引用学理，佐以情理，善用文理；须体现有事实依据、有法律依据、有公正立场、有鲜明态度，达到以法治人、以理服人，以情感人的效果。参见胡云腾：《论裁判文书的说理》，载《法律适用》2009年第3期；胡云腾：《执法办案如何做到法理情兼顾》，载《法律适用》2020年第17期。

〔3〕 有关案件阅核制的相关表述参见最高人民法院2023年12月28日制定的《关于完善案件阅核工作机制、全面准确落实司法责任制的指导意见》。

法风险，全面提升审判管理现代化水平，让人民群众在每一个司法案件中感受到公平正义。案件阅核应当坚持依法履职、全面覆盖，院庭长在职务权限、分管领域范围内按照工作程序开展阅核，确保监督管理覆盖审判执行工作全领域；坚持权责明晰、全程留痕，把“让审理者裁判、由裁判者负责”的要求和院庭长的审判管理责任落到实处；坚持分级负责、质效兼顾，优先确保案件质量，兼顾审判效率，合理设置阅核权限和流程，分级分层履行阅核职责；坚持因地制宜、动态调整，因人因案施策，合理确定并适时调整阅核范围，促进提升阅核效能。

1. 阅核的主体

庭长对本庭室案件进行阅核，经庭长授权，副庭长可对分管范围内的案件进行阅核。庭领导经阅核不同意合议庭、独任法官处理意见的案件、拟提交法官会议或审判委员会讨论的案件、需要跨庭室或跨领域协同研究处理的案件以及其他庭长认为裁判结果可能产生重大影响的案件等，应将案件报主管院长阅核。特别重要的或存在重大特殊情况的，应当将案件报院长阅核。院庭长，包括法院院长、副院长、审判委员会专职委员、庭长、副庭长和执行部门负责人。院庭长承办或者参与办理的“非四类案件”，一般不再提请其他院庭领导阅核，但承办或者参与办案的院庭长认为有必要的除外。

2. 阅核的性质

院庭长对案件进行阅核，应当坚持“让审理者裁判、由裁判者负责”，全面准确落实合议庭、独任法官办案责任制。院庭长对阅核案件的裁判过程或结果有异议的，不得直接改变审判组织意见，但可以决定将案件提交专业法官会议、审判委员会讨论。合议庭、独任法官对院庭长提出的阅核意见有异议的，可以建议将案件提交专业法官会议、审判委员会讨论。

3. 阅核的内容和方式

院庭长应当全面阅核合议庭、独任法官相关裁判文书中对案件事实认定、证据采信、法律适用的意见以及裁判文书释法说理是否充分、是否有利于保证“三个效果”统一、是否有利于裁判内容执行等。院庭长在阅核过程中，应当有针对性地查阅卷宗材料；必要时，可以听取相关审判组织关于案件审理过程、评议情况的报告。

(二)刑事案件的阅核范围

根据刑事案件的类型和特点,阅核范围可以划分为刚性阅核和弹性阅核,其中刚性阅核又分为因案阅核、因人阅核、因审级阅核等,与此同时,阅核范围根据实际情况可以依照程序适当调整。

1. 基本类型

阅核范围的基本类型可划分为刚性和弹性两种。独任法官、合议庭审理"四类案件"形成的裁判文书,须经院庭长阅核后才可印发。考虑到案件性质、案件体量等因素,可以采取刚性和弹性相结合的方式,确定"非四类案件"的阅核范围。列入刚性监管范围的,裁判文书印发前,均应当提请院庭长阅核;列入弹性监管范围的,部分采取随机抽核的方式提请院庭长阅核。

2. 因案阅核范围

根据案件的性质和特点,相关审判组织审理以下刑事案件应提请院庭长阅核:(1)"四类案件";(2)经审判委员会讨论决定的;(3)拟判处死刑立即执行或者死刑缓期执行的;(4)拟宣告被告人无罪的;(5)拟在法定刑以下判处刑罚或者免予刑事处罚的;(6)上级人民法院主动指定管辖的;(7)上级人民法院发回重审或者指令继续审理的;(8)上级人民法院指令再审或者指定再审的;(9)检察机关提出抗诉或者检察建议的;(10)其他有必要纳入阅核范围的。

3. 因人阅核范围

因人阅核是指针对特定的审判人员确定案件阅核的范围,以下审判人员承办的案件,应当提请院庭长阅核:(1)初任法官不满一年的;(2)离开审判岗位超过两年,返岗不满一年的;(3)交流到其他审判领域岗位任职,办理现审判领域案件不满一年的;(4)近一年承办案件上诉率、发改率、申诉率、申请再审率等指标与参考区间差距较大的,或者经案件评查被确定为严重瑕疵或差错的;(5)存在其他可能影响司法公正或者案件质量的情形,承办案件有必要纳入阅核范围的。具体法官名单和阅核起止时间,可由法院干部部门适时调整。

4.弹性监管范围

除上述列入刚性阅核范围的案件外，原则上应当纳入弹性监管范围。采取随机抽核方式提请院庭长阅核的，原则上根据一定的比例确定范围，具体比例由审判管理部门与业务部门会商确定。

5.因审级阅核范围

（1）基层法院案件阅核的范围。具体包括：适用刑事普通程序，被告人不认罪或者辩护人作无罪辩护的；拟对羁押中的被告人判处缓刑的；拟决定暂予监外执行的；其他有必要纳入阅核范围的。

（2）中级法院案件阅核的范围。具体包括：所有第一审案件；同意或者不同意下级人民法院报请提级管辖的；第二审拟改判、发回重审、指令继续审理的；发回重审后又上诉的；其他有必要纳入阅核范围的。

（3）高级法院、最高人民法院案件阅核的范围。具体包括：所有第一审的；同意或者不同意下级人民法院报请提级管辖的；所有刑事第二审的；发回重审后又上诉的；再审审查后拟裁定提审、指令再审或者指定再审的；再审提审的；其他有必要纳入阅核范围的。

6.不阅核的范围

为兼顾案件质量和审判效率，对于部分常见多发、裁判尺度相对统一的“非四类案件”，可以不提请阅核，主要通过审级监督、案件评查等方式开展监督，具体包括：常见、多发，已有最高人民法院指导性案例、人民法院案例库参考案例及其他典型案例可供参考，审理难度不大的；通过专业化审判、要素式审理、智能化辅助和典型案例参考等机制，裁判尺度已相对统一、争议不大的；同系列案件中已存在示范性判决，其他可以参照办理的；以撤诉方式结案的。

关于阅核范围调整的决定主体，总体原则是刚性阅核、因人阅核、因审级阅核及不阅核范围的调整由相关部门提出意见，审判委员会研究决定；对纳入弹性监管范围案件的抽核比例由审判管理部门和业务部门商定。

（三）阅核权限

阅核权限涉及（副）庭长、（副）院长对不同案件分层分级阅核的问题。具体而言：

1. 庭领导阅核

庭长可对本庭案件进行阅核。其中，“四类案件”应当由庭长阅核；“非四类案件”一般由庭长或者庭长授权的副庭长阅核，“非四类案件”的阅核工作一般在庭一级完成。案件不属于应当阅核范围，但独任法官、合议庭认为案件裁判后可能存在上诉、申诉、申请再审、抗诉或者信访等情形，主动提请庭领导阅核的，庭领导应当阅核。

2. 主管副院长阅核

对于“四类案件”和其他法律适用分歧较大、疑难复杂因素较多的案件，庭长阅核后应当报请主管副院长阅核。主管副院长认为相关案件有必要由其阅核的，可以要求审判组织层报阅核后送其阅核。

3. 院长阅核

主管副院长阅核后认为案件特别重要或存在重大特殊情况的，可以报请院长阅核。院长认为相关案件有必要由其阅核的，可以要求审判组织层报阅核后送其阅核。

4. 特殊情形阅核

经庭长阅核的案件，被上级人民法院发回重审或者指令再审，审判组织拟处理意见与原审裁判结果一致的，可以报主管副院长阅核；经主管副院长阅核的案件，被上级人民法院发回重审或者指令再审，审判组织拟处理意见与原审裁判结果一致的，可以报院长或院长委托的其他主管副院长阅核。

（四）阅核效力

院庭长对案件阅核后将如何处理，有何效力，这是案件阅核制需要解决的问题。院庭长阅核后无异议的，签署“已阅核”意见，独任法官或者合议庭即可印发裁判文书。院庭长阅核后对裁判过程和结果无异议，但认为相关文字表述需要调整的，可以修改后签署“已阅核”意见，或者提出修改意见退回相关审判组织,要求修改后重新提请阅核。

院庭长阅核后,对裁判过程或结果有不同意见的,不得直接改变审判组织意见,但可以要求重新考虑、复议。独任法官重新考虑或者合议庭经复议采纳该意见的,重新提请院庭长阅核无异议后,裁判文书即可印发。因同一理由,院庭长退回审判组织要求重新考虑、复议的,原则上仅限一次。

审判组织按照院庭长要求,重新考虑、复议后仍坚持原意见的,按程序提交专业法官会议讨论。案件提交专业法官会议讨论后,存在下列情形的,可以层报院长提交审判委员会讨论决定:(1)专业法官会议分歧较大,没有形成倾向性意见的;(2)独任法官重新考虑或者合议庭复议后,未采纳专业法官会议多数意见的;(3)院庭长对专业法官会议的多数意见有异议的。

(五)阅核责任

为压实院庭长审判监督管理责任,案件阅核须明确划定各方责任。具体而言:院庭长怠于或者不当履行案件阅核职责,有下列情形之一,导致裁判错误并造成严重后果的,应当承担相应的监督管理责任:(1)对提请阅核的案件无正当理由未及时提出阅核意见的;(2)阅核不同意独任法官、合议庭意见,按照工作程序应当提交专业法官会议、审判委员会讨论而未提交讨论的;(3)存在其他怠于履行或者未按照要求履行案件阅核职责情形的。

独任法官、合议庭按照院庭长阅核后的意见改变裁判结果的,院庭长与审判组织对结果共同承担责任,院庭长主要承担监督管理责任。

院庭长经阅核不同意独任法官、合议庭处理意见,按照工作程序将案件提交审判委员会讨论决定,出现错误裁判的,按照司法责任制相关规定处理。

第四章

实体维度:司法责任的基本要素

根据权责相一致原则,法官在职责范围内对办案质量负责,对其履行审判职责的行为承担办案责任。从实体维度看,司法责任的基本要素包括责任的内核与外延、责任的承担、责任的负担形式、追责时效与责任豁免五个方面。责任因权力而生,作为一种新型的法官责任模式,司法责任的内核是违法审判责任,主要适用于普通法官,审判瑕疵不属于违法审判责任的范畴;错案客观存在,但发生错案并不意味着必然追责,错案与错案责任应予分离;错案责任与违法审判责任存在一定交叉关系,应摒弃"错案责任"的提法,代之以"违法审判责任",推动追责基准由"错误结果"向"不当行为"转变;司法责任的外延是审判监督和管理责任,主要适用于院庭长。不同的审判组织承担责任的方式亦不同:就独任法官而言,须警惕认罪认罚案件中潜藏的责任风险;就合议庭而言,重在落实合议实质化,合理界分成员内部之间的责任;就审判委员会而言,重在界分与合议庭之间的责任,明确主持人的审判责任;在一审、二审程序中,法官承担共同连带审判责任。

法官个人负担责任呈现出虚化的民事责任、普遍的纪律责任和严苛的刑事责任三种形式,从裁判结果是否实质不利于被告人区分错判与错放的不同责任,有助于规范刑事责任的追究。司法责任的追究须遵守时效制度,受刑事追诉时效约束,办案质量终身负责主要适用于纪律责任。责任追究与责任豁免一体两面，责任豁免从反向排除责任追究，只要法官内心确信对事实的判断符合证据规则要求，对法律的理解是正确的，并能够以一般的专业认知予以合理解释和说明的，则不承担审判责任。

第一节　刑事错案之认定

无论属于何种模式的法官责任追究制度，都无法回避“错案”这一焦点问题。在不同的制度和语境下，刑事错案的内涵和范围不同，其认定标准和程序亦有别。刑事诉讼法意义上的错案即错误判决，包括实体和程序两个层面的错案，其是一种客观存在的状态，不包含主观过错的要素。认定错案须经过严格的程序，再审程序是界定错案的正当程序。裁判是一个复杂的、充满各种错误可能的过程，认定错案须审慎为之。

一、何为刑事错案

错案的概念非常复杂，学界一直存在较大争议。国内理论界对刑事错案的界定有主观说、客观说、主客观统一说、程序违法说和三重标准说等不同观点，[1]有学者从错误的内容划分为实体性错误和程序性错误，从错案产生的原因划分为主观性错误和客观性错误。[2] 还有学者提出“刑事司法错误”的概念，认为错案本质上是结果性司法错误，是一种错误的司法决

〔1〕 参见王晨光：《法律运行中的不确定性与“错案追究制”的误区》，载《法学》1997年第3期；周永坤：《错案追究制与法治国家建设——一个法社会学的思考》，载《法学》1997年第9期；陈学权：《刑事错案的三重标准》，载《法学杂志》2005年第4期；王晓霞：《刑事错案认定标准的反思与重构》，载《人民检察》2006年第22期。

〔2〕 参见胡云腾：《错案防范与司法问责刍议》，载《中国法律评论》2014年第2期。

定。[1] 尽管“错案”一词经常被作为一个关键词来设置相应制度和规范，但立法或最高司法机关始终未对错案的概念进行直接界定。[2] 不论持何种观点的理论，最终都须回归司法实践，用于解决实际问题。

“错案”在《现代汉语词典》中解释为“错判的案件”。[3] 我国《刑事诉讼法》及相关司法解释尽管没有出现“错案”“错判”等字样，但在二审程序、审判监督程序中通过列举的方式规定了“错判”的情形。[4] 我国刑事立法践行实事求是、有错必纠的原则，对刑事错案采取的是一种客观标准，追求实体真实。综观不同划分标准，刑事错案大体可以从实体和程序两个

---

〔1〕根据不同的标准分为认定事实错误和适用法律错误，实体性错误和程序性错误，结果性错误和过程性错误，责任性错误和无责性错误，实质性错误和形式性错误。参见李建明：《刑事司法错误——以刑事错案为中心的研究》，人民出版社2013年版，第31~58页。

〔2〕反对设立错案责任追究制的人认为：“错案本身不是严格的法律概念，错案概念模糊不清，认定错案标准和范围难以确定；错案责任追究不当，会使法官时常处于被追责风险之中，有形无形会影响审判行为的独立性；法官害怕发生错案，会想方设法将案件决定权转交院庭长、审判委员会和上级法院，实现责任转移，违背‘让审理者裁判、由裁判者负责’的基本原则；同时追责不当也会影响法官独立品格的塑造等。这些反对意见都有一定的道理。《完善司法责任制意见》综合考虑各方观点，最后删去了‘对错案和错案责任定义’的条款”；那么，为什么仍然要坚持出台错案责任追究机制，这是因为“错案是客观存在的，法官要对自己的审判行为和案件质量负责，裁判出现错误，倒查法官是否有责任也无可厚非”。参见李少平：《深化司法责任制改革应当处理好四个关系》，载《法制日报》2016年2月24日。

〔3〕参见中国社会科学院语言研究所词典编辑室编：《现代汉语词典》（修订本），商务印书馆1996年版，第221页。

〔4〕《刑事诉讼法》第236条规定了“二审对一审判决的处理方式”，即原判决认定事实和适用法律正确、量刑适当的应当裁定驳回上诉或者抗诉、维持原判；原判决认定事实没有错误，但适用法律有错误，或者量刑不当的，应当改判；原判决事实不清楚或者证据不足的，可以在查清事实后改判，也可以裁定撤销原判，发回原审人民法院重新审判。第238条规定了“一审违反法定程序案件的处理”，对于一审法院违反有关公开审理的规定的；违反回避制度的，剥夺或者限制了当事人的法定诉讼权利，可能影响公正审判的；审判组织的组成不合法的或其他违反法律规定的诉讼程序，可能影响公正审判的，应当裁定撤销原判、发回原审法院重新审判。第253条规定了“因申诉而重新审判的情形”：有新的证据证明原判决、裁定认定的事实确有错误，可能影响定罪量刑的；据以定罪量刑的证据不确实、不充分、依法应当予以排除，或者证明案件事实的主要证据之间存在矛盾的；原判决、裁定适用法律确有错误的；违反法律规定的诉讼程序，可能影响公正审判的；审判人员在审理该案件的时候，有贪污受贿，徇私舞弊，枉法裁判行为的。

维度进行考察。

从实体维度看，错案包括：(1)认定事实错误。包括指控的犯罪事实不存在(亡者归来)，被告人没有实施指控的犯罪(真凶再现)或基本事实不清、证据不足(疑罪从无)等。(2)适用法律错误。包括罪之有无，使无罪、疑罪的人入罪(无辜者被错误定罪，即错判，wrongful conviction)，让有罪的人出罪(有罪者被错误开释，即错放，wrongful acquittal)；[1]罪之多少、轻重，将一罪认定为数罪或将相反，将重罪认定为轻罪(降格处理)或将轻罪认定为重罪(拔高处理)；刑之轻重，将重罪轻处或将轻罪重处(违反法定量刑幅度、量刑畸轻畸重)等。

从程序维度看，错案是指严重违反法定诉讼程序，妨害被告人行使重要的诉讼权利，可能影响公正审判的案件。如剥夺或限制被告人的辩护权，违反回避或公开审判情形，合议庭组成不合法，应当调查的证据不予调查等。

刑事诉讼法语境下的"错案"，本质上是司法者在刑事司法活动中的错误裁判。[2] 错案重心在于裁判结果的错误，不包括司法者主观过错的要素。刑事错案既可能是行为人故意为之，也可能是过失所致，这涉及错案责任的认定问题。[3]

二、如何认定错案

在明确错案的客观标准和范围后，随即涉及认定错案的程序问题。一种较为普遍的观点认为，以后一程序的处理结果作为评判前一程序处理决

---

〔1〕 参见刘品新：《刑事错案的原因与对策》，中国法制出版社 2009 年版，第 396 页。

〔2〕 参见崔敏、王乐龙：《刑事错案概念的深层次分析》，载《法治研究》2009 年第 1 期。

〔3〕 包括司法认定事实错误、适用法律错误或者严重违反法定诉讼程序的案件。审判人员审理案件时有贪污受贿、徇私舞弊、枉法裁判行为，不必然导致错案，但因其涉嫌职务犯罪，严重影响司法公正，实际上已超出司法责任评价的范畴。

定是否正确的依据,区别在于后一程序的时间节点及其是否生效。[1] 从诉讼认识的进程来看,司法者对刑事案件的认识随着诉讼的推进而趋于客观全面。首先,诉讼程序趋于开放。侦查活动具有秘密性,侦查过程具有封闭性,较少受外部监督;审查起诉阶段,随着辩护人的逐步介入、被害人等诉讼参与人的参与,诉讼程序呈半开放状态;及至审判阶段,除了不适宜公开审理的案件外,审判过程和裁判文书(结果)向当事人、向社会公开,特别是随着互联网的普遍应用,网络庭审直播渐成常态,法院认定案件事实的过程不断开放,程序愈加透明。其次,认识主体趋于多元。侦查阶段办案主体主要为侦查机关一方,辩护人仅提供有限的法律帮助,介入程度和效果有限;审查起诉阶段,辩护人能够实质性地参与诉讼,对案件处理提出较为全面的意见;审判阶段控辩审三方参与,认定案件事实的维度更为全面。再次,证据信息趋于充分。侦查阶段,公安机关更注重收集有罪、重罪证据;审查起诉阶段,检察官尽管负有客观义务,但公诉职能的控诉天性容易使其忽视无罪、轻罪证据,辩护人因享有完整的阅卷权,会提出有利于被告人的证据;审判阶段,案件信息最为丰富,控辩双方的"底牌",如果在审前还有所保留(特别是辩方),那么在法庭上则会应出尽出,认定案件事实的证据更为丰富。最后,办案思维趋于科学。侦查机关通常秉持抓人破案单向思维,负有查明案件事实的职责;检察官秉承追诉思维,负有向法院证明指控事实成立的职责;审判阶段则系无罪推定思维,法院通过公开的程序在控辩的共同参与下查明案件事实,依法作出裁判。在承转接续的刑事诉讼活动中,前一阶段的诉讼程序作出的处理决定需接受后续程序的审查,因每个阶段证据情况和证据标准的不同,前一阶段诉讼程序作的决定可能被后一阶段诉讼程序所否定。一审程序如此,二审、再审程序亦然。

---

〔1〕 对此学界有不同的观点:有观点认为只要后一诉讼程序作出了跟前一诉讼程序完全相反的处理决定,前一诉讼程序的处理决定即可界定为错案;也有观点认为应当以后一诉讼程序所作的完全相反的处理决定生效,作为界定前一诉讼环节处理决定为错案的依据;还有观点认为应当以审判监督程序改判作为认定错案的依据。参见朱孝清:《错案责任追究与豁免》,载《中国法学》2016 年第 2 期。

错案的发现、甄别和界定，都需要在法定程序框架内依法进行，二审程序、再审程序等刑事救济程序为此提供了可能和路径。[1] 故此，本书认为，认定错案的程序应当为再审程序，以再审程序否定原生效判决所做的处理决定，且再审的处理决定已生效。质言之，错案是法定组织按照法定程序对已经生效的裁判依法判定确有错误的案件。错案鉴别严格限定在“经审判监督程序提起再审后改判”的范围内，一审判决被二审改判或发回重审的，不能进入错案甄别的程序。[2] 如依照审判监督程序再审改判无罪，原判刑罚已经执行的，即属于典型的“错判”案件。

根据原判是否生效，刑事案件救济程序分为二审程序、复核程序和再审程序。对于尚未生效的一审案件，当事人可以通过二审等常规程序在诉讼制度框架内寻求救济，一审判决被二审改判、发回重审，后审改变前审的处理结果，并不意味着前审错误而后审正确，故二审改判、发回重审不能作为认定错案的程序。而再审程序属于依法纠错的特殊审判救济程序，经过审判监督程序再审后改判的，一般推定为裁判确有错误，故以此作为认定错案的程序是适当的。当然，司法救济程序作为一种制度性强制安排，并不意味着其总是正确的，不能简单地以后审的裁判结果作为评判错案的唯一根据。不仅要看前审的司法决定是否被后审否定，还要看错误的原因，再审改判的理由，前审在事实认定、法律适用和程序实施上是否确有错误。

确立刑事错案的客观标准并明确其认定程序，有助于从各种纷繁复杂的观点中拨开云雾、正本清源，明确刑事错案的内涵和外延，有助于构建合理的司法责任追究制度。

---

〔1〕 当然，基于人权保障和一事不再理原则，现代司法对再审作了很大的限制。《最高人民法院关于刑事再审案件开庭审理程序的具体规定》亦明确规定，除人民检察院抗诉的外，再审一般不得加重原审被告人（原审上诉人）的刑罚。

〔2〕 参见最高人民法院司法改革领导小组办公室编著：《〈最高人民法院关于完善司法责任制的若干意见〉读本》，人民法院出版社 2015 年版，第 28、221 页。

三、错案如何发生

探究案件事实[1]真相是现代刑事诉讼的重要任务(尽管并非唯一任务),因为整个刑事诉讼的启动、推进直至完结,需要解决的核心问题是犯罪事实是否存在,是否系行为人所为,是否应承担刑事责任以及承担何种刑事责任。[2] 与适用法律相比,“确定事实是一个充满着可能出现许多错误的困难过程”。[3] 与历史学家或考古学家不受时空限制追本溯源、探究真相不同,司法者只能在特定的办案时限和场域下,根据证据规则依照法定程序认定案件事实。就这个意义而言,司法认定的案件事实是一种法律事实。

“法律事实并不是自然生成的,它是根据证据法规则、法庭规则、判例汇编传统、辩护技巧、法官雄辩能力以及法律教育成规等诸如此类的事物而构设出来的。”[4]例如,一河道内漂浮着一具女尸,在被人们发现之前,处于自然原始的客观状态。一旦被人发现,则会转化人们的主观认识和思维反映,而认识的桥梁则是人们的语言和描述。“河里漂浮着一具尸体”,这是对事件客观状态的描述。“跳河自杀还是被人他杀”,这是对事件性质的法律评价:涉及是治安事件还是刑事案件。当发现该尸体头部有外伤、胸部有刀伤或颈部有勒痕时,可以初步判断该人系非正常死亡,很可能是

---

[1] 本书所称的案件事实是指诉讼视野中经过法律规范涵摄整理并以语言形式表达出来的生活事实,而所谓生活事实是指尚未被法律所规范的生活意义层面的事实,即人类日常生活中发生的事项。案件事实来源于生活事实,是整个诉讼中的认知对象,是诉讼主体活动的行为指向。有关生活事实、案件事实及其形成的详细论述参见[德]卡尔·拉伦茨:《法学方法论》,陈爱娥译,商务印书馆2003年版,第160~192页。

[2] “真相发现固然是诉讼法的一个重要目的,但并非其唯一目标,在一定范围内,它必须向其他更重要的目的让步。”[德]卡尔·拉伦茨:《法学方法论》,陈爱娥译,商务印书馆2003年版,第186页。

[3] [美]罗斯科·庞德:《通过法律的社会控制法律的任务》,沈宗灵、董世忠译,商务印书馆1984年版,第29页以下。

[4] [美]克利福德·吉尔兹:《地方性知识:事实与法律的比较透视》,载梁治平编:《法律的文化解释》,上海三联书店1994年版,第80页。

一起故意杀人刑事案件。经初步调查，在排除自杀可能后，公安机关即以故意杀人刑事案件立案侦查。此时的语境，由客观事件描述进入刑事诉讼认知层面。侦查人员在开展现场勘查、收集物证痕迹等客观证据的过程中，同样充满着对现场及证据的主观认识和判断。“哪些物品与案件相关”“哪些物品应该提取”，办案人员会根据“潜见”和经验进行判断和筛选。

【案例1】在一起点燃汽油焚烧被害人的故意杀人案中，现场勘查照片显示被告人的房间里有一件蓝色的T恤，这可能涉及被告人案发时的着装情况。经询问侦查人员得知，该T恤系房间内的普通衣服，未见汽油等异常痕迹，显然与案件无关，为避免干扰正常办案，故没有提取扣押该衣服。

【案例2】在一起故意杀人“零口供”案件中，因被告人严重醉酒，无法供述作案行为和过程。公安机关抓获被告人时在其身边起获了一个灭火器，经勘查鉴定，灭火器表面提取到被害人脱落细胞1处，但未发现被告人的痕迹。为进一步核实被告人与该灭火器的关联性，确认灭火器是否系作案工具，法庭向侦诉机关提出对灭火器进行补充鉴定的意见。经补充鉴定，在灭火器把手上检验出被告人的1处脱落细胞。经向侦查人员了解得知，根据现场经验判断，灭火器不在中心现场（尸体所在现场），故当时没有将其作为作案工具对待，仅向鉴定机构送检一次；而中心现场有一块沾满血迹的砖头，初步判断为作案工具，为确认该砖头上是否有被告人的痕迹，侦查人员先后五次擦拭砖头提取表面脱落细胞送往鉴定机构鉴定，但均未检出被告人的痕迹。

上述两个案件说明，办案人员认定的案件事实，均是经过一定的主观认识剪裁过的，非原本意义上的原始事实，这也就增加了事实认定的可谬性和错判的可能性。认定案件事实本质上是司法者行使判断权的过程。受制于认识方式的间接性和逆向性、认识对象的特殊性、认识技术的滞后性以及认识条件的受制约性，[1]不论一国司法制度如何先进，刑事诉讼认

〔1〕 参见朱孝清：《错案责任追究与豁免》，载《中国法学》2016年第2期。

识中都不可避免地会出现错误,因而可能引发错案。错案的成因非常复杂,[1]努力追求将每一个案件办成"铁案",最大限度地探究案件的客观真相,尽可能防范冤假错案的发生。[2]

因启动不利于被告人的再审程序具有严格的条件限制,在没有出现新证据、新事实的情况下,实践中很少启动再审程序加重对被告人的处罚。[3] 我国偏重探究客观真相、追求实质真实的刑事诉讼目的指导下,错案责任追究有其存在的合理价值。不论是"真凶再现",还是"亡者归来",错案是"硬邦邦"的客观事实。那种法律运行的不确定性、先验的可知误区和法官无法对客观事实负责,错案概念、范围难以确定,错案责任追究制度

---

〔1〕 关于错案的成因及防范,陈永生教授作了全面系统深入的研究。参见陈永生:《我国刑事误判问题透视——以20起震惊全国的刑事冤案为样本的分析》,载《中国法学》2007年第3期;陈永生:《冤案的成因与制度防范——以赵作海案件为样本的分析》,载《政法论坛》2011年第6期;陈永生:《论刑事错案的成因》,载《中外法学》2015年第3期;陈永生:《冤案为何难以获得救济》,载《政法论坛》2017年第1期;陈永生、邵聪:《冤案难以纠正的制度反思——以审判监督程序为重点的分析》,载《比较法研究》2018年第4期。

〔2〕 关于错案责任追究语境下的刑事错案,最高人民检察院1998年出台《人民检察院错案责任追究条例(试行)》(已废止)作了界定,错案是指检察官在行使职权、办理案件中故意或者重大过失造成认定事实或者适用法律确有错误的案件,或者在办理案件中违反法定诉讼程序而造成处理错误的案件。同期,最高人民法院出台了《人民法院审判人员违法审判责任追究办法(试行)》,尽管没有界定"错案",但规定了"违法审判责任",即"人民法院审判人员在审判、执行工作中,故意违反与审判工作有关的法律、法规,或者因过失违反与审判有关的法律、法规造成严重后果的,应当承担违法审判责任"。这一时期,最高司法机关实际确立了违法办案责任制,体现了主客观相统一原则,兼顾了实体和程序两个层面,将错案分为认定事实错误、适用法律错误和违反法定程序造成处理错误的三种错案类型。随后,公安部首次提出"执法过错责任"。1999年出台的《公安机关人民警察执法过错责任追究规定》明确了执法过错的概念、责任追究的范围和认定以及对执法过错责任人的处理。"执法过错"是指公安机关人民警察在执行职务中,故意或者过失造成的认定事实错误、适用法律错误、违反法定程序或者其他执法错误。最高人民检察院于2007年也提出"执法过错责任",本质上仍是办案责任,其体现了错案责任追究更加强调执法办案者的主观过错,一般或轻微的过失不追究办案责任。

〔3〕 《刑事诉讼法解释》第469条规定:"除人民检察院抗诉的以外,再审一般不得加重原审被告人的刑罚。再审决定书或者抗诉书只针对部分原审被告人的,不得加重其他同案原审被告人的刑罚。"

应予以废除的观点，[1]既不符合诉讼认识规律，也不契合刑事司法实际，更有违权责相一致原则。[2] 从刑事案件再审改判情况和纠正冤错案件情况看，我国刑事审判错判的比例是比较低的。尽管如此，发生冤错案件特别是“错杀”案件的曝光，严重损害司法的公信力。2015 年 9 月，最高人民法院、最高人民检察院分别出台了各自系统的司法责任制意见，其中最高人民法院《完善司法责任制意见》规定了法官的审判责任和院庭长的监督管理责任。[3] 最高人民检察院的意见则规定司法责任包括故意违反法律法规责任、重大过失责任和监督管理责任。尽管表述方式不尽相同，但检法司法责任的内涵和外延是相通的，可以概括为违法办案责任和监督管理责任。

表 4－1　2009～2022 年我国刑事案件无罪判决人数及无罪判决率[4]

年份	一审刑事案件审结数（万件）	罪犯数（万人）	无罪判决人数（公诉＋自诉）（人）	无罪判决率（万分之）
2009	76.7	99.7	1206（572＋634）	12.1
2010	77.96	100.6	999（494＋505）	9.9
2011	84	105.1	891（479＋412）	8.5

---

〔1〕 参见王晨光：《法律运行中的不确定性与“错案追究制”的误区》，载《法学》1997 年第 3 期；周永坤：《论法官错案责任追究制》，载《湖北社会科学》2015 年第 2 期；周赟：《错案责任追究机制之反思——兼议我国司法责任制度的完善进路》，载《法商研究》2017 年第 3 期。

〔2〕 对于质疑错案责任的观点，已有学者进行了全面而富有说服力的批驳，参见朱孝清：《错案责任追究与豁免》，载《中国法学》2016 年第 2 期。

〔3〕 《完善司法责任制意见》第 25 条第 1 款、第 2 款规定了法官的审判责任：“法官应当对其履行审判职责的行为承担责任，在职责范围内对办案质量终身负责。法官在审判工作中，故意违反法律法规的，或者因重大过失导致裁判错误并造成严重后果的，依法应当承担违法审判责任。”第 27 条规定了监督管理责任。“负有监督管理职责的人员等因故意或者重大过失，怠于行使或者不当行使审判监督权和审判管理权导致裁判错误并造成严重后果的，依照有关规定应当承担监督管理责任。追究其监督管理责任的，依照干部管理有关规定和程序办理。”

〔4〕 无罪率＝判决无罪人数/（罪犯数＋判决无罪人数），包含公诉案件和自诉案件。数据根据《最高人民法院工作报告》、《最高人民检察院工作报告》和《中国法律年鉴》整理。

续表

年份	一审刑事案件审结数(万件)	罪犯数(万人)	无罪判决人数(公诉+自诉)(人)	无罪判决率(万分之)
2012	98.6	117.3	727(346+381)	6.2
2013	95.4	115.8	825	7.1
2014	102.3	118.4	778(518+260)	6.6
2015	109.9	123.2	1039(667+372)	8.4
2016	111.6	122.0	1076(656+420)	8.8
2017	129.7	127.6	1156	9.1
2018	119.8	142.9	819(517+302)	5.7
2019	129.7	166.0	1388(637+751)	8.4
2020	111.6	152.7	1040(656+384)	6.8
2021	125.6	171.5	894(511+383)	5.2
2022	103.9	147.3	631(354+277)	4.3

根据最高人民法院2013年至2022年工作报告提供的数据(见表4-1)得知,无罪率平均为万分之七。2009年至2022年,各级人民法院共依法宣告13469名被告人无罪,平均无罪率为万分之七点七,其中包含无罪自诉案件。

第二节 司法责任的内核:违法审判责任

客观真实不可能原貌还原或重现,法官根据现有证据对案件事实的判断可能存在错谬,但不能仅据此追究法官责任。司法责任的内核是违法审判责任,主要适用于普通法官,审判瑕疵不属于违法审判责任的范畴;错案客观存在,但发生错案并不意味着必然追责,错案与错案责任应予分离;错案责任与违法审判责任存在一定交叉关系,应摒弃“错案责任”的提法,代之以“违法审判责任”,推动追责基准由“错误结果”向“不当行为”转变。违法审判责任的追究事由须进一步完善，认定过程遵循主客观相统一原则。

一、何为违法审判责任

（一）违法审判责任的概念

违法审判责任是指法官在审理案件行使审判权的过程中，因故意违反法律法规，或重大过失导致裁判结果错误并造成严重后果的，依法应承担的法律责任。[1] 违法审判责任基于审判权而产生，发生在审判领域，这有别于发生在业外或生活中等其他领域需要追究法律责任的情形。如法官在工作之外违法违纪需承担党纪政务处分，醉酒驾车需承担危险驾驶的刑事责任等，都不属于违法审判责任。违法审判责任强调责任的专属性，有利于区分司法权与行政权的不同性质，避免司法工作与行政工作混同，推动形成司法自治，在诉讼程序框架内科学认定审判责任。除了违法审判责任外，还有一种是法官违反职业道德和纪律规定所需承担的责任，[2] 这种职业伦理违法违纪行为会不同程度损害法官的客观中立的形象，影响司法公信力，同样需要承担相应责任，但这种责任并非严格意义上的审判责任。区分二者，有助于防止审判责任泛化，避免影响审判责任预期功能的发挥。

（二）违法审判责任的构成要素

1. 主体要件

即审判权力的行使者，主要是法官[3]，还兼及人民陪审员和审判辅助人员。违法审判责任是一种个体责任，根据审判组织的不同组成，具体又包括独任法官、合议庭成员、审判委员会委员。司法责任的承担主体不包

---

〔1〕《完善司法责任制意见》第 25 条第 2 款规定："法官在审判工作中，故意违反法律法规的，或者因重大过失导致裁判错误并造成严重后果的，依法应当承担违法审判责任。"

〔2〕"这种责任可以发生在法官办案过程中，也可以发生在这一过程之外，与办案本身的结果和过程没有关系。"有学者称为职业伦理责任。参见陈瑞华：《法官责任制度的三种模式》，载《法学研究》2015 年第 4 期。

〔3〕法官是指经法官遴选委员会遴选后进入员额的法官，包括入额的院长、副院长、审判委员会专职委员、庭长、副庭长。

括法院自身。

2. 主观要件

即审判权行使者主观上具有过错,限于故意或者重大过失,一般过失排除在外。有过错才须承担责任。主观过错是承担责任的必要条件之一,是指行为人实施违法行为时的主观心理状态,分为故意和过失两种基本形态。[1] 主观心理状态见之于客观行为,通常需要通过证据加以证明和确认,一般根据客观行为推定主观心理。如《刑法》中的"明知""以非法占有为目的"等主观要素,一般通过法律或司法解释规定的客观行为推定而知。故意行为通常容易判断,如涂改、伪造、偷换和故意损毁证据材料,收受贿赂轻判被告人等。重大过失行为应重点审查法官是否尽到了基本的注意义务,对诸如调查收集证据问题,以一般法官专业认知水平看是否属于必须履行的义务。[2] 如对于影响被告人刑事责任有无的关键要素(如被告人年龄低于刑事责任的标准,被告人显系没有刑事责任能力的精神病人,被告人不在犯罪现场、没有作案时间或作案者另有他人),法官在审查判断证据时如果严重不负责任,应当调查核实证据而未履行法定职责,造成被告人被"错判"的,则可能构成重大过失。如果主观上没有过错,不具备可责难性,则不能对法官追责。一般(或轻微)过失,或仅是对某个复杂问题的判断发生了轻微的偏差,或很难避免的细微错误,则不应追究违法审判责任,充其量作为审判绩效考评的范畴。人的认识是有局限性的,诉讼认识领域发生的错误认识、错误判断在所难免。主观认识领域的问题,不能因司法者判断不同、意见不一而受到责任追究,否则司法者会选择推卸责

[1] 故意,是指行为人预见到自己行为的结果,仍然希望或放任结果的发生。重大过失,又称"严重过失",是指当法律对行为人应当且能够注意的程度有较高要求时,行为人不但没有遵守较高要求,甚至连注意的一般要求也未达到的过失状态。有学者提出,重大过失应当是一种有认识的过失,但同时须在客观上制造了巨大的危险。它是一种偏主观的、行为人很大程度上可避免的过错,是一种具有较强道德可责难性的过错。它是介于故意与普通过失之间,更接近于故意的一种独立过错类型。参见叶名怡:《重大过失理论的构建》,载《法学研究》2009 年第 6 期。

[2] 参见最高人民法院司法改革领导小组办公室编著:《〈最高人民法院关于完善司法责任制的若干意见〉读本》,人民法院出版社 2015 年版,第 200 页。

任、逃避责任，重走案件层层审批的老路，这是司法责任制改革需要极力避免的现象。

3. 客观要件

客观要件又称行为要件，即客观上实施了故意违反法律法规的行为，或基于重大过失导致裁判结果错误并造成严重后果的行为。与《完善司法责任制意见》第25条第2款表述的“裁判错误”（包括实体错误和程序错误）不同，《法官法》第46条第1款第5项将责任的范围进一步限缩为“裁判结果错误”，这就意味着将程序错误排除在追责范围之外，使得责任范围的确定更为科学。客观要件因主观方面内容的不同而有较大的差别：法官在履行审判职务时，如果出于故意实施了违反法律法规的行为，系知法犯法，性质恶劣，无须导致裁判错误，亦不要求造成严重后果，即构成违法审判责任。如果主观上系重大过失，则要求导致裁判错误，并造成严重后果，方可能构成违反审判责任。裁判结果错误一个相对客观的标准，上文已从实体和程序两个层面予以界定，此处不再赘述。“严重后果”，一般是指给当事人、第三人造成人身伤亡或者重大财产损失，或使国家、公共利益遭受重大损失，[1]或严重损害司法公信力、造成恶劣社会影响等。[2] 因果关系的认定逻辑如下：重大过失→裁判结果错误→严重后果。对于单纯因媒体曝光或舆论监督而造成的负面舆情，由于新闻传播手段的介入扩大了负面效应，在认定是否属于错误判决的严重后果时应极为慎重，不能因当事人上访、采取极端方式（如自伤自残）或引发群体性事件等因素即启动追责程序。随着互联网技术的飞速发展和自媒体的普遍应用，特别是司法公开日益深化，因裁判结果不当引发舆论关注并炒作的现象极易发生，原本仅作

〔1〕 根据2012年出台的《最高人民法院、最高人民检察院关于办理渎职刑事案件适用法律若干问题的解释（一）》第8条第1款规定：“本解释规定的‘经济损失’，是指渎职犯罪或者与渎职犯罪相关联的犯罪立案时已经实际造成的财产损失，包括为挽回渎职犯罪所造成损失而支付的各种开支、费用等。立案后至提起公诉前持续发生的经济损失，应一并计入渎职犯罪造成的经济损失。”

〔2〕 参见最高人民法院司法改革领导小组办公室编著：《〈最高人民法院关于完善司法责任制的若干意见〉读本》，人民法院出版社2015年版，第200页。

用于当事人之间的裁判行为及结果,因网络舆论的介入使其负面影响呈指数级增长,最终损害司法公信和权威。从违法审判责任的构成要件来看,实际确立了"故意违法"+"重大过失→裁判结果错误→造成严重后果"的主客观相统一的归责原则。审判责任的范围设定坚持行为导向,使得追责基准由传统的"以结果错误为主"向更为科学合理"以不当行为为主"转变。

(三)审判瑕疵不属于违法审判责任的范畴

根据审判中出现的错误大小和程度,可分为审判瑕疵和审判差错。审判瑕疵,是指违反法律规定或人民法院规范性文件(内部管理规定),但实体裁判(处理结果)没有错误,且没有造成社会不良影响的情形;审判差错,是指严重违反法定程序或者实体裁判错误或者造成社会恶劣影响的情形。根据客观情节严重程度,瑕疵情形可分为一般瑕疵和重大瑕疵。认定案件是否存在错误须经过一定的评查程序,案件评查结果包括合格、一般瑕疵、重大瑕疵、一般差错、重大差错五个档次(见图4-1)。案件评查错误档次依据被评查案件或事项存在的瑕疵情形或差错情形予以确定。同一案件或事项既有瑕疵情形又有差错情形的,采取吸收原则处理,按照最严重情形确定差错档次。同一案件或事项具有同类多处瑕疵情形或差错情形的,一般不做累计提档处理;仅在一般瑕疵情形出现三处以上时累计提档定错为重大瑕疵。

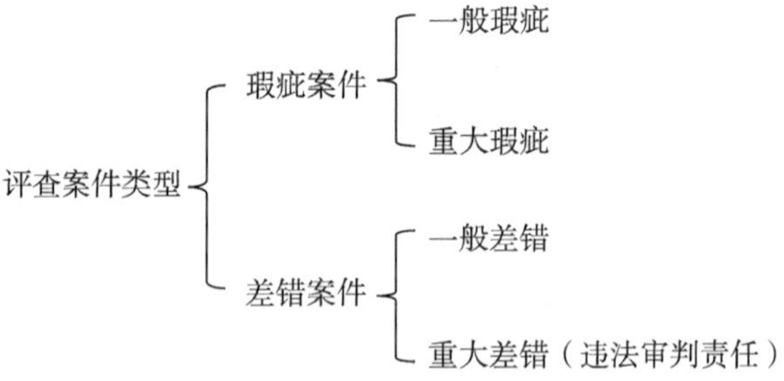

图4-1 案件差错类型

根据错误的不同内容,案件评查结果可分为不同的类型。如作案时间、地点表述有误,涉案赃物或作案工具遗漏处理等事实认定错误,法条引用错误、顺序不当等法律引用错误（未影响定性），不应公开审理的案件公开审理、限制辩方发言等程序性错误。法官在审判过程中，可能会出现一般性的失误，有时在所难免，如果一律追究法官司法责任，对于一线法官显得过于苛刻，可能会影响其履职积极性。《完善司法责任制意见》尽管没有明确规定，但从审判责任的构成要件看，审判瑕疵不应纳入审判责任的范围，[1]可将审判瑕疵纳入绩效考核的范畴，《法官行为规范》就此亦赋予了相应的补救措施和渠道，即通过向当事人说明情况并予以补正或补救，[2]如更换裁判文书或裁定补正等方式纠正裁判文书的错误。关于审判瑕疵是否应纳入审判责任的范围，问卷调查显示，超八成法官（64 人）认为不应纳入，一成多法官（10 人）表示“说不好”，还有极个别法官（2 人）认为应纳入。

二、错案责任与违法审判责任

（一）错案与错案责任的关系

现代权力理论要求“自主行为，自己责任”“有行为才能承担责任”，权力的行使意味着责任的承担，有权必有责，失职须担责。审判权亦不例外。

---

〔1〕《最高人民法院关于进一步全面落实司法责任制的实施意见》规定，“严格区分审判质量瑕疵责任与违法审判责任，确保法官依法裁判不受追究、违法裁判必问责任”。关于办案瑕疵，公安部、最高人民检察院的规范性文件也予以了明确。《公安机关人民警察执法过错责任追究规定》明确，在事实表述、法条引用、文书制作等方面存在的办案瑕疵，不影响案件处理结果的正确性及效力的，不属于执法过错，不予追究执法过错责任。《最高人民检察院关于印发〈人民检察院司法责任追究条例〉的通知》规定，检察人员在事实认定、证据采信、法律适用、办案程序、文书制作以及司法作风等方面不符合法律和有关规定，但不影响案件结论的正确性和效力的，属司法瑕疵，不承担司法责任，可以视情节对其进行谈话提醒、批评教育、责令检查通报或者予以诫勉。

〔2〕如法官在裁判文书宣告或者送达后发现文字差错，根据《法官行为规范》第 54 条的规定，可以采取以下补正方式：(1) 对一般文字差错或者病句，应当及时向当事人说明情况并收回裁判文书，以校对章补正或者重新制作裁判文书；(2) 对重要文字差错或者病句，能立即收回的，当场及时收回并重新制作；无法立即收回的，应当制作裁定予以补正。

我国《法官法》第8条第2款规定:“法官在职权范围内对所办理的案件负责。”错案是客观存在的一种状态,错案并不意味着必然追责,并不是所有的错案均应承担责任。错案与错案责任是两个层面概念,前者侧重裁判结果本身,后者还须考察主观过错(尽管通常是客观归责),二者应予分离,分别认定。错案可以作为启动案件评查的线索,根据评查结果决定是否启动追责程序,即将错案作为追责的线索来源,倒查审判各环节、各主体是否应当承担责任。[1]

(二)错案责任与违法审判责任的关系

与传统结果责任模式因裁判结果错误而追究办案责任不同,违法审判责任重点关注审判行为本身,采取的是行为责任模式。错案责任与违法审判责任存在一定交叉,有错案但司法者没有主观故意或重大过失,没有实施不当的司法行为,就不应对错误裁判承担责任;相反,如果法官具备了追责事由,即使裁判结果正确,亦应追究其违法审判责任。违法审判责任的认定遵循主客观相统一的原则,既考察客观行为,又评价重大过错;既关注裁判结果,又不是“唯结果”论。违法审判责任的概念坚持了辩证法、系统论,具有内在的科学合理性。鉴于当前理论界和实务界使用相关概念的混乱,应果断摒弃“错案责任”的提法,代之以“违法审判责任”,推动追责基准由“错误结果”向“不当行为”转变。对于法官在法律允许的范围内行使自由裁量权的行为,追究违法审判责任须尤为慎重,除非有受贿等故意犯罪行为或严重不负责任的失职渎职行为。

三、违法审判责任的追究事由

我国《法官法》等法律规定了违法审判的相关追究事由,主要对法官行

---

〔1〕 参见最高人民法院司法改革领导小组办公室编著:《〈最高人民法院关于完善司法责任制的若干意见〉读本》,人民法院出版社2015年版,第197~198页。

为作了禁止性规定。[1]《完善司法责任制意见》在此基础上,列举了7种违法审判追责事由。该意见第26条规定,有下列情形之一的,应当依纪依法追究相关人员的违法审判责任:(1)审理案件时有贪污受贿、徇私舞弊、枉法裁判行为的;(2)违反规定私自办案或者制造虚假案件的;(3)涂改、隐匿、伪造、偷换和故意损毁证据材料的,或者因重大过失丢失、损毁证据材料并造成严重后果的;(4)向合议庭、审判委员会汇报案情时隐瞒主要证据、重要情节和故意提供虚假材料的,或者因重大过失遗漏主要证据、重要情节导致裁判错误并造成严重后果的;(5)制作诉讼文书时,故意违背合议庭评议结果、审判委员会决定的,或者因重大过失导致裁判文书主文错误并造成严重后果的;(6)违反法律规定,对不符合减刑、假释条件的罪犯裁定减刑、假释的,或者因重大过失对不符合减刑、假释条件的罪犯裁定减刑、假释并造成严重后果的;(7)其他故意违背法定程序、证据规则和法律明确规定违法审判的,或者因重大过失导致裁判结果错误并造成严重后果的。从规范效力看,除了《法官法》属于法律层面外,其他规定均属于法院系统内部的规范性文件,适用范围和效力有限。从具体内容看,追责事由之间缺乏体系性和逻辑性,故意行为和过失行为混同,违纪违法行为与犯罪行为杂糅。按照现行的制度安排和实务操作,如将法官职务犯罪行为(如贪污受贿、枉法裁判等)纳入审判责任,恐怕难以启动司法追责程序,因为纪委监委或检察机关会根据管辖的需要介入调查或侦查,贪污贿赂行为由纪委监委调查,其他徇私枉法的行为可由检察机关侦办,此时已超出司法责任所及的范围。

---

〔1〕 综合来看,追责事由大体可以分为以下几类:一是利用审判权或因履行审判职务的便利在审判过程中违反廉政纪律的行为;二是故意违背事实和法律规定的枉法裁判等违法审判行为;三是故意违反诉讼法规定的违法审判行为;四是故意违反司法决策方式的违法审判行为;五是故意违反其他法律法规、司法解释、规范性文件等办案纪律要求的违法审判责任;六是因过失未尽审判职责造成裁判错误和严重后果的违反审判行为。参见最高人民法院司法改革领导小组办公室编著:《〈最高人民法院关于完善司法责任制的若干意见〉读本》,人民法院出版社2015年版,第207~209页。

四、违法审判责任的认定过程

由于违法审判责任的认定标准相对原则和抽象,通过设计全面、具体的评价要素,利用信息化的发展成果,开发案件质量鉴别评估系统,通过专业人员的定量评价以及系统的数据分析形成较为客观、公正的定性结果,以弥补认定标准模糊的缺陷。违法审判责任的认定过程如下:

一是考察主观过错要素。参考因素:办案经验、年龄状况、知识结构、培训情况、理解法律法规的角度及深度、裁判文书说理程度、办案干扰因素、历史背景等。

二是考察行为及其后果要素。参考因素:(1)办案结果错误类型:发回重审、改判、指令再审、国家赔偿等;(2)国家利益、公共利益、自然人、法人或者其他组织的合法权益的损害程度,包括物质损失与精神损失;(3)司法补救的成本要素,包括重新审判、启动审判委员会讨论、国家赔偿等;(4)司法公信力等方面的社会影响要素,包括媒体报道、舆情影响、社会稳定等。

三是考察行为与后果之间的因果关系,如果审判行为与危害后果之间缺乏因果关系,则阻断归责进程,法官不承担责任。

四是考察是否具有责任豁免的情形。认定责任时如发现符合责任豁免情形,则追责进程中断,不追究法官的责任。

第三节　司法责任的外延:审判监督管理责任

如果说违法审判责任是对法官自身行使审判权的监督,那么审判监督管理责任则是从外部加强对审判行为的监督,是司法责任的外延。审判监督管理责任本质上是管理责任,主要适用于院庭长。在设定审判监督管理责任时,须保持其与违法审判责任之间的平衡,防止其超出权力边界对审判权造成不当干扰。

一、何为审判监督管理责任

(一)审判监督管理责任的概念

所谓审判监督管理责任,是指适格主体在行使审判监督管理职权过程中产生的司法责任,本质上是一种管理责任。院庭长(包括享受副院级待遇的审判委员会专职委员)因享有审判监督管理职权,根据权责相一致原则,理应承担相应的监督管理责任。赋予审判监督管理责任,有助于织密权力监督的法网。院庭长除参与审理案件外,还应当履行与其职务相适应监督管理职责(如统一裁判尺度、审核批准程序事项、保证审判质量效率、执行审判工作纪律和排除不当干扰等),特别是进一步细化了作为个案监督重点的“四类案件”范围。这也是审判监督管理责任适用的主要场域。

(二)审判监督管理责任的构成要件

1. 主体要件

即负有监督管理职责者,主要是院庭长。院长亦可授权或委托庭长履行相关监管职责。经分管副院长同意,庭长可以授权或者委托副庭长在本部门履行相应的监管职责。

2. 主观要件

即要求适格主体具有“故意或者重大过失”。与审判责任区分“故意”和“重大过失”不同,审判监督管理责任毕竟是责任的衍生形态,对主观过错方面有较高的要求,一般过失不承担此种责任,且不论过错属于何种形态,客观上均要求导致裁判错误,造成严重后果,二者缺一不可。

3. 客观要件

即表现为“怠于行使或者不当行使审判监管权导致裁判错误并造成严重后果”。具体包含以下要素:一是怠于行使或不当行使审判监管权。“怠于行使”表现为消极不作为,应当行使而不行使或拖延行使;“不当行使”表现为积极乱作为,不该行使而行使,或行使的对象、方式等不当,二者都是失职失责的体现。二是导致裁判错误。审判监督管理旨在保障审判权规范运行,保证作出正确裁判。裁判错误通常包括实体错误和程序错误。三是造成严重后果。没有出现严重后果或者仅为一般后果的,不承担审判监督管理责任。四是具有因果关系。逻辑关系如下:怠于行使或不当行使审判监管权→裁判错误→严重后果。[1]

上述三个要件缺一不可,同时满足才构成审判监督管理责任。在进行追责时,须紧密结合院庭长的职责和权限,围绕权力清单进行。

二、审判监督管理责任与违法审判责任的关系

作为法院内部肩负监督管理者的院庭长,通常具有双重身份:当其独立承办案件或参加合议庭办案时,系行使审判权的法官,承担的是违法审判责任;当其不办案时,对有关案件行使监督管理权,承担的是审判监督管理职责。在设定监督管理责任时,需保持其与违法审判责任之间的平衡,防止其超出权力边界对审判权力造成不当干扰。尤其注意有序放权与有效监督的关系,根据二者的地位、作用力等因素综合加以平衡;坚持主客观相统一原则,避免"客观归责",防止对院庭长课以过重的责任导致"过度"监管而影响法官依法独立履行职责。

三、审判监督管理责任的追究

审判监督管理责任本质上是一种管理责任,其追究程序有别于违法审判责任追究程序。我国《法官法》规定的惩戒制度,是围绕普通法官的审判行为进行的追责制度设计,审判监督管理责任尚不在审议、惩戒事项范围之内。院庭长除法官身份外,还有监管者——领导干部的身份,其行使审

---

[1] 参见最高人民法院司法改革领导小组办公室编著:《〈最高人民法院关于完善人民法院司法责任制的若干意见〉读本》,人民法院出版社2015年版,第216页。

判监督管理权自然适用干部管理的相关规定，在我国包括《公职人员政务处分法》《中国共产党纪律处分条例》等规定，通过绩效考核、批评检查、停职免职、奖励处罚等方式，依照干部管理的规定和程序追究相关审判监督责任。

第四节　审判责任的承担

审判责任的承担遵循权责一致、"谁决定谁负责"的原则。不同的审判组织承担责任的方式和内容不同。在独任审判中，因独任法官对案件事实认定和法律适用承担全部责任，须警惕认罪认罚案件中潜藏的责任风险。在合议制审判中，重在落实合议实质化，合理界分成员内部之间的责任。就审判委员会而言，重在划分与合议庭之间的责任，明确主持人的审判责任。在一、二审程序中，法官承担共同连带的审判责任。

一、独任法官的审判责任：认罪认罚中的风险

刑事诉讼中，适用独任审判的案件包括速裁案件和可能判处三年以下有期徒刑适用简易程序审理的刑事案件。根据"自己行为，自己责任"原则，适用独任制审理的案件，由独任法官一人审判，其对案件事实认定和法律适用承担全部责任。与民事诉讼尊重当事人意思自治，当事人享有对实体权利和程序权利的处分权，并承认自认制度不同，刑事诉讼中即使被告人认罪认罚，亦不能实行"自认"制度而免除控方的证明责任，法官仍需综合全案证据按照法定证明标准对案件依法作出裁判，独任法官的责任并不因此而减轻。

随着认罪认罚从宽制度正式入法以及"两高三部"专门出台指导意见，

认罪认罚制度的普遍适用对我国审判权运行和审判模式产生结构性变革。[1] 认罪认罚的量刑建议是控辩双方就被告人的具体量刑经协商而达成的合意,蕴含着司法机关的公信力,对裁判者具有程序约束力。独任法官在审理刑事速裁案件时风险可能会增加,责任亦会相应加重,需引起高度关注。

第一,被告人认罪认罚并不意味着可以降低证明标准。有观点提出,认罪认罚案件体现控辩合意,缺乏争议焦点,是不是可以降低证明标准,在发生错案时免除司法人员的责任。客观而言,嫌疑人(或被告人)认罪认罚,降低了案件收集证据的难度。如对作案动机和目的、"明知"等主观要素的供述,对尸体、作案工具、赃款赃物等去向的供述,均有助于收集其他证据特别是客观证据,完善证据链条,减轻证明负担。但这并不意味着可以降低认罪认罚案件的证明标准。[2] 首先,我国刑事诉讼实行统一的证明标准,并未区分案件类型、犯罪性质、是否认罪等情形,亦未规定当事人自认制度,即便被告人作有罪供述,仍须收集他证。其次,被告人口供作为主观性证据,具有易变性和不稳定性(实践中被告人先供后翻、时供时翻等现象时有发生),在侦查阶段、审查起诉阶段认罪,并不意味着在审判阶段也认罪,如因嫌疑人审前认罪而忽视收集其他有罪证据,庭审中被告人一旦翻供,则会动摇全案的证据基础,而其他证据因时过境迁灭失而无法再予收集,可能导致放纵犯罪,这种颠覆性的后果是无法接受的。最后,我国刑事审判已初步建构起以死刑案件为重心的证据规则体系,证据裁判理念

[1] 有学者认为,从历史发展的角度看,包括认罪认罚从宽制度在内的"放弃审判制度"的盛行,标志着刑事诉讼"第四范式"的形成,它意味着刑事司法的结构性变革。参见熊秋红:《比较法视野下的认罪认罚从宽制度——兼论刑事诉讼"第四范式"》,载《比较法研究》2019 年第 5 期。

[2] 有学者提出,认罪认罚从宽制度的证明标准应采取定罪证明标准与量刑标准相互区分的双阶标准,即在认罪的证明标准上不降低,但是在量刑上的证明标准可以适当降低。参见李本森:《认罪认罚从宽制度中的证据规则:检讨与重构》,载《浙江工商大学学报》2020 年第 1 期。还有学者认为,在认罪认罚案件中,检察机关法庭上的举证责任及其证明标准被显著降低,但法院认定被告人有罪的心证门槛不能降低。参见孙长永:《认罪认罚案件的证明标准》,载《法学研究》2018 年第 1 期。

和原则逐步深入人心，不因嫌疑人（或被告人）认罪认罚而降低案件的证明标准，[1]有利于防范冤假错案，维护司法公正。

第二，妥善处理公正与效率的关系。公正包括实体公正和程序公正两个层面，实现实体公正既要保障有罪的人依法受到应有的惩罚，又要确保无辜的人不受刑事追究，既要惩罚犯罪又要保障人权，实体公正是刑事司法活动的归宿和落脚点，是国家实现刑罚功能的具体体现，也是当事人参与刑事诉讼所追求的结果。在很大程度上，真相是刑事司法公正的集中体现。程序公正在保障实体公正的同时，兼具独立的价值。在实体结果宣告之前，当事人通过参与刑事诉讼，感受裁判过程，有利于吸收不满和对抗情绪，增强裁判文书的可接受性和公信力。

效率是司法的重要价值，逾期不决、久拖不决，同样损害司法公正。司法高效是程序公正的内在要求，具有多重价值和意义。（1）司法机关对案件的高效处理，有利于及时化解矛盾纠纷，尽快明确权利义务关系，提高资源要素的流转效益，以达固根本、稳预期、利长远之效。（2）司法机关对案件的高效处理，有利于及时惩治犯罪，修复被破坏的社会关系，增强刑罚的震慑和教育功能。（3）司法机关对案件的高效处理，有利于尽快结束不确定的法律状态，有效维护当事人的合法权益。如刑事被告人久押不决，长期处于"悬而未决"的状态，在可能判处短期自由刑的情况下，会面临"羁押期限决定实体量刑"的现实尴尬；在可能判处长期自由刑的案件中，生效判决的迟延作出会影响被告人及时下监接受教育改造，使其减少获得减刑、假释等机会。对被害人及其家属而言，案件长期未决，其遭受侵害的合法权益（包括人身伤害、经济损失和精神痛苦）无法得到及时救济和弥补，可能影响社会和谐稳定。

刑事犯罪是社会矛盾冲突的集中表现。通过高效及时确定的刑事司法程序，一方面能够及时惩治犯罪，建立犯罪与刑罚之间的必然性，及时回应社会关切，有效震慑预防犯罪。另一方面能够及时恢复遭受破坏的社会

---

[1] 参见杨立新：《认罪认罚从宽制度理解与适用》，载《国家检察官学院学报》2019年第1期。

关系,使相关法律关系及时得以稳定。对被害人而言,其被侵害的人身和财产权益得以及时维护,心理创伤得以抚慰;对被告人而言,其得以快速审判,及时摆脱诉累,尽快结束不确定状态,早日明确身份(无罪抑或有罪)并回归社会,最大限度地减少刑事司法的负面影响;对社会而言,能够及时回应社会关切,满足人民期待,树立司法标准,规范社会行为,引领社会风尚。

在司法实践中,公正与效率多数情况下是同向一致的,但有时亦处于矛盾紧张状态。虽说“迟来的正义非正义”,但一味追求办案速度有时未必能实现公正,办案程序必须在法治的轨道内运行。如在刑事速裁或简易程序中,为了追求审判效率,对于起诉事实可能仅作形式化审查,“诉什么、判什么”简单化司法,该审查的事实或证据无暇顾及,最终影响案件全面、准确认定,导致“欲速则不达”,产生负面效应。因此,案件处理并非一味越快越好,而应当因案而异,区别对待,以期在每一个具体个案中各得其所,作出妥帖的处理。案件处理过于追求效率,不能保证足够有效的办案时间,可能无法全面客观收集案件证据,进而影响案件事实的查明和认定。如对于案件事实清楚的案件,可以通过设立绿色通道——快速处理程序当庭宣判;对于重大、复杂、疑难的案件,则需要耗费大量的人、财、物以及时间和精力,有的案件需要多次、多日开庭,合议庭评议后可能还需提交审判委员会讨论决定,方能作出最终的裁判。如在故意杀人命案中,一审法院基于年底提高结案率的要求,受案后不足一个月即走完了开庭、合议、审判委员会研究、宣判等程序,彼时被害人家属的情绪尚未充分释放,法院亦未能全面听取其意见,案件潜在的矛盾尚未充分显现,过于快速的审判使得当事人双方未能来得及感受到司法的威严和法律的神圣。一审宣判后,被害人家属对审判过程和裁判结果(死缓)严重不满,强烈要求检察机关抗诉,改判被告人死刑,并多次以扬言自杀等极端方式向二审法院施压,其中的理由之一即一审法院判决过快,剥夺或限制了其知情权和表达意见的权利。这就是过于追求审判效率反倒产生裁判负面效果的典型案例。因此,公正与效率应保持动态的平衡,在确保公正的前提下提高诉讼效率,绝不能本末倒置,为图方便、快结案,追求结案率而罔顾公正,影响法律效果和社会效果的统一。

第三，理性对待量刑建议。量刑建议对于制约量刑裁量权，推动实现公正量刑具有积极意义。量刑建议属于检察机关求刑权范畴，而如何量刑则是审判的应有之义，法院是作出定性量刑的唯一适格主体。[1] 从法律效力来看，量刑建议一般仅具参考价值，但在认罪认罚案件中被告人签署具结书，是代表国家的检察机关与被追诉者就定罪量刑经协商达成的协议（或合意），蕴含着司法机关的诚信或公信力，对法院具有程序性（或形式）约束力。从诉讼发展进程来看，量刑事实或情节并非一成不变，而是随着诉讼进程变动不居的。除非在审查起诉阶段穷尽所有的量刑情节（事实上也不可能），否则量刑建议在诉讼过程中有可能发生变化或调整。如以赔偿情节为例，被告人及其家属在审查起诉阶段可能没有经济能力，但在审判阶段经多方筹措，具备了一定经济能力，愿意赔偿或退赔，并与被害人方达成赔偿协议或刑事和解。从实践情况来看，被告人一方对被害人一方的赔偿意愿在审前阶段要普遍低于审判阶段，这是因为审前阶段更多是经历不可逆的诉讼过程（在侦查阶段除非查证不存在犯罪事实或并非犯罪嫌疑人所为才有可能撤销案件，在审查起诉阶段除了少量犯罪情节较轻或证据不足的案件方有可能不起诉），而审判阶段则决定着对被告人的定性量刑，为获取较为宽缓的处理结果，被告人具有更为积极的赔偿动力和意愿，亦会想方设法尽最大努力赔偿被害人的经济损失。再如，自首情节的认定，公诉机关一般会在起诉书中作事实层面的客观表述——自动投案；在审判阶段，被告人仍稳定如实供述，加之自动投案，法院可认定其构成自首；如果被告人当庭翻供，不承认主要犯罪事实，则不能认定为自首。因此，上述重要的量刑情节在审判前后发生了变化，均会影响具体的量刑。因此，人民法院除了审查指控事实和证据，还要审查量刑建议是否成立，这是法官行使审判权的当然内容。

---

[1] 审判权是宪法授予人民法院垄断、专属的国家权力，在认罪认罚从宽制度中法院“有限让渡”或与检察院“分享”审判权的观点是错误的。参见顾永忠：《对余金平交通肇事案的几点思考——兼与龙宗智、车浩、门金玲教授交流》，载《中国法律评论》2020 年第 3 期。

在检察机关的主导下,量刑建议方式由幅度型向确定型转变。[1] 在认罪认罚案件中,辩方希望量刑建议越明确越好,以便其理性、有效地进行量刑协商,从而提高刑罚结果的可预期性。但实践中案件情况纷繁复杂,特别是随着诉讼程序的推进,量刑事实在动态变化中,加之检察官、法官对量刑事实的影响可能出现认识差异,使得实际量刑结果与量刑建议存在偏差在所难免。特别是在中级法院审理的一审重罪案件中,量刑的幅度和可供选择的刑罚(无期徒刑、死缓和死刑)本来就较为有限,但上述三种刑罚却有着天壤之别,如何科学地提出确定的量刑建议,则考验办案机关的司法智慧。为提高认罪认罚的适用率,检察机关对包括死刑案件在内的一审重罪案件提出确定的量刑建议,但量刑建议采用率远低于轻罪案件,特别是对于可能判处死刑(立即执行)的案件,不论被告人是否认罪认罚,结果可能都是不予从宽处理,这就使得该制度的适用效果大打折扣,正面价值大为削弱。[2]

相对合理的量刑建议有助于促使被告人服判息诉,实质性化解社会矛盾。[3] 但为了敦促被告人认罪认罚,检察机关可能会提出较为宽缓的刑罚,给予较大的量刑折扣,以换取被告人对量刑建议的认可,签署具结书,这就有可能导致同类案件量刑失衡。如检察机关在故意杀人案件中,提出

---

〔1〕 最高人民检察院于2010年2月23日发布的《人民检察院开展量刑建议工作的指导意见(试行)》第5条第1款规定,"除有减轻处罚情节外,量刑建议应当在法定量刑幅度内提出,不得兼跨两种以上主刑"。"两高三部"于2019年10月出台的《关于适用认罪认罚从宽制度的指导意见》第33条第2款规定:"办理认罪认罚案件,人民检察院一般应当提出确定刑量刑建议。对新类型、不常见犯罪案件,量刑情节复杂的重罪案件等,也可以提出幅度刑量刑建议。提出量刑建议,应当说明理由和依据。""两高三部"于2020年11月5日出台的《关于规范量刑程序若干问题的意见》第6条规定:"量刑建议包括主刑、附加刑、是否适用缓刑等。主刑可以具有一定的幅度,也可以根据案件具体情况,提出确定刑期的量刑建议。建议判处财产刑的,可以提出确定的数额。"

〔2〕 现有规范在重罪案件量刑指引方面的制度供给严重不足,很多重罪案件尚不具备量刑建议精准化的现实基础,幅度型量刑建议是对重罪案件实质化庭审程序的有效回应。参见汪海燕:《重罪案件适用认罪认罚从宽程序问题研究》,载《中外法学》2020年第5期。

〔3〕 参见吴小军:《认罪认罚从宽制度的实践反思与路径完善——基于北京试点的观察》,载《法律适用》2018年第15期。

死刑的量刑建议，并向被告人解释死刑包括死刑立即执行和死缓，被告人理解为可能会判处死缓，故同意死刑的量刑建议并签署具结书。一审法院判处被告人死刑而非死缓，被告人以量刑过重提出上诉，质疑认罪认罚制度的实施效果。法官如果认为量刑建议明显不当，当然有权根据事实、依照法律进行调整，即可以在量刑建议之外独立裁量刑罚。在司法实践中，有两种现象需要引起关注：

一是以"抗诉"替代"上诉"。即认罪认罚案件中法院既未采纳确定的量刑建议，又未重新听取检察机关意见，一审宣判后检察机关以一审程序违法、法律适用错误为由提起抗诉；[1]之所以产生上述现象，原因在于对认罪认罚案件变更量刑建议的程序存在争议。《刑事诉讼法》规定，法院对于认罪认罚案件，拟超出量刑建议范围量刑的，应征求检察机关的意见是否变更量刑建议，这是法律赋予检察机关的量刑建议变更权。量刑建议系控方与辩方就量刑协商达成一致意见或者辩方同意控方的量刑建议，相当于量刑协议，辩方会对司法机关的量刑产生稳定的预期，并有理由相信法院会在量刑建议的幅度内判罚。从司法诚信或诉讼合意的角度看，审判模式由以往典型的控辩对抗式向控辩合意式转变，更加尊重被追诉者的主体地位，更加注重保障被告人的诉讼权利。在此背景下，人民法院的审判权不可避免受到控辩双方的影响。如果人民法院动辄不采纳检察机关的量刑建议，亦未听取检察机关是否变更的意见而径行裁判，则辩方无法对量刑建议形成稳定预期，认为量刑建议可有可无，从而影响该制度的功能。认罪认罚案件中的量刑建议和具结书，不仅是控方求刑权的重要体现，而

---

〔1〕例如，浙江省仙居县人民检察院办理一起危险驾驶案，被告人蔡某某醉驾发生交通事故，血液中乙醇含量294ml/100ml，且负事故的全部责任。检察机关对被告人蔡某某适用认罪认罚从宽制度，提出量刑建议"拘役二个月十五日，并处罚金6000元"，被告人在具结书上自愿签字。仙居县人民法院一审判决未采纳检察机关量刑建议，判处其拘役三个月十日，并处罚金8000元。检察机关认为一审法院无故未采纳量刑建议，违反了《刑事诉讼法》第201条的规定，系适用法律错误，提出抗诉。二审法院经审理，认为检察机关对被告人适用认罪认罚时，不存在《刑事诉讼法》规定"一般应当采纳"的五种例外情形，量刑建议不属于明显不当，法院在作出判决时应当采纳量刑建议，故支持了检察机关的抗诉，改判蔡某某二个月十五日，并处罚金人民币6000元。

且蕴含着对辩方主体性地位的尊重和考量，关乎刑事诉讼诚信和正当法律程序，因此，法院变更量刑建议需征求检察机关的意见，问题是如何设定调整量刑建议的程序呢？现行《刑事诉讼法》及相关司法解释均未明确规定法院通知检察机关的具体方式和程序。实践中，已有检察机关以法院未履行告知程序为由而提起控诉的案件。刑事速裁程序是以效率为导向的案件快速处理程序，[1]如果调整量刑建议的程序过于烦琐，则起不到"简案快审"的效果，因此，有必要在程序公正与诉讼效率之间保持平衡。具体程序分为庭上和庭下两种：庭上，即法庭认为量刑建议明显不当的，可当庭询问公诉人是否变更，如果公诉人坚持不变，则法庭可依法直接作出裁判；如果公诉人当庭变更量刑建议，法庭可再次听取控辩双方意见，控辩双方无须再次进行量刑协商、签署具结书，法庭亦无须转换程序可直接作出裁判。[2] 庭下，即法庭在庭下通过书面或简易（口头）方式征求公诉人的意见，不论是否同意变更量刑建议，法庭均可依法直接作出裁判。

二是以"抗诉"对抗"上诉"，[3]即认罪认罚案件中法院采纳量刑意见对被告人作出一审判决，被告人以认定事实、罪名有误或量刑过重为由提出上诉，检察机关认为被告人推翻了原来的认罪认罚，不应再适用该制度，遂启动抗诉程序要求加重被告人的刑罚。进入二审程序后，上诉人得知检察机关抗诉，通常会向二审法院申请撤诉，而二审检察机关据此情况亦可能不支持抗诉，最终导致"被告人上诉——一审检察机关抗诉—上诉人撤回上诉—二审检察机关不支持抗诉（撤回抗诉）"的程序倒流。此系以抗诉权压制上诉权。上诉权是被告人的基本诉权。《刑事诉讼法》第 3 条第 2

[1] 参见汪建成：《以效率为价值导向的刑事速裁程序论纲》，载《政法论坛》2016 年第 1 期。

[2] 《刑事诉讼法解释》第 353 条规定，对认罪认罚案件，人民法院经审理认为量刑建议明显不当，或者被告人、辩护人对量刑建议提出异议的，人民检察院可以调整量刑建议。人民检察院不调整或者调整后仍然明显不当的，人民法院应当依法作出判决。适用速裁程序审理认罪认罚案件，需要调整量刑建议的，应当在庭前或者当庭作出调整；调整量刑建议后，仍然符合速裁程序适用条件的，继续适用速裁程序审理。

[3] 参见胡云腾：《正确把握认罪认罚从宽　保证严格公正高效司法》，载《人民法院报》2019 年 10 月 24 日。

款规定："人民法院、人民检察院和公安机关进行刑事诉讼，必须严格遵守本法和其他法律的有关规定。"第 10 条规定："人民法院审判案件，实行两审终审制。"第 227 条第 3 款又强调："对被告人的上诉权，不得以任何借口加以剥夺。"因此，两审终审制是法院必须遵守的基本原则，保障被告人的上诉权是司法机关的法定职责，不得以任何理由违背。2018 年修正的《刑事诉讼法》第 15 条新增了认罪认罚从宽制度，但在审级上并未突破两审终审制。在现行法律制度下，适用认罪认罚从宽制度审理的一审案件宣判后，被告人仍可提出上诉。[1] 上诉权关系我国二审终审基本审判制度的设置，不论何种类型的刑事案件，均不应限制或剥夺被告人的上诉权。之所以出现认罪认罚被告人上诉的现象，原因较为复杂：(1)被告人认罪认罚的自愿性、真实性和合法性是否得到充分保障。如被告人是否自愿认罪认罚，有无因受到暴力、威胁、引诱而违背意愿认罪认罚；被告人认罪认罚时的认知能力和精神状态是否正常；被告人是否理解认罪认罚的性质和可能导致的法律后果；办案单位是否履行告知义务并听取意见；值班律师或辩护人是否与人民检察院进行沟通，提供了有效的法律帮助或者辩护，并在场见证认罪认罚具结书的签署。(2)在检察机关提出幅度型量刑建议的案件中，被告人有理由期待获得量刑建议中线以下的较低刑罚，在法院判处量刑建议中线以上的刑罚时，被告人未达预期而提出上诉，不能说上诉动机不纯，这种情况在实践中较为常见。(3)法律设置二审制度旨在发挥对一审裁判的救济和纠错功能，如果检察机关动辄以抗诉对抗被告人上诉，则会压制被告人上诉的积极性，使其"不敢"上诉，长此以往无疑会削弱甚至架空上诉制度的功能。因此，对于被告人的上诉权，应持宽容开放的态度，防范以公权力压制私权利，避免因诉权滥用而导致程序空转，浪费司法资源。

---

[1] "两高三部"于 2019 年 10 月联合发布的《关于适用认罪认罚从宽制度的指导意见》，规定了"速裁案件的二审程序"和"认罪认罚的反悔和撤回"，意味着认罪认罚案件被告人可以行使上诉权。

二、合议庭的审判责任:内部责任的合理界分

合议庭审判责任的承担,涉及审判责任在合议庭成员之间的分配问题。从规范和应然层面看,合议庭成员对审理的案件事实认定和法律适用共同承担责任。“共同承担责任”是承担连带责任还是按份责任?从理论上讲,合议庭的审判责任可分为以下三种情况:

第一种情况,合议庭在意见一致的情况下作出的错误判决,合议庭成员应共同承担责任,因其投票权是平等的,在理论上应同等追究责任。但实践中因普遍实行承办人制度,承办法官承担的是基础责任,责任明显重于其他合议庭成员。因此,在进行责任分配的制度设计时,有必要根据合议庭的不同组成情形作出不同的区分。以常见的三人合议庭为例,如果承办法官同时担任审判长,则承担主要审判责任,其他两名合议庭成员责任平等,此时承办法官与其他两名合议庭成员的责任比例可设置为6∶2∶2;如果承办法官非担任审判长,则其审判责任相对减轻,而审判长的责任要重于合议庭另一名成员的责任,此时承办法官、审判长和合议庭另一名成员的责任比例可设置为5∶3∶2。在遵循上述责任比例的基础上,陪审员担任合议庭成员时又有所区别。这是因为人民陪审员对于法律规定的理解、法律政策的把握、证据规则的运用等事项,不能以专业的法律人标准加以衡量和评价,因此,在需要追究审判责任的情况下,不能对人民陪审员课以过重的责任。[1] 具体可从两个方面加以限定:一是追究责任限于陪审员实施故意违法行为或职务犯罪的情形,对于过失行为(不论是否重大过失)则可以免责。二是责任承担的方式或惩戒措施不宜过于严苛,如《人民陪

---

〔1〕 有学者提出,事后追责与反向激励的管控方式难以适用于陪审员,应当考虑采取事先管控的模式,即通过内在于审判程序的规则约束陪审员,使其不会偏离审判职责。对于人民陪审员这种裁判主体,“由裁判者负责”的要求,转换为如何以事先规制方式敦促其尽职的问题,而不是如何以事后惩戒方式激励其履责的问题。参见樊传明:《陪审案件中的审判责任制——以保障和管控人民陪审员裁判权为核心》,载《法学家》2019年第5期。

审员法》规定的公开通报、职务免除等，[1]主要以教育警示、资格限制或剥夺为主。至于“合议庭作裁决是否应当请示未参加审判的人员”的问题，则涉及院庭长对个案的监督管理问题。如果院庭长是组织化行权，通过法官会议、审判委员会平台发表意见、影响裁判结果则较少有争议，如果是在程序或规则之外则可能涉及不当干预或过问案件。

第二种情况，合议庭根据多数人的意见作出的错误裁判，持不同意见的少数人不应承担责任。根据“自己行为，自己责任”原则，司法人员不应对自己的无过错行为承担责任。这种情况下在处理疑难案件时，合议庭成员可能会发表少数意见以规避责任，使合议庭难以形成有效裁决。

第三种情况，合议庭没有进行讨论和表决，仅由承办法官或院庭领导自行决定裁判结果，这实际上剥夺了合议庭其他成员的权利，严重违反合议规则，未参与决定的审判人员自然不应当承担责任。

从权力运行的基本原理来看，合议庭系平权型组织，各成员裁判权平等。尽管就理论上而言，合议庭成员之间仅是具体分工不同，地位是平等的，但从司法实践来看，承办法官对于所分案件要承担更多的职责和工作，案件的整个处理过程也最为直接，最具有亲历性。就这个意义而言，承办法官显然是第一（或直接）责任人，承担的责任和任务也是最重的。

三、审判委员会的审判责任：与合议庭责任的界分

审判委员会是由委员个体共同组成的集体决策机构，当审判委员会研究个案作出的决定发生错误时，审判委员会委员是否应承担责任，如何承担责任，承担何种责任？就理论上而言，审判委员会委员在意见一致的情

---

〔1〕根据《人民陪审员法》第27条的相关规定，人民陪审员无正当理由，拒绝参加审判活动，影响审判工作正常进行的；违反与审判工作有关的法律及相关规定，徇私舞弊，造成错误裁判或者其他严重后果的，可以采取通知其所在单位、户籍所在地或经常居住地的基层群众性自治组织、人民团体，在辖区范围内公开通报等措施进行惩戒；构成犯罪的，依法追究刑事责任。

况下作出错误裁判,全体参与表决的委员须共同承担错案责任。如果根据多数意见作出错误裁判,持不同意见的少数委员不承担错案责任,但少数人应当说明反对的理由,其意见应当和裁判理由一起公布在裁判文书中。审判委员会委员如果受到指令必须作出某种裁判,一旦发生错案,理论上也应当承担责任,因为明知有误,违心作出错误裁判,有违法律规定和职业道德,但审判委员会讨论时不顾个别成员的反对意见,或在没有经历表决程序的情况下,该委员不承担责任。

从司法实践看,追究审判委员会委员错案责任的案例较为罕见。因审判委员会委员通常不亲历庭审,亦较少阅卷,对案件信息的了解主要来源于承办法官(或合议庭)的汇报。因此,案件汇报内容的真实性和全面性是审判委员会讨论案件的基础,委员们主要依托审理报告(口头汇报)对案件开展讨论研究。为了最大限度地获取案件信息,辅助科学决策,利用信息化、可视化手段呈现案件原貌,还原庭审场景,成为审判委员会研究案件的新方式。在审判委员会讨论时播放展示重要证据,如现场勘查笔录、作案工具(照片)、现场监控录像、指认辨认录像等;为证明报案、破案和抓获经过,播放报警录音、出警录像等;为证明被告人的精神状态,播放侦查阶段讯问录像或庭审录像。这些材料经由可视化的立体展示,能给委员们直观具体的印象,在某种程度上具有还原庭审、直接审理的功能,有助于委员们增强内心确信,作出科学决策。

根据权责相适配原则,厘清审判委员会委员与合议庭成员之间的责任分配关系,须结合主客观情况进行判断。根据《最高人民法院关于改革和完善人民法院审判委员会制度的实施意见》的规定,实际上只追究审判委员会委员实施故意行为导致决定错误的责任,[1]即一般只有存在故意违法的行为,才追究审判委员会委员的责任,审判委员会委员依法正常履职的行为受法律保护,不受追究。根据职责分工不同和是否存在主观故意,

[1] 《最高人民法院关于改革和完善人民法院审判委员会制度的实施意见》规定的"审判委员会委员应当客观、公正、独立、平等地发表意见,审判委员会委员发表意见不受追究",旨在保障审判委员会委员依法正常履职的行为不受责任追究。

审判委员会委员责任的承担区分不同的情形。

（一）审判委员会与合议庭分担审判责任

根据审判委员会的司法职能和改革方向，审判委员会主要讨论案件的法律问题，事实认定问题主要由独任庭或合议庭负责。总的原则是审判委员会讨论案件时，合议庭对其汇报的事实负责，审判委员会委员对其本人发表的意见及最终表决负责。[1] 有学者对法院错案责任制进行实证考察，发现审判委员会承担错案集体责任的情形：如在一起抢劫犯罪案件中，S 法院审判委员会错误撤销了中级法院的终审裁定，被认定为错案，由审判委员会集体承担 80% 的责任，承办人承担 20% 的责任。[2] 再如，某案判决书认定三次贩卖毒品，但量刑却按一次贩毒的档次判处被告人三年以下有期徒刑，[3] 该案被发回重审。上述实证考察的结果仅涉及审判委员会的集体责任，未提及委员的个人责任。

审判委员会是集思广益、发扬民主的集体议事组织，对特定案件的研究处理具有最终的决定权。作为集体组织的成员，审判委员会委员在其中发挥着重要作用；为保障委员依法充分发表意见，发挥审判委员会的质量把关作用，总体上对委员的责任设定不宜过于苛责。一般而言，除非存在故意违背事实、曲解法律发表意见须追究委员的审判责任，对于其他过失行为等情形不宜追究审判责任。《完善司法责任制意见》对审判委员会委员设立了严格的追责标准——主观故意。根据审判委员会委员是否持多

---

〔1〕 审判委员会委员根据案件性质承担不同的责任：一是对法律规定的案件和涉及国家外交、安全和社会稳定的重大复杂案件，审判委员会委员对其本人发表的事实认定、法律适用意见以及最终表决负责。二是除上述特定案件外，审判委员会不讨论案件事实，在合议庭成员汇报的案件事实有误，且存在故意或重大过失，导致案件裁判错误并产生严重后果时，由合议庭成员承担责任。审判委员会委员仅就案件法律适用问题发表的意见以及最终表决负责。参见最高人民法院司法改革领导小组办公室编著：《〈最高人民法院关于完善人民法院司法责任制的若干意见〉读本》，人民法院出版社 2015 年版，第 237 页。

〔2〕 参见王伦刚、刘思达：《从实体问责到程序之治——中国法院错案追究制运行的实证考察》，载《法学家》2016 年第 2 期。

〔3〕 根据最高人民法院 2016 年出台的《关于审理毒品犯罪案件适用法律若干问题的解释》的规定，向多人贩卖毒品或者多次走私、贩卖、运输、制造毒品，应认定为情节严重，判处三年至七年有期徒刑。

数意见、是否改变合议庭意见,分别有不同的责任组合模式。首先,审判委员会委员主观上没有曲解法律发表意见的故意,此时不论委员持多数意见还是少数意见,也不论审判委员会是改变还是维持合议庭意见,委员一般不承担审判责任。其次,审判委员会改变合议庭意见导致裁判错误的,由持多数意见的委员共同承担责任,少数委员和合议庭成员不承担责任。最后,审判委员会维持合议庭意见导致裁判错误的,由合议庭和持多数意见的委员共同承担责任(见表4-2)。关于审判责任的具体分配,应根据审判委员会委员或合议庭成员是否存在故意或者重大过失确定相应责任。因合议庭成员故意隐瞒真相(主要证据或者重要情节,前者如入罪或出罪证据,后者如被告人系限制刑事责任能力人、自首、立功等情节),或者故意提供虚假情况,致使合议庭认定事实错误,审判委员会依据该错误事实作出错误决定。此时应由故意隐瞒真相或者提供虚假情况的合议庭成员承担责任。

表4-2　审判委员会委员与合议庭成员审判责任的承担

合议庭意见	合议庭正常汇报		合议庭违法汇报
审判委员会意见	改变合议庭意见	维持合议庭意见	
合议庭成员责任	不担责	担责	违法成员担责
审判委员会委员责任	多数意见担责,少数意见不担责	多数意见担责,少数不担责	视情形承担部分责任或不担责

值得注意的是,上述三种情形均涉及持多数意见的委员的责任承担问题,对于持少数意见的委员则不涉及责任追究问题。这是因为,无论审判委员会最终作出的决定是否正确,持少数意见的委员均无法左右或影响裁判的最终结果,相反可能成为其卸责、自我保护的制度屏障:当合议庭意见正确时,其持少数的错误意见而不会被追责;当合议庭意见错误时,其持少数的正确意见而得以免责。因此,在审判委员会讨论案件表决时,发表少数意见是安全的,这可能会成为个别委员为推卸责任而始终发表少数意见的"避风港"。实践中对审判委员会委员的考核往往注重数量、忽视质量,如对审判委员会委员参加讨论的案件数量按照一定比例折算为办案数量,

并量化为相应分值，使得审判委员会委员即使不直接承办或承办少量案件，亦能获得不错的办案业绩（分数），而对于讨论质量则考虑较少，对委员履职情况亦缺乏量化标准和考核手段。为提高审判委员会讨论案件的整体质量，可以从审判业务能力的角度，加强对审判委员会委员履职情况的监督考核，实现以数量考核向质量考核转变，取消委员自身作为隐性福利或待遇的附加值，对于长期持少数意见、履职能力不足的，引入淘汰机制，免去其委员职务，退出审判委员会。

（二）审判委员会主持人的审判责任

1. 审判委员会的主持人和列席人员

审判委员会的主持人为院长或受院长委托的副院长。审判委员会讨论案件，在发言顺序、主持规则、表决方式等各个环节须遵循民主集中制原则。审判委员会讨论案件时，要求合议庭全体成员及所在业务部门负责人列席会议。对于合议庭意见一致的案件，除了汇报人（通常是承办法官），其他成员很少发表意见，更多的是“听会”，列席审判委员会的必要性值得商榷；对于合议庭意见有分歧的，则合议庭成员（包括陪审员）应全部到场，充分发表不同意见。审判业务部门负责人即庭长，通常也是审判委员会委员，其实际上是参加会议。对于其他列席人员而言，列席审判委员会有利于直观感受审判委员会研究讨论、作出决议的过程，了解不同领域、不同专业的资深法官的讨论意见，有利于统一法律适用，这本身亦是难得的业务培训和技能提升的过程。

2. 主持人对审判委员会具有程序掌控权

具体表现为：一是实现专委会与审判委员会的有效衔接。专委会讨论案件，如果无法形成决议或者院长认为有必要的，可以提交全体会议讨论决定。二是提请复议权。如果院长意见与审判委员会或专委会多数意见一致，可以形成决议，自然无须复议；唯有院长意见与会议多数意见不一致时，院长认为有必要时，可以提请复议以期说服其他委员同意自己的观点。

根据审判委员会会议流程，先由承办法官向审判委员会汇报案情，合议庭其他成员视情补充，随后由该庭庭长、主管院长就案件相关问题进行询问和补充说明。审判委员会委员就审理报告中涉及的问题向承办法官(或合议庭)询问,待疑问消除或作出合理解释说明后,主持人认为案情已查明、疑问已消除并达到付诸表决的条件,遂由每名委员依次发表意见并表决。尽管主持人在表决时对案件处理意见没有特权,与其他委员均是一人一票,但其拥有程序的控制权,有权决定是否将案件付诸表决,这是主持人的"程序特权"。具体案例如下:

【案例3】甲故意杀害二人案。甲于2017年在B市火车站一酒店房间内单独作案,杀害被害人后次日被抓获,甲到案后当天即坦白其于2015年7月下旬在S省Q市一海滩附近还伙同乙杀害其女友丙,经警方核查,在甲供述的作案时间段和作案地点,确有发现一具着泳装的年轻女性尸体,经尸体检验未发现明显外伤,当时因他杀的证据不足,初步判定为"溺水死亡",作为一般治安事件处理。后警方根据该线索,抓获同案犯乙,乙到案后如实供述其伙同甲共同杀害被害人的事实。甲乙二人羁押于两地,分别被B市、Q市司法机关起诉、审判。甲关于两起作案事实的供述始终较为稳定,本人亦认罪,B市中院以故意杀人罪判处甲死刑,宣判后甲未上诉,该案以死刑复核程序报送至B市高院复核。乙到案后在侦查阶段、审查起诉的供述较为稳定,但起诉至Q市中院后即开始翻供,辩称警方对其有刑讯逼供、诱供行为。Q市中院启动了非法证据排除程序,后确认乙在公安机关的供述具有合法性。Q市中院以故意杀人罪判处乙死缓。宣判后乙提出上诉。因该起犯罪发生后近两年方立为刑事案件,案发第一现场几乎没有遗留客观证据,直至乙被抓后带领公安机关提取到当年被扔弃的被害人物品。B市高院审判委员会在研究讨论甲在Q市故意杀人的犯罪事实时,委员们对案件事实和在案证据提出了诸多疑问:乙扔弃被害人物品的情况、侦查机关起获被害人物品的经过、申请非法证据排除及翻供原因等。鉴于上述疑问,审判委员会先后就该案讨论了三次,前两次主持人均未将该案付诸表决,而是综合委员们的意见要求合议庭再补强证据、排除合理怀疑。为此,承办法官先后前往S省高院全面调取乙故意杀人案侦查卷宗,会同S省高院承办法官赴Q市看守所提讯乙,前往海滩踏勘案发现场,与当地办案人员座谈并调取了当年提取被害人物品的现场勘查录像，进而进一步排除合理怀疑，增强内心确信。经过两次补充调查，核实证据，第三次审判委员会方表决同意B市中院的处理意见。

3. 主持人的责任承担

为保障审判委员会委员依法独立充分发表意见，避免受委员职务、行政级别高低等不当干扰，委员发言的顺序有一定的规则，即按照法官等级由低到高的顺序进行，法官等级相同的，任职年限短的委员先发言；法官等级、任职年限均相同的，职务低的先发言，主持人最后发表意见。委员发表意见后，由主持人归纳委员的意见，按多数意见拟出决议，审判委员会的决议一般按照全体组成人员过半数的多数意见作出。如果审判委员会讨论案件违反民主集中制，导致审判委员会决定错误的，审判委员会的主持人应当承担主要审判责任。

四、一审、二审法官的审判责任：共同连带责任

上述审判责任的设置和承担主要是针对同一案件、同一审级而言的，当一个案件（原判）经由一审、二审、复核程序而被发现错误的，如何承担责任，就涉及在不同审级、不同审判主体之间的责任分配问题。[1] 我国刑事审判体系属于四级法院二审终审制，一审、二审不区分事实审和法律审，二审系全面实质审查，须对事实认定和法律适用问题一并作出裁判。我国的复核程序包括死刑（死缓）复核程序和法定刑以下减刑的复核程序，也均是全面实质审查。因此，我国的一审、二审和复核程序，均实行全面审查原则，法官均须对案件的事实认定和法律适用负责。

根据案件经历的审级和生效裁判是否错误，一审、二审（复核）法官审判责任的承担存在不同的组合。当一个案件一审即告生效，则审判责任仅

〔1〕《中共中央关于全面推进依法治国若干重大问题的决定》将我国不同层级法院的职能定位为“一审重在解决事实认定和法律适用，二审重在解决事实法律争议、实现二审终审，再审重在解决依法纠错、维护裁判权威”。

在一审法院审判主体之间进行分配,无关后续程序。当案件上诉进入二审程序,则存在两种情形。

第一种情形是二审维持一审裁判的结果,发现生效裁判确有错误(实际上是一审、二审裁判均有错误)。此时,一审、二审法官如何承担审判责任?首先,分别甄别在一审、二审程序中,各自审判主体是否存在违法审判责任的情形。其次,存在违法审判责任的,根据法官在各自程序中的作用和过错大小分别承担审判责任。最后,这种责任是连带责任,而非按份责任。一审是裁判的基础,一审法官不因二审结果的维持而减免责任;同样,二审是纠错程序,发挥实质把关作用,二审法官不因一审"起点错误"而减免责任。一审、二审法官对错案总体上承担连带责任,不因程序的推进而稀释或免除审判责任,而是在各自的程序中分别独立承担责任。请示汇报(内审)程序虽非《刑事诉讼法》规定的程序,但其实质上发挥着二审的功能,在无法完全取消或彻底禁绝这种"法外"程序的现实情况下,唯有采取"相对合理主义"的做法,[1]严格限制其适用范围,并规范其运行程序,同时课以相应的审判责任。即一审法院请示汇报须移送全案卷宗材料,且有明确正式的初步意见;上级法院需组成合议庭,经严格程序进行审查,出具明确的书面答复意见,并对错误意见承担审判责任,而不能"只享有权力而不承担责任"。唯有通过审判责任的倒逼,逐步取消直至彻底禁绝这种"法外"程序,回归正常的上下级法院关系,维护二审终审的审级制度。第二种情形是二审改变一审的裁判结果,后发现二审裁判结果错误,一审裁判无误。此时违法审判责任的甄别和确认只涉及二审法院,与一审法院无关。这就转化为同一案件在同一审级中,法官审判责任的确定问题。同理,在存在复核程序的案件中,亦可依照上述两种情形确立的规则来确认法官的审判责任。

---

[1] "相对合理主义"这一概念由龙宗智教授提出,其认为,中国的司法改革,从总体上看只能采取大系统的方法,即司法内外互动的方法,因而只能是条件论的、渐进性的、改良的,也就是说应当奉行"相对合理主义",即"不求最好、只求较好"。参见龙宗智:《相对合理主义》,中国政法大学出版社 1999 年版。

第五节　审判责任的负担形式

在明确司法责任的内核和外延，确定不同主体承担的审判责任后，便涉及责任的负担形式，即法官应当承担什么类型的法律责任。按照权责相一致原则，司法主体和职责不同，其承担的责任类型亦不同。有学者提出，我国司法责任的负担形式包括民事责任、纪律（行政）责任和刑事责任。[1]还有学者提出，司法问责的形式仅包括纪律责任和政治责任（责令公开道歉、引咎辞职、责任辞职、撤销或免除职务），不包括刑事责任。[2] 考察司法责任的负担形式，有必要从法官的身份和角色入手。法官在我国具有公职人员身份，须遵守有关公职人员的法律规范（如《监察法》《公务员法》）。法官作为依法行使审判权的审判人员，系特殊职业，其行使审判权又受《法官法》等法律规范的调整。与此同时，我国《国家赔偿法》《刑法》又有司法责任的相关规定。综合法律法规和司法解释的规定，结合司法实践，本书认为，司法责任的类型包括民事责任、纪律责任和刑事责任，三种责任轻重结合、梯度分明、相辅相成，共同构成司法责任完整的负担形式。

一、民事责任

民事责任属于法官对当事人负担的责任，即法官在行使审判权过程中，对遭受其权力侵害的当事人所负担的法律责任。在私法盛行的时代，法官与当事人之间系平等的主体关系，当事人就其在司法过程中遭受的损失有权向法官主张赔偿，提起民事诉讼。随着国家观念的强化和国家权力

---

〔1〕 参见陈光中、王迎龙：《司法责任制若干问题之探讨》，载《中国政法大学学报》2016 年第 2 期。

〔2〕 参见谭世贵、骆梅英：《法院司法问责若干问题研究》，载《浙江工商大学学报》2015 年第 2 期。

的扩张,法官逐渐取得超脱于当事人的优势地位。为保障法官依法独立行使审判,免遭当事人提起“骚扰性诉讼”影响公正审判,国家对外通过赔偿等方式替代法官向遭受司法权侵害的当事人(受害者)承担赔偿责任,此即国家赔偿责任。这一制度设计的功能在于:一方面保障法官依法独立行使审判权,避免在行使审判职权时遭受来自当事人的压力;另一方面保障受害者在遭受公权力侵害时有获得充分救济的权利。就这个意义而言,法官对其履职行为给当事人造成的实际损害,对当事人亦不直接承担赔偿责任。民事责任本质上是国家的一种替代性责任,对法官不宜过于苛责,实际上在许多国家,法官享有不受民事起诉的豁免权(Judicial Immunity From Civil Actions)。[1]

国家赔偿责任在刑事司法领域表现为刑事司法赔偿。我国理论界普遍认为国家是承担国家赔偿责任的主体,国家赔偿的法律关系的当事人,由作为国家的一方(国家赔偿义务机关)和作为受害人的另一方(国家赔偿请求人)构成。[2] 赔偿请求人不能直接起诉法官,法官亦不对其承担赔偿责任。法官所应承担的民事赔偿责任主要是通过内部追偿制度来实现的。[3]《国家赔偿法》规定了刑事赔偿的七种适用情形,[4]并明确赔偿费

---

〔1〕 即对于法官在审判中所发表的言论以及所做的一切行为,均不追究其民事赔偿责任,以免除他(她)们的后顾之忧,便于其更放心地“独立行使审判权”,不受外界的任何影响(哪怕是非常微弱的影响)。参见谭世贵:《论司法独立》,载《政法论坛》1997 年第 1 期。

〔2〕 参见沈岿:《国家赔偿法:原理与案例》(第二版),北京大学出版社 2017 年版,第 324 页。

〔3〕 关于追偿的性质,理论界目前尚未达成共识,主要有三种观点:其一,追偿国家赔偿费用,是一种内部行政责任,不应当赋予追偿对象享有诉讼救济的权利;其二,追偿国家赔偿费用,是一种民事责任,应当赋予追偿对象享有向法院提起诉讼救济的权利;其三,追偿国家赔偿费用,既不是单纯的行政责任,也不是典型的民事责任,而是一种独立的法律责任。参见顾永忠:《国家追偿制度的理性思考》,载《当代法学》2015 年第 5 期。

〔4〕 根据《国家赔偿法》第 17 条、第 18 条的规定,具体包括:(1)违反刑事诉讼法的规定对公民采取拘留措施的,或者依照刑事诉讼法规定的条件和程序对公民采取拘留措施,但是拘留时间超过刑事诉讼法规定的时限,其后决定撤销案件、不起诉或者判决宣告无罪终止追究刑事责任的;(2)对公民采取逮捕措施后,决定撤销案件、不起诉或者判决宣告无罪终止追究刑事责任的;(3)依照审判监督程序再审改判无罪,原判刑罚已经执行的;(4)刑讯逼供或者以殴打、虐待等行为或者唆使、放纵他人以殴打、虐待等行为造成公民身体伤害或者死亡的;(5)违法使用武器、警械造成公民身体伤害或者死亡的;(6)违法对财产采取查封、扣押、冻结、追缴等措施的;(7)依照审判监督程序再审改判无罪,原判罚金、没收财产已经执行的。

用列入各级财政预算，这就为国家充分、及时地提供赔偿救济奠定了物质基础。同时规定，赔偿义务机关在赔偿受害者损失后，有权向实施故意或重大过失行为的公职人员行使追偿权，旨在防范公职人员滥用国家权力，督促其依法履职。

《国家赔偿法》第31条规定了在刑讯逼供、违法使用器械、受贿枉法裁判三种情形[1]下，赔偿义务机关在履行赔偿义务后，应当向相关责任人员主张赔偿，追偿部分或全部赔偿费用。[2] 但实际上，前两种情形因与法官无关或法官无相应职权而缺乏适用的具体场景，问题就转化为法官在审判案件中有贪污受贿、徇私舞弊、枉法裁判的，国家应当向当事法官追偿。这实际上又涉及追究法官刑事责任的问题。在刑事责任优先的理念主导下，民事责任难有适用的空间，这也就能解释为什么我国司法实践中鲜有国家赔偿受害者后再向当事法官追偿的成功案例，[3]这就造成了事实上均由国家对受害者进行损害赔偿，而法官无须承担赔偿责任的局面。[4]

这就涉及国家追偿制度的功能定位问题。“从对责任者教育惩戒的功能上看，追责制度是主要的，追偿制度是次要和从属的，其弥补国家赔偿费

---

〔1〕 具体包括：(1)因刑讯逼供或者以殴打、虐待等行为或者唆使、放纵他人以殴打、虐待等行为造成公民身体伤害或者死亡的；(2)违法使用武器、警械造成公民身体伤害或者死亡的；(3)在处理案件中有贪污受贿、徇私舞弊、枉法裁判行为的。

〔2〕 具体流程为：“司法人员在执行职务活动过程中给公民、法人或其他组织的合法权益造成损害，符合《国家赔偿法》第31条规定的，先由其所在的审判机关对外向受害人承担赔偿责任，然后根据责任人的过错大小和经济状况，依法责令其承担全部或部分赔偿费用。被害人违法直接向司法人员主张赔偿责任，民事责任主要是内部的经济追偿责任，通常从其工资收入和个人财产中扣缴，对责任人而言是一种物质惩罚。”谭世贵、骆梅英：《法院司法问责若干问题研究》，载《浙江工商大学学报》2015年第2期。

〔3〕 参见宗会霞：《办案质量终身负责制的价值证成与规范运行》，载《政治与法律》2015年第3期。

〔4〕 有学者通过对H省2009年至2013年追究法官民事赔偿责任的案件进行调研，发现该省审结的国家赔偿案件中，国家向法官进行追偿的案件数为0件。参见潘长文：《论法官责任的理论悖论与制度守正——“裁判者负责”的主导模式及其路径选择》，中国法学会审判理论研究会2014年年会暨全面深化司法改革促进司法公正理论研讨会论文，2014年10月15日。

用的作用也是有限的。”[1]但这并不意味着该制度可有可无,关键是正确处理追责与追偿的关系。追责是追偿的基础和前提,唯有在准确界定行为人过错及责任大小的基础上进行追责,追偿才能得以顺利实施。当然,要有效地进行追偿,首先须落实严格的追责。按照司法责任的构成要件,依照司法责任追究程序,对责任人作出适当的处理决定。对于法官在审判案件中存在贪污受贿、徇私舞弊、枉法裁判的行为,应严格追责和追偿,切实发挥追偿的制度功能。

二、纪律责任

纪律责任是行政责任和党纪责任的统称,包括组织处理和纪律处分,是实践中最为普遍适用的一种司法责任。组织处理方式包括给予停职、延期晋升、退出法官员额或免职、责任辞职或辞退等,由组织部门根据管理权限和程序依法办理。我国《公职人员政务处分法》《公务员法》《法官法》等规定了政务处分的种类和形式。[2] 如果责任人是党员,还应承担相应的党纪责任。[3] 纪律责任的种类较为多元,既包括轻处分的警告、记过等,也包括重处分的撤职、开除等,还包括资格限制(延期晋升、退出法官员额)和职业褫夺(免职、责令辞职、辞退)。一般而言,追责主体在权限范围内根据法官违法违纪或失职行为的情节轻重、危害后果和主观过错大小等,给予相应的处分,以做到“行为—责任—处分”相适应。其中退出法官员额意味着法官身份的变化,对法官影响较大,员额退出有申请退出、自然退出和应当退出三种方式。申请退出系法官本人的意愿,具有正当理由(如身体健康等),经批准后可退出;自然退出系基于法官身份的变化(如岗位交流、

---

[1] 顾永忠:《国家追偿制度的理性思考》,载《当代法学》2015 年第 5 期。

[2] 包括警告、记过、记大过、降级、撤职和开除,还包括对应当承担司法责任的人给予停职、延期晋升、退出法官员额、调离工作岗位或者免职、责令辞职、辞退等纪律处分形式。

[3] 党纪处分的形式包括警告、严重警告、撤销党内职务、留党察看、开除党籍。

退休、辞职等)而自然退出员额。应当退出的情况较为复杂,[1]其中涉及审判责任应当退额的情形主要有两种:"因违纪违法不宜担任法官职务的""根据法官惩戒委员会意见应当退额的"。

三、刑事责任

刑事责任涉及公民自由乃至生命的限制或剥夺,系最为严苛的一种司法责任。如果司法者的违法行为构成犯罪,则依法应追究刑事责任。根据我国《刑法》规定,与刑事审判活动相关的职务犯罪主要包括刑讯逼供、暴力取证、徇私枉法、私放在押人员、失职致在押人员脱逃、徇私舞弊减刑、假释、暂予监外执行,法官在行使职权过程中还可能构成受贿、滥用职权、玩忽职守等犯罪。[2] 根据罪责刑相适应原则,对违法审判人员追究刑事责任,可以彰显刑罚的威慑力,抑制可能产生的司法不公或司法腐败现象。

从刑事责任涉及的罪名来看,有的是故意犯罪(如徇私枉法、徇私舞弊),有的是过失犯罪(如玩忽职守)。因职务类故意犯罪通常是积极作为、主动实施的行为,特别是在行为人收受贿赂后所做裁判的行为较为容易识别,认定犯罪障碍不大;但过失犯罪则涉及行为人法定义务或职责的范围,通常是以消极的、不作为的方式完成,而审判过程又是融合法官主客观要素,存在自由裁判空间,达至内心确信的一种状态,往往容易成为实践难点和争议焦点,认定时须尤为谨慎。作为司法责任最严苛的负担形式,刑事责任只适用于极少数客观上实施了不当行为,主观上具有重大过错的行

---

[1] 根据《人民法院法官员额退出办法(试行)》第6条规定,法官具有下列情形之一的,应当退出员额:(1)符合任职回避情形的;(2)因健康或个人其他原因超过一年不能正常履行法官职务的;(3)办案业绩考核不达标,不能胜任法官职务的;(4)因违纪违法不宜继续担任法官职务的;(5)根据法官惩戒委员会意见应当退出员额的;(6)入额后拒不服从组织安排到员额法官岗位工作的;(7)配偶已移居国(境)外,或者没有配偶但子女均已移居国(境)外的;(8)其他不宜担任法官职务的情形。

[2] 参见2018年最高人民检察院《关于印发〈人民检察院立案侦查司法工作人员相关职务犯罪案件若干问题的规定〉的通知》。

为。考虑到刑事处罚后果的严厉性，为准确认定审判责任、避免伤及无辜，对法官因重大过失行为可能承担刑事责任的，应严格控制刑事追诉程序的启动。具体设计为：将惩戒程序作为刑事追诉的前置程序，法官涉嫌过失刑事犯罪的，应提请法官惩戒委员会审议，法官惩戒委员会提出存在重大过失的审查意见，需要追究法官刑事责任的，则由有关单位启动刑事追诉程序；如果法官惩戒委员会提出存在一般过失、未违反职责的审查意见，则有关单位不得启动刑事追诉程序，以保障法官的合法权益，为其依法独立行使审判权创造良好的司法环境。

四、错判与错放的审判责任

根据裁判结果是否实质不利于被告人，可将错误判决分为有利于被告人的错放和不利于被告人的错判。前者如有罪判无罪、重罪判轻罪，后者如无罪判有罪、轻罪判重罪等。对于错判案件，因严重侵害被告人的合法权益（包括物质损失、人格权、自由权、健康权乃至生命权），涉及法官对当事人的责任问题，故对外首先产生国家（替代性）赔偿责任（还包括公开赔礼道歉等民事责任的形式）〔1〕，随后涉及法官违法审判责任的甄别和认定，包括适用相应的纪律责任或刑事责任。对于错放案件，因没有权利遭受侵害的具体受害者，故民事责任无从谈起；此时，法官承担的是对国家、对社会的责任，根据是否具有违法审判责任更多承担纪律责任，除非有证据证明法官存在受贿、徇私枉法等情形，启动刑事责任须严格审慎。

第六节　审判责任追究与时效制度

本轮司法改革提出“办案质量终身负责制”，是否意味着司法人员对其

〔1〕 从公开报道的重大冤错案件的纠正来看，国家除了向受害者（或近亲属）履行刑事赔偿的义务外，相关法院的负责人还会公开向受害者及其家属道歉。

履职行为终身承担责任呢？这就涉及司法责任不同负担形式的时效问题。所谓时效，是指一定的事实状态持续经过一定的期间即产生一定的法律效果的法律事实。[1] 时效有取得时效与消灭时效之分，追诉时效属于消灭时效，即在超过追诉时效之后会产生法律关系的消灭后果。在不同的司法或部门法领域，时效制度产生分野：刑事司法称其为追诉时效，民事司法领域称其为诉讼时效，行政处罚亦有时效，但在党纪政务领域时效制度尚属空白。

一、何为办案质量终身负责制

"质量终身负责"通常适用于工程领域。[2] 司法领域首先提出"终身追责""终身负责"的概念是在省级高院层面，[3]但彼时并未得到最高司法机关的响应和支持。直至党的十八大以来，随着一系列重大冤假错案相继披露并得以纠正，为切实防止冤假错案的发生，中央政法委于 2013 年 8 月专门出台防止冤假错案的规定，首次提出司法人员"对办案质量要终身负责"。[4] 《中共中央关于全面推进依法治国若干重大问题的决定》提出"实行办案质量终身负责制和错案责任倒查问责制"，随后最高人民法院、最高人民检察院在司法责任制规范性文件中再次予以确认，该制度在国家政策和司法层面得以正式确立。从该制度提出的背景看，其发轫并主要适用于

---

[1] 参见柳经纬：《关于时效制度的若干理论问题》，载《比较法研究》2004 年第 5 期。

[2] 如 2014 年 8 月 25 日，住房城乡建设部印发《建筑工程五方责任主体项目负责人质量终身责任追究暂行办法》，以部门规章的形式确立工程质量终身负责制。

[3] 2008 年，云南省高级人民法院出台的《关于审判人员违法审判责任追究办法（试行）实施细则》规定："违法审判情节恶劣、后果严重的，对有关责任人实行终身责任追究。" 2012 年，河南省高级人民法院出台的《错案责任终身追究办法（试行）》规定："人民法院工作人员在审判、执行工作中，应严格公正司法，不得违反法律规定、法定程序办理案件，对所办案件质量终身负责。"

[4] 中央政法委于 2013 年 8 月出台的《关于切实防止冤假错案的规定》第 12 条提出："建立健全合议庭、独任法官、检察官、人民警察权责一致的办案责任制，法官、检察官、人民警察在职责范围内对办案质量要终身负责。对法官、检察官、人民警察的违法办案行为，依照有关法律和规定追究责任。"

刑事司法领域，这是因为刑事司法（案件）兹事体大，关乎公民财产、人身、自由安全，乃至生命的褫夺，一旦发生错判，后果往往无法逆转，故须以“如履薄冰、如临深渊”的姿态审慎处之。当然，在民事审判等领域亦会涉及司法责任的问题，但民事案件执行尚可回转、当事人可进行和解，其影响远没有刑事司法重大。在为期三年（2018～2020年）的扫黑除恶专项斗争中，有关部门又提出涉黑涉恶线索核查“终身负责”，以此督促司法者审慎行使权力，切实压实核查责任，确保线索核查质量。刑事冤假错案危害巨大，时刻警示司法者需以审慎的姿态妥善处理每一起刑事案件。司法不公导致的冤错案件对于社会公平正义的破坏具有致命性。实行办案质量终身负责制旨在督促司法者增强责任意识，规范司法行为，恪守法定程序，有效保障当事人的合法权益。

从语义上看，“质量”是指产品或工作的优劣程度；“终身”即一生、一辈子。[1] 办案质量终身负责是指办案人员在职责范围内对案件质量一生负责任。[2] 办案质量终身负责强调责任的必定性和不可避免性，通过对司法人员产生劝诫意义和震慑效应，督促司法者恪尽职守、审慎行权。据笔者观察并与一线刑事法官交流座谈，普遍反映实行司法责任制特别是办案质量终身负责制以来，越发感到刑事审判责任重、压力大、风险高，在涉及被告人罪与非罪、罪重罪轻等重大问题上更为稳妥谨慎，避免将来被追责；但同时认为当前的办案激励机制、内生动力尚有待进一步增强。

二、审判责任追究应遵守时效制度

根据司法责任体系，终身负责是否意味着刑事责任、纪律责任和民事责任都适用呢？对此，学界有不同的观点。有观点认为，错案责任所应承担的

---

〔1〕 参见中国社会科学院语言研究所词典编辑室编：《现代汉语词典》（修订版），商务印书馆1996年版，第1623、1631页。

〔2〕 参见彭玉伟：《办案质量终身负责制的功能反思与发展路径》，载《中国刑事法杂志》2017年第2期。

纪律、法律责任受时效约束，但在良知、道义、声誉等方面则终身负责。[1] 也有观点认为，终身负责是指法律责任，而非伦理、道德或党纪责任。[2] 笔者认为，刑事责任、纪律责任和民事责任属于三种性质不同的责任，目前追究纪律责任无时效规定，[3] 追究刑事、民事责任均涉及时效问题。

我国《刑法》规定的追诉时效，是对犯罪人进行刑事追诉的有效期限。从司法责任可能涉及的常见罪名看，除了因故意违反法律法规引发的故意犯罪外，实践中更多是因重大过失引发的过失犯罪，集中体现在《刑法》第九章规定的"渎职罪"，而该章所规定罪名，法定最高刑一般为三年有期徒刑，情节特别严重或造成严重后果的为七年或十年有期徒刑，个别罪名为十五年有期徒刑。故此，司法责任的追诉时效最高一般为十五年，这似乎与"终身负责"不一致。办案质量终身负责旨在压实办案责任，提高办案质量，防范冤假错案，其价值取向应予肯定，但同时面临着与刑事追诉制度、其他渎职行为责任追究的协调以及现实可行性和有效性等问题。为破解这一实践困境，有学者提出"可依据问责事由的隐蔽性和严重性，明确法官问责的时效期限从发现问责事由之日起计算，而不是从司法人员违法违纪行为终了之日起计算"。[4] 还有学者提出在保持追诉时效立法体例相对稳定的同时，修改《刑法》关于追诉时效的规定，在《刑法》第 88 条不受追诉期限限制的基础上增加一款作为第 3 款，即"司法工作人员因故意或重大

---

〔1〕 参见朱孝清：《错案责任追究与豁免》，载《中国法学》2016 年第 2 期。

〔2〕 参见李佑标：《办案质量终身负责制论纲——以办理刑事案件质量终身负责制为视角》，载《上海政法学院学报（法治论丛）》2016 年第 2 期。

〔3〕 有学者从党纪追责的现实需要出发，论证建立党纪追责时效制度的必要性与可行性，借鉴刑事追诉时效制度，提出建立党纪追责时效制度。参见范一锴：《中共党员纪律处分追责时效制度建立的可行性》，载《河北学刊》2015 年第 4 期。

〔4〕 "如果按照发现错案的时间计算追究违法违纪犯罪法律责任的期限，这既能督促有关部门及时查处追究办案人员的司法责任，又不违背法律、法理和情理，更能得到社会各界的支持和认同，同时也可以化解是否要终身追究司法人员责任的各种争议，终身追究自然也在其中了。"胡云腾：《错案防范与司法问责刍议》，载《人民司法·应用》2014 年第 13 期。

过失导致重大错案,应当追究刑事责任的,不受追诉期限的限制”。[1]

如何协调二者之间的冲突呢?这需要从法律效力位阶来解释。《刑法》由全国人民代表大会制定,属于基本法,地位仅次于《宪法》。在实践层面,最高人民法院有权制定司法解释,但须遵循法治原则,不得与法律相冲突。最高人民法院还会制定规范性文件(以“意见”或“规定”等形式出现),其效力低于司法解释。[2]《完善司法责任制意见》属于司法机关制定的规范性文件,其法律效力显然不能与作为基本法的《刑法》相提并论。在二者发生冲突或矛盾时,参照“上位法优于下位法”的原则,理应优先适用《刑法》中关于追诉时效的规定。对于司法人员因承担司法责任构成犯罪但已超过追诉期限的,应恪守罪刑法定、刑法谦抑原则,不应追究司法人员刑事责任,绝不能为了实现“终身追责”而罔顾法治精神。就实施违法行为而言,不能因为司法人员身份特殊而与其他公职人员区别对待,应当遵循法律适用的公平性原则。[3]

同理,根据法律效力位阶原理,追究民事责任亦应遵守适用民事诉讼时效的规定,[4]因民事责任发生于国家刑事赔偿案件中,《国家赔偿法》规定了赔偿义务机关向责任人追偿的情形,但未规定追偿诉讼的时效。在责任人主动、自愿并实际交纳赔偿费用的情况下,自然不成问题;但在责任人对赔偿责任的认定、比例有异议或没有能力交纳赔偿费用的情况下,则可能涉及追偿诉讼。因国家赔偿本质上仍然是国家对受害者承担的侵权赔

〔1〕彭玉伟:《办案质量终身负责制的功能反思与发展路径》,载《中国刑事法杂志》2017年第2期。

〔2〕之所以下此结论是因为:与法律一样,司法解释可以作为裁判文书援引的依据;而司法解释性质文件或规范性文件则不能直接援引,但可以作为裁判文书说理的有力根据。

〔3〕参见陈光中、王迎龙:《司法责任制若干问题之探讨》,载《中国政法大学学报》2016年第2期。

〔4〕《民法典》第188条规定了民事诉讼时效制度:向人民法院请求保护民事权利的诉讼时效期间为三年。法律另有规定的,依照其规定。诉讼时效期间自权利人知道或应当知道权利受到侵害以及义务人之日起计算。法律另有规定的,依照其规定。但是,自权利受到损害之日起超过二十年的,人民法院不予保护,有特殊情况的,人民法院可以根据权利的申请决定延长。

偿责任，而追偿主要是解决公职人员与所在的国家机关之间民事赔偿责任的分配问题，不涉及对外的第三人。根据法律适用的原理和规则，追偿时效应适用《民法典》第188条的规定，即普通诉讼时效三年，从国家机关向受害者履行完赔偿义务之日起计算。

三、办案质量终身负责适用于纪律责任

既然刑事责任和民事责任都受时效规定的约束，那是否意味着办案质量"终身负责"落空了呢？这就涉及纪律责任的时效问题。我国法律未规定违纪行为的追究时效，虽然理论界有学者主张"为监察追诉设置时效制度"，[1]但从实然层面追究司法人员的纪律责任不受时效约束，可以终身追责。但在最为严厉且对办案人员威慑最大的刑事责任尚无法追究的情况下，追究办案人员的纪律责任是否合理，能够发挥这一制度的预设功能吗？有人担心，纪律责任往往存在适用对象范围上的局限性，其实效性会随着办案人员的调离、退休等而大打折扣。[2] 本书认为，终身负责和刑事追诉时效并行不悖，[3]办案质量终身负责制的"终身"须受法律关于时效规定的约束，在现行法律制度下，终身负责主要体现在纪律责任的承担上，即从办案责任产生之日起延续终身，不论办案人员是否转岗、调离、退休、离职等，均应承担纪律责任。

---

〔1〕 刘练军认为，追诉有时效乃法治的应然内涵，监察追诉应像刑事追诉一样受时效之限制。设置监察追诉时效的期限分为监察立案的期限和监察移送的期限。参见刘练军：《监察追诉的时效问题》，载《法学论坛》2019年第1期。钱小平认为，监察委员会通过统一的调查程序对职务违法和职务犯罪进行处置，产生"移送检察院起诉"和"政务处分"两种法律后果："移送检察院起诉"属于职务犯罪层面的程序性法律后果，直接适用刑法的追诉时效；"政务处分"属于职务违法层面的实体性法律后果，应当设置时效制度，对监察权予以必要限制，以体现法治反腐之实质价值。参见钱小平：《监察追诉时效问题的再思考——兼与刘练军教授商榷》，载《法学论坛》2019年第5期。

〔2〕 参见彭玉伟：《办案质量终身负责制的功能反思与发展路径》，载《中国刑事法杂志》2017年第2期。

〔3〕 参见朱孝清：《错案责任追究与豁免》，载《中国法学》2016年第2期。

第七节　法官责任的豁免

豁免是与责任相对的概念，法治社会虽以责任原则为主导，但豁免制度同样不可或缺。[1] 法官责任追究与法官责任豁免是司法责任的一体两面，二者相辅相成、相互补充，共同保障审判权依法独立行使。如果说是惩戒事由从正向确立了审判责任的范围，那么法官责任豁免则从反向排除了对法官追责的可能，确保法官依法履职不受追究。

一、法官责任豁免的概念及意义

法官责任豁免，是指法官在审理案件过程中，对其依法履行职责的行为、发表的言论以及“无过错审判”所导致的错误判决，享有不受法律追诉的制度。法官豁免制度旨在保障法官独立，实现司法公正，减少法官善意行使职权的心理障碍，保障法官不因客观原因所致的错误裁判而受到法律追究。[2] 法官责任豁免具有程序法和实体法双重含义：程序上，法官不得被提起民事诉讼或刑事追诉；实体上，法官不承担民事责任或刑事责任。

二、法官的免责事由

（一）法官免责事由的演变

我国传统上缺乏法官责任豁免的思想意识和制度实践，法官作为公务员并无特别的权利优待或责任豁免。《法官法》从法官依法履职受保护的

---

〔1〕 参见陈雅丽：《豁免权研究——基于宪法的视域》，中国法制出版社2011年版，“导言”部分。

〔2〕 参见陈雅丽：《豁免权研究——基于宪法的视域》，中国法制出版社2011年版，第119页。

角度作了原则规定,[1]但未明确责任豁免制度。根据最高人民法院相关规范性文件的规定,法官免责事由经历了不同的演变过程。如《人民法院审判人员违法审判责任追究办法》第22条规定了五种不承担责任的情形:(1)因对法律、法规理解和认识上的偏差而导致裁判错误的;(2)因对案件事实和证据认识上的偏差而导致裁判错误的;(3)因出现新的证据而改变裁判的;(4)因国家法律的修订或者政策调整而改变裁判的;(5)其他不应当承担责任的情形。其中第一、二种情形系主观上对法律、案件事实和证据在认识上存在偏差,这里的偏差可理解为一般过失,尚属于法官自由裁量权的范畴,并非故意或重大过失,尽管客观上导致裁判错误的结果,根据主客观相一致原则,不可归责于法官。第三、四种情形系裁判作出后出现新证据、法律修订或政策调整等客观情况(类似于民事诉讼中的情势变更),法官在裁判时无法预见,而仅能根据当时的证据、法律和政策依法作出裁判,否则即违法,这种情况下显然不可归责于法官。

《最高人民法院关于进一步加强合议庭职责的若干规定》第10条对上述豁免事由作了修改,将“裁判错误”“改变裁判”改为“案件被改判或者发回重审”。二者的区别在于前者强调的是实体错误,没有涉及程序问题;后者未再提及“裁判错误”,而是强调“发回重审”,突出程序的规制功能,意味着不能仅因案件被发回重审而追究合议庭的审判责任,这有利于纠正法院对发回重审的案件,不论裁判实体结果是否错误,均对法官追究责任的错误倾向。在上述五种事由的基础上,还增加了第六种情形,即“因裁判所依据的其他法律文书被撤销或变更”,这实际上属于出现了新的(证据)情况,原裁判的依据发生了重大变化,此时不能归咎于法官,从而使得合议庭依法履职不应承担责任的情形更为周延。

《完善司法责任制意见》在上述基础上进一步完善细化免责事由和程序要件,该意见第28条规定了八种法官免责的情形:(1)对法律、法规、规

---

[1] 《法官法》第7条规定:“法官依法履行职责,受法律保护,不受行政机关、社会团体和个人的干涉。”第11条第2项规定:“非因法定事由、非经法定程序,不被调离、免职、降职、辞退或者处分。”

章、司法解释具体条文的理解和认识不一致,在专业认知范围能够予以合理说明的;(2)对案件基本事实的判断存在争议或者疑问,根据证据规则能够予以合理说明的;(3)当事人放弃或部分放弃权利主张的;(4)因当事人过错或客观原因致使案件事实认定发生变化的;(5)因出现新证据而改变裁判的;(6)法律修订或者政策调整的;(7)裁判所依据的其他法律文书被撤销或者变更的;(8)其他依法履行审判职责不应当承担责任的情形。具体而言:一是赋予法官合理说明的空间和机会,对于理解、认识和判断存在争议或疑问,在专业认知范围内或根据证据规则能够合理说明的免责。二是增加了当事人自主意识和主观因素的考量,即因当事人自身的原因或过错造成的错案可以免责。如因公民自己故意作虚伪供述,或者伪造其他有罪证据被羁押或者被判处刑罚的。[1] 三是增加了程序要件,即原判按照审判监督程序提起再审后被改判,不能因二审改判或发回重审即以错案追究法官的责任。尽管如此,《完善司法责任制意见》适用的范围仍显偏窄,特别是在结果责任模式下,实践中倾向于"客观归责",如因当事人长期上访,实施极端行为(如自伤、自残、自杀)、引发群体性事件等严重后果,产生恶劣影响,引发重大舆情,即易启动对法官的调查、问责程序。

(二)法官免责事由的解读

根据是否可归咎于法官,免责事由分为源于法官的免责事由和与法官无关的免责事由。具体而言:

1.对法律条文的理解和认识不一致,在专业认知范围内能够予以合理说明的

法律条文是由一个个语词组成的规范,虽说语词的核心含义相对明确、稳定,但其亦存在模糊边缘地带,特别是在刑事司法领域,同一词汇在不同语境、不同条文中所指涉内容是否相同,仍有认识和理解有待统一的问题。如"暴力"一词,在抢劫、强奸、强制猥亵、强迫交易罪中均表述为犯罪行为的罪状,其手段、程度是否相同,不同法官会有不同的认识和理解,

---

〔1〕 根据《国家赔偿法》第19条规定,此种情形国家不承担赔偿责任。

这些大体属于法官自由裁量、内心确信的事项，通过追究责任无法解决法官的认识问题。当然，这并不意味着法律适用难以统一，裁判尺度毫无标准，合理说明须在专业认知的范围内，满足一般专业水准来衡量。对于认知偏离度较大，明显不符合常理，专业性、合理性显然不足的，则不能以此来规避司法责任。

2. 对案件基本事实判断存在争议或者疑问，根据证据规则能够予以合理说明的

这就涉及证据规则问题。我国尚没有统一的证据法典，相关证据规则散见于三大诉讼法及相关司法解释中。最高人民法院在21世纪初出台了民事诉讼证据规定和行政诉讼证据规定，[1]初步构建了民事诉讼证据和行政诉讼证据规则体系。相较而言，刑事诉讼证据立法和司法显得更为谨慎。1996年《刑事诉讼法》及司法解释有关证据规定的条款较少、内容粗疏，可操作性不强，2010年7月1日起实施的“两高三部”《关于办理死刑案件审查判断证据若干问题的规定》《关于办理刑事案件排除非法证据若干问题的规定》，在刑事诉讼领域特别是死刑案件中初步构建了刑事诉讼证据规则体系，包括确立隐蔽性证据规则、意见证据规则、依靠间接证据定案的规则等。[2] 被告人口供包括供述和辩解，实践中完全“零口供”的案件是不存在的，无论是嫌疑人保持沉默还是百般辩解、拒绝供述，实际上系“零供述”。如在故意杀人案中犯罪嫌疑人作案时处于醉酒状态，无法回忆其作案过程，属于“零口供”，但现场目击证人或监控录像能够直接证明其作案全过程，此时供述的证明力或价值相对较小，恐怕不能仅以缺少供述为由而不判处死刑，除非供述的缺失导致全案证据达不到判处死刑的标准。法官审查判断证据的过程，不仅要审查单个证据的证明作用，更要注

---

〔1〕 就民事诉讼证据，最高人民法院于2001年12月21日出台了《关于民事诉讼证据的若干规定》，后于2019年12月25日作了大幅修正；就行政诉讼证据，最高人民法院于2002年7月24日出台了《关于行政诉讼证据若干问题的规定》。

〔2〕 参见最高人民法院刑事审判第三庭编著：《刑事证据规则理解与适用》，法律出版社2010年版，第26～27页。

重审查证据与证据之间、全案证据的证明效力，进而形成法官对案件事实的内心确信。

当然，在重视供述重要价值的同时，仍须警惕“过于倚重供述，为获取供述而不择手段”的错误倾向。随着科学技术的日新月异，DNA 证据作为客观性证据在死刑案件特别是命案中备受青睐，从注重主观证据转向强调客观证据的认知模式亦颇受学界推崇。作为“硬邦邦”的证据，DNA 鉴定在保障司法证明的准确性，防范冤错案件方面发挥着重要作用。对于死刑命案而言，如何确立犯罪嫌疑人与案件的客观联系是司法者审查的重点内容，如现场遗留嫌疑人的物证痕迹（包括指纹、足迹、血迹、精斑、毛发、脱落细胞等客观证据）通常被视为存在客观联系的重要根据。但从证据内容来看，DNA 证据属于间接证据，其欲转化为“会说话的活证据”依然离不开被告人供述、证人证言、监控录像等直接证据的辅助证明。所以，死刑案件确立 DNA 证据强制鉴定规则，有助于督促侦查机关最大限度地收集物证痕迹等客观性证据，特别是在确定嫌疑对象与案件的客观联系方面，避免唯主观证据论。当然，犯罪现场（不论是否开放）充满了各种繁杂的信息，侦查人员在取证时亦会进行主观剪裁或信息筛选，不可避免嵌入了对案件的主观认知。案件一旦发生，其遗留或展现的证据情况即客观存在，办案人员无法创设证据，只能去发现、收集、固定证据。每个案件的证据情况千差万别，证据种类亦无法预设，但作为类型化的死刑案件，其证据规格（证据的种类、数量和取证要求等）大体是确定的。口供必要性规则和 DNA 证据强制鉴定规则，均关系死刑案件的证据种类，直指死刑案件的证据规格，甚至直接影响死刑的适用。就引导侦查取证，完善证据规格，严密死刑案件证据体系的角度而言，上述两个证据规则作为指导性规则更为适宜，以防因强制性规则落入“法定证据”的窠臼，违背诉讼认识的一般规律。

2012 年、2018 年修正的《刑事诉讼法》及配套的司法解释吸收了上述两个文件的部分规定，极大丰富了证据内容，扩展了证据规则的适用范围，完善了证据法律体系，这为司法者科学审查判断证据提供了指引和依据。王某某案所反映的问题是：如何确定法官审查判断证据的职责？对于因能力不足未能辨识出虚假证据或证据之间存在的矛盾而导致案件实体处理有误，承担什么责任，如何承担责任，是否启动责任追究程序？实际上，随着2012年《刑事诉讼法》的第二次修正，刑事诉讼更为民主科学，诉审分离、居中裁判等原则已深入人心。法官在审判中居于客观中立地位，通常较少依职权主动直接调取证据，但为探究实体真实，惩罚犯罪、保障人权，对于案件中存在的证据疑问、程序瑕疵等，法院通常会督促控辩双方补充完善或解释说明。[1]《刑事诉讼法》规定的调查核实证据的方式，主要针对实物证据，而不包括言词证据。对于后者，立法鼓励其出庭作证，通过法庭调查，接受控辩双方质证，以审查判断言词证据的真实性。但在司法实践中，因证人出庭积极性不高，司法机关仍习惯于采用庭下询问的方式，通过制作询问笔录固定证据效力后再提交法庭，而不适应通过当庭质证的方式审查判断证据效力。一方面，立法旨在发挥庭审主力军——控辩双方的职能作用，公诉机关承担证明被告人有罪以及证据合法性的责任，辩方须承担相应的义务，包括对无罪、轻罪证据的庭前开示义务，协助法庭通知证人等相关人员出庭作证的义务等；另一方面，立法赋予法庭必要的庭外调查核实证据的权力，作为当庭调查的补充，以期全面查明案件事实。但法院毕竟不是侦查机关，无法行使侦查权，其自身调查核实的手段亦有限，在很大程度上仍需依赖侦查机关的强制侦查权，由侦查机关补充侦查，完善补强证据。就这个意义而言，不宜课以法官过重的审判责任，否则难以承受之重。

3. 当事人（部分）放弃权利主张的

当事人放弃权利主张在刑事诉讼中主要表现为被告人放弃无罪辩护的权利（还包括一系列申请权、向法庭提交证据等诉讼权利），向法庭作有罪供述。尽管刑事诉讼法中不认可被告人自认制度，在获得被告人有罪供述的情况下，仍应审查判断有无其他证据相互印证。在排除诱供、逼供和串供的情况下，被告人自认的口供价值还是比较高的。认罪认罚从宽制度

---

〔1〕 根据《刑事诉讼法》第196条的规定，法庭在审理过程中，合议庭对证据有疑问的，可以宣布休庭对证据调查核实。人民法院调查核实证据，可以进行勘验、检查、查封、扣押、鉴定和查询、冻结。

之设计,即通过被告人认罪认罚,放弃无罪辩护和标准审判的权利,而获取程序从简、实体从宽之优待。但正如上文所述,认罪认罚案件中潜藏着审判暗礁。因被告人放弃权利主张的原因复杂多样,既有早日获释之念想(如已关押数月,选择认罪可快速判罚,早日释放;如选择无罪辩护,程序正规,即便最终判决无罪,羁押时间也可能很长),也有独揽刑事责任之可能(如在共同犯罪中替同案犯减轻罪责),还有替他人“顶包”(非作案人谎称自己系作案人)或“扛包”(意欲保护同案,将其他同案的罪责揽在自己身上)之虞,这就涉及当事人存在过错的问题。然而法官没有在指控范围之外另行发现犯罪人或事的职责,而只能根据在案证据尽可能还原犯罪事实,按照证明责任分配规则依法作出裁决。如果因当事人自身的原因而导致裁判错误,追究法官责任显然有违公平。

4. 因当事人过错或者客观原因致使案件事实认定发生变化的

与第三项紧密相关,当事人过错包括故意或过失,故意包括故意作虚假供述或者伪造其他证据使自己处于不利的境地,典型的如顶包。根据普通侵权法上“过失相抵”的原则,行为人自己在被错判的过程中有过错的,须自我承受损害;如若追究法官责任,则有纵容甚至鼓励行为人作伪证干扰司法的嫌疑。[1] 因客观原因致使案件事实认定发生变化,显然已超出法官的主观认知和能力所及,犹如情势变更不可归咎于当事人一样,无行为则无责任,显然无法追究法官责任。

5. 因出现新证据而改变裁判的

现代审判秉持证据裁判原则,有一分证据说一分话。审判活动是在规定的时空条件下开展的,不能无故拖延裁判,亦不能拒绝裁判,而只能根据现有在案证据认定案件事实,依法作出裁判。证据收集和提交有时间要求,因客观事实稍纵即逝,一旦发生即成过往,法官认定的案件事实系证据建构的事实,只能无限接近客观事实,而无法完全还原事实原貌。我国司

---

〔1〕 根据《国家赔偿法》第19条第1项的规定,因公民自己故意作虚伪供述,或者伪造其他有罪证据被羁押或者被判处刑罚的,国家不承担赔偿责任。

法秉持客观真实理念，坚持实事求是原则，当出现的新证据对案件事实认定和裁判结果产生重大影响时，改变原判当属情理之中。而关于“新证据”的范围，《刑事诉讼法解释》第458条从证据发现时间、是否已收集、是否经质证、原判所依据的证据是否发生变化等多个维度作了规定，[1]已经非常完备。

6. 裁判所依据的其他法律文书被撤销或者变更的

此种情况实际上亦属于《刑事诉讼法解释》第458条第5项的“新证据”。其他法律文书包括裁判文书、仲裁文书、公证书等具有法律效力的文书，系重要的书证。法律文书被撤销或变更属于新情况，可能直接影响原判的认定和处理结果。根据原判与其他法律文书的关系或依存度，原判或撤销，或变更，当然这也非法官所能预知，自然就不在担责范围之内。

7. 法律修订或者政策调整的

现代社会发展日新月异，法律政策须与时俱进，因势而变。《刑法》修正案自1997年以来已修正十二次，平均两年有余即修正一次，可谓紧跟时代发展脉搏，积极回应实践需求；《刑事诉讼法》近十年来亦进行两次幅度较大的修正。除了刑事立法，刑事司法解释修订亦是应接不暇，遑论政策的调整更为灵活便捷。

8. 其他依法履行审判职责不应当承担责任的情形

成文法立法技术列举免责情形，无法完全穷尽，难免挂一漏万，设置兜底条款，保持开放姿态，以适应复杂多变的现实生活，既有必要亦属刚需。

《完善司法责任制意见》第28条所列8项，除了第1项、第2项与法官的主观认知和理解判断有关，尚有归责于法官的可能，第3～8项，均系不可归责于法官主观因素的客观事实，即与法官无关，更多的是注意条款，强调注意义务，自然不可能据此对法官追究责任。

---

[1] 《刑事诉讼法解释》第458条规定，具有下列情形之一，可能改变原判决、裁定据以定罪量刑的事实的证据，应当认定为刑事诉讼法第二百五十三条第一项规定的“新的证据”：（一）原判决、裁定生效后新发现的证据；（二）原判决、裁定生效前已经发现，但未予收集的证据；（三）原判决、裁定生效前已经收集，但未经质证的证据；（四）原判决、裁定所依据的鉴定意见，勘验、检查等笔录被改变或者否定的；（五）原判决、裁定所依据的被告人供述、证人证言等证据发生变化，影响定罪量刑，且有合理理由的。

第五章

程序维度：构建司法化的法官惩戒程序

从规范层面看，《法官法》对法官依法履职作了原则规定，《完善司法责任制意见》以规范性文件的形式规定了法官责任豁免的范围，但其毕竟是法院系统内部的文件，适用对象有限，法律效力位阶低，在规范层面无法约束公安机关、检察机关或纪检监察机关，法官豁免权无法得到充分保障，法官的人身权利保护亦较为薄弱。如果说司法责任的基本要素属于实体性规范，那么司法惩戒则是责任追究的程序性规范，二者相辅相成，紧密结合，共同构成司法责任制度规范体系。与既往审判责任追究呈现出高度的内部化、行政化特点不同，本轮司法改革出台了一系列司法责任追究的规范性文件，[1]并在司法机关之外引入第三方力量，初步构建了“法院调查核实—法官惩戒委员会审议提出建议—法院作出处理决定”的准司法化惩戒程序，呈现出一定的公开性、诉讼化特征。但随着国家监察体制改革，特别是2018年3月颁布《监察法》，设立国家监察机构，实现监察全覆盖，法官亦成为日常的监察对象。在司法体制改革和监察体制改革的双重叠加

---

〔1〕《完善司法责任制意见》规定了违法审判责任追究程序，提出在司法机关之外设立省级法官、检察官惩戒委员会的框架。2016年最高人民法院、最高人民检察院联合出台《关于建立法官、检察官惩戒制度的意见（试行）》（以下简称《惩戒意见》）。

影响下，一方面，法院纪检监察部门及其职权面临重大调整，内设机构监察部门（室）与外派驻纪检监察组由以往的“两块牌子，一套人马”（“二合一”）转变为内外有别的两个不同机构，二者之间的关系和职权定位亟须重新厘定；另一方面，国家监察体制改革对现有法官惩戒制度冲击较大，原有的法官惩戒制度是在“二合一”的基础上进行设计的，因应国家监察体制改革，有必要进行适度调整，以防法官惩戒制度被弱化甚至虚化。通过优化法官惩戒委员会的结构，激活其功能，构建司法化的法官惩戒程序，实现法官惩戒与国家监察的衔接和协同。

第一节　法官惩戒的功能定位和基本原则

我国《法官法》规定了法官惩戒的相关内容，特别是引入法官惩戒委员会，参与对法官违法审判责任的追究，使得法官惩戒制度更为科学合理。法官惩戒与法官责任追究的概念同义，[1]惩戒本身不是目的，而是通过惩罚、警戒督促法官恪尽职守，审慎行使审判权。法官惩戒须遵循司法规律，坚持主客观相统一，坚持过错与惩罚相当，恪守正当程序原则。

一、法官惩戒的功能定位

“惩戒”即惩罚、警戒之意，侧重于“警戒”和“监督”。有学者认为，法官惩戒，一般意义上是指法定机构，根据法定事由，依照法定程序，对法官违反法律或纪律的行为进行惩处和警戒。[2] 根据《法官法》《法官行为规范》《法官职业道德基本准则》等法律和规范性文件的规定，我国法官惩戒

---

〔1〕 参见全亮：《法官惩戒制度比较研究》，法律出版社2011年版，第11页。

〔2〕 有学者从法官的权利保护、审判独立以及司法廉洁等不同角度，对惩戒作出不同的理解。参见杜磊：《司法改革视角下的法官惩戒制度研究》，群众出版社2016年版，第2页。

的范围较为宽泛,惩戒事由具有广泛性和多样性。本书认为,在司法责任制语境下,法官惩戒是法定机构通过法定程序对法官行使职权过程中的不当行为进行责任追究的活动,其是专门针对法官职业(有别于其他公务员)而设立的违纪违法(非普通刑事程序)制裁方式。

责任与权力总是相对应的,实施惩戒旨在约束审判权,督促法官恪尽职守,审慎行权,防止法官职务腐败,同时有助于增强法官的责任意识,压实审判责任,防范冤假错案,实现司法公正。

二、法官惩戒的基本原则

法官惩戒的基本原则是司法责任追究制度设计和实践操作应遵循的基本准则,其关系到法官责任追究的合法性、合理性和实效性问题。在构建法官惩戒制度和追究法官责任过程中,应遵循以下基本原则:

(一)遵循司法规律

与行政权上令下从的科层式运行不同,司法权运行具有平权性。无论是合议庭成员还是审判委员会委员之间,也无论是行政职务还是法官等级的高低,审判权主体之间的地位和票决权是平等的,均有权就案件处理依法独立发表意见,并按照少数服从多数的原则进行表决。与一般的公务员惩戒程序不同,司法惩戒强调法官的“亲历性”,突出法官的“主体性”,从责任认定到程序设置,均须遵循司法规律,[1]体现司法属性,契合职业特点。

[1] 司法规律,是由司法的特性所决定的体现为对司法活动和司法建设客观要求的法则。遵循司法规律的基本意义,就在于有效发挥司法的功能,以保障实现社会公正、践行国家法治、化解社会矛盾、维护社会秩序。遵循司法规律是司法改革取得成功的关键。我国司法体制和权力运行机制的改革和完善,应当遵循以下基本司法规律:一是严格适用法律,维护法制权威;二是公正司法,维护社会公平正义;三是严格遵守法定正当程序;四是司法的亲历性与判断性;五是维护司法的公信力和权威性。参见陈光中、龙宗智:《关于深化司法改革若干问题的思考》,载《中国法学》2013年第4期。

（二）主客观相结合

坚持主客观相结合是司法惩戒的一项重要原则。对司法责任的追究，既要避免落入主观定责的窠臼，不考虑客观行为和危害后果，更要防止客观归责，不考察司法者的主观心态。裁判结果错误一般是启动追责程序的线索来源，对法官追责既要考虑其主观上是否存在故意或重大过失，又要考察其是否存在违反实体法或程序法的行为。只有坚持主客观相统一，方能正确界定司法责任之有无及其大小。

（三）过错与惩罚相当

过错与惩罚相当原则，是指在司法责任追究活动中，应当根据惩戒对象的行为性质、过错大小、情节严重等确定惩罚的种类。[1] 认定法官责任须根据案件事实，依据相关法律规定，综合法官的客观行为和主观过错，准确界定法官的责任，在此基础上确定适当的惩戒种类和措施，如此方能做到过罚相适，责罚精准，让当事法官心服口服，认同处理结果，避免因责罚失当引发负面效应，影响惩戒制度作用的发挥。

（四）恪守正当程序

程序正当原则，是指对法官等司法人员追究责任时应当严格遵守法定程序，特别是保障司法人员的程序性权利，包括申请回避权、知情权、陈述权、提交和申请证据的权利、辩论权等。正当程序除了保障实体结果正确外，还有自身独立的价值。如公开透明的程序有利于稀释和吸收当事人的不满，增强处理结果的可接受性，强化程序的公正性和权威性。司法行为及过程极具专业性，特别是对证据的审查判断、对法律条文及蕴含精神的理解与适用过程，是司法者依法行使自由裁量权，不断达至内心确信的过程。因此，通过正当的程序，赋予司法者一系列程序性权利，由其充分阐释裁判的过程和理由，解释说明司法行为的正当性，在此基础上作出妥当而令人信服的处理。

---

〔1〕 参见孙海龙等：《司法责任制改革》，法律出版社 2017 年版，第 208 页。

第二节　惩戒主体:法官惩戒委员会

明确法官惩戒主体解决的是由谁来对当事法官进行惩戒的问题。在本轮司法改革前,法官惩戒主体为人民法院,由监察部门按照法院内部的相关规定组织实施,尽管在监察部门内部分设案件调查组和审理组,但其本质上仍属于法院内部的行政化运行模式。本轮司法改革将监察部门的审理职能剥离出来,赋权新设的惩戒主体——法官惩戒委员会,使得调查机构与审理机构分设,法官惩戒程序初步具备了准司法化形态。这就涉及法官惩戒委员会的运行问题。

一、法官惩戒委员会的功能定位

(一)法官惩戒委员会的设立依据

法官惩戒委员会的设立依据包括法律和规范性文件。作为司法改革试点的产物,《完善司法责任制意见》首次提出"法官惩戒委员会"这一术语,明确了法官惩戒委员会的事权,但没有规定审议的具体程序,在实践中不易把握,这也给试点地区留下了探索创新的空间。经过一年多的试点实践,《惩戒意见》明确在省一级设立法官惩戒委员会,并初步规定了惩戒运行程序。随着司法改革的试点和深化,在总结试点经验和改革成果的基础上,2019 年修订的《法官法》正式将法官惩戒委员会吸收入法,通过 4 个条文(第 48 ~ 51 条)明确其设置层级、职责权限、组成人员、日常工作机构以及当事法官的权利保障和救济途径。因法官惩戒关乎法官的切身利益和职业走向,为保障惩戒过程透明性和惩戒决定的公正性,有必要提高惩戒主体的等级以确保其专业性、权威性。因此,法律授权省级以上设立法官惩戒委员会,市、县等省级以下不得设立法官惩戒委员会。

（二）法官惩戒委员会的组织结构

法官惩戒委员会作为专业化的审理机构，其结构包括人员组成来源、入会条件、人员数量及比例等要素。从《惩戒意见》和实践操作看，法官惩戒委员会组成人员具有以下特征：（1）突出政治性。司法改革是在党委的统一领导下自上而下开展的，首先要求委员政治素质高，主任人选由党委审批确定，旨在确保政治方向正确。（2）突出专业性。委员中除了法官以外，还有资深法学专家、检察官和律师等，充分体现惩戒工作的专业性。（3）突出广泛性。除了上述人员外，委员中还包括人大代表、政协委员，体现了人员组成的代表性和广泛性，增强了惩戒的民主性和可接受性。同时根据《法官法》的规定，法官代表应具有广泛性，在本省辖区不同层级的法院选任，人数不低于全体委员的50%。[1] 关于法官惩戒委员会的具体人数并未统一明确，各地根据实际情况确定。

（三）法官惩戒委员会的功能定位

我国法官惩戒工作由人民法院和法官惩戒委员会分工负责，各司其职。[2] 前者作为内部调查机构，负责对法官涉嫌违反审判职责的行为进行调查核实；后者作为外部审议机构，负责对法官是否违反审判职责进行审查认定，从而形成了调查与审议分离，内部与外部相结合的法官惩戒工作格局。法官惩戒委员会具体工作职责包括：（1）制定和修订惩戒委员会章程；（2）根据人民法院调查的情况，依照程序审查认定法官是否违反审判职责、存在重大过失、存在一般过失或者没有违反职责等审查意见；（3）受理法官对审查意见的异议申请，作出决定；（4）审议其他相关事项。其功能定位可从以下几个维度加以考察：

---

〔1〕《法官法》第48条第2款规定，法官惩戒委员会由法官代表、其他从事法律职业的人员和有关方面代表组成，其中法官代表不少于半数。

〔2〕《法官法》第48条第1款规定，最高人民法院和省、自治区、直辖市设立法官惩戒委员会，负责从专业角度审查认定法官是否存在本法第四十六条第四项、第五项规定的违反审判职责的行为，提出构成故意违反职责、存在重大过失、存在一般过失或者没有违反职责等审查意见。法官惩戒委员会提出审查意见后，人民法院依照有关规定作出是否予以惩戒的决定，并给予相应处理。

一是从司法职业来看,法官惩戒委员会的显著特征是专业性。司法职业具有极强的专业性,司法人员履职有其法律上自洽的内在逻辑,法官职业有专门的职业伦理道德要求。法官是否应当对司法行为承担法律责任,需要通过法律专业人士的专业判断,才能有效甄别行为与结果之间的内在关联,确定责任范围及其大小。[1]

二是从职权配置来看,法官惩戒委员会与当事法官所在的人民法院分享司法责任追究权,该模式是在原有的法官惩戒制度中,引入专业的第三方力量,增加专业审议环节,但并未从根本上改变原有的惩戒体系。[2] 就这个意义而言,法官惩戒委员会仅负责对法官是否涉嫌违法审判的行为作出认定,具体惩戒决定和措施仍由所在人民法院作出。

三是从职权范围来看,法官惩戒委员会审议的事项具有特定性——法官是否违反审判职责。《法官法》第 46 条虽然列举了 10 种法官惩戒的行为范围,但根据该法第 48 条的规定,法官惩戒委员会仅审查其中的两项,即故意违反法律法规办理案件和因重大过失导致裁判结果并造成危害后果的,对此提出故意、过失(重大/一般过失)或没有违反职责的审查意见。法官的其他违纪违法行为不属于其审议事项,由相关职权部门依法依纪处理。此外,法官惩戒委员会不负责对法官违法审判行为的调查,亦不直接受理当事人或其他利害关系人对法官的投诉、举报,如收到相关材料可根据受理权限交由有关部门依规处理。

四是从审查意见的性质来看,包含两部分内容:对当事法官行为是否存在故意或过失的事实认定以及对给以何种惩戒和惩戒幅度的建议。法官惩戒委员会通过审理(或听证),听取各方意见,拥有对事实的定性权。而对于惩戒的具体种类,仅根据认定的事实提出建议(类似于刑事诉讼中

---

[1] 参见葛琳:《检察官惩戒委员会的职能定位及其实现——兼论国家监察体制改革背景下司法责任追究的独立性》,载《法学评论》2018 年第 2 期。

[2] 关于法官惩戒委员会的职权定位问题,中央司法体制改革领导小组办公室负责人于 2016 年 7 月 28 日就《保护司法人员依法履行法定职责规定》答记者问时指出,"特别是把司法人员履行司法职责的错案责任追究与党纪责任、一般性违反司法纪律责任追究作了区分,增设了法官惩戒委员会审议提供专业参考意见的环节"。

检察机关提出的“量刑建议”),由人民法院根据权限作出惩戒决定(类似于刑事诉讼中的量刑)。就这个意义而言,法官惩戒委员会主要是为惩戒决策提供服务,从专业角度解决事实认定问题,提出审查意见,其并不具有“惩戒”法官的实质性权力,最终的惩戒决定权仍在人民法院。

综上,法官惩戒委员会是设立于省级以上人民法院,内嵌于法官责任追究程序,依法依规对法官是否构成违法审判责任提出审查意见的第三方专业性机构。

二、法官惩戒委员会运行存在的问题

本轮司法改革肇始于2014年,在全国各省域分批次陆续开展,[1]大体遵循部分试点—优化完善—全面推广—规范固化的改革路径。法官惩戒委员会的设立与司法改革的历程大体一致。从成立时间看,最早是第一批试点城市上海(2014年12月),最晚是第三批试点地区甘肃(2021年2月),目前已有29个省份(湖北省、重庆市未查询到相关数据)成立了法官惩戒委员会。其中,山西、山东等省份已于2019年完成法官惩戒委员会换届工作,青海、西藏等地于2020年8月完成法官惩戒委员会的换届工作。其中2014年成立1个,2015年成立4个,2016年成立7个,2017年成立9个,2018年成立4个,2019年成立2个,2020年、2021年各成立1个;法官惩戒委员会成立时间比较集中的是2016年、2017年,这也是司法改革全面推开、逐步深化的时期。值得注意的是,法官惩戒委员会的设立与司法改革的进度并非完全同步,如第一批试点地区上海、吉林、海南成立的时间较早,特别是上海作为第一个“吃螃蟹者”,先行先试,探索成立遴选(惩戒)

[1] 2014年6月,中央全面深化改革领导小组第三次会议审议通过《关于司法体制改革试点若干问题的框架意见》,标志着我国司法体制改革正式启动。司法改革试点分三批进行:第一批2014年为上海、广东、吉林、湖北、海南、青海、贵州7个省(市);第二批2015年为山西、内蒙古、黑龙江、江苏、浙江、安徽、福建、山东、重庆、云南、宁夏11个省(市、区);第三批2016年为北京等14个省(市、区)(包含新疆生产建设兵团)。

委员会,并出台相应章程,为其他地区的改革试点提供“上海经验”。但广东、贵州、青海等地并未在第一批及时成立法官惩戒委员会,而是与遴选委员会分设。从早期法官惩戒委员会的组成看,结构尚不合理。

(一)内部原因:法官惩戒委员会结构不合理

1.关于委员的结构

在2016年10月12日《惩戒意见》出台前,法官惩戒委员会的构成分为两种情形:一是专门委员和专家委员,如上海、吉林、宁夏等地,专门委员多来源于地方党委政府职能部门,注重政治性;专家委员主要来自高校等法学专家,凸显专业性。二是常任委员和非常任委员,如陕西、河北等地,虽然称呼不同,但本质上区别不大,专门委员与常任委员相当,专家委员与非常任委员类似。《惩戒意见》实施后,委员中专门增加了法官代表,并规定人数不低于全体委员的50%。以北京市为例,专门委员由高院政治部主任担任,法官代表委员有11名[其中高级法院法官代表委员3名,其中副院级领导2名、庭长1名;中级法院法官代表委员3名,分别为中级法院院长、副院长和庭长(其中全国审判业务专家2名,1名北京市审判业务专家);基层法院法官代表委员5名,其中副院长4名、庭长1名;全国和北京市审判业务专家各1名;从法官等级看,一级高级法官2名、二级高级法官4名、三级高级法官4名、四级高级法官1名]。综上,从法官代表的职务看,院长、副院长(级)共计8名,中层正职共计3名,普通法官并无代表入选;高院、中院和基层法院的代表比例为3∶3∶5,分属于刑事、民事、行政、知产审判领域等,其中有5名审判业务专家(其中全国和本市审判业务专家分别为3名和2名)。再如,山东省第二届(2019年2月)法官、检察官遴选(惩戒)委员会的组成人员相同,共有32名委员,其中法官代表9名、检察官代表8名,来自律师协会的律师(多为副会长)6名,来自高等院校专家学者(教授)7名,来自省政协(常委)、省人大(常委)各1名。从法官代表分布看,来自省高级法院2名、中级法院3名、基层法院4名;从担任职务看,除了1名来自基层法院的审判员以外,其余8名均系中层以上领导干部(包括副庭长、庭长和院长)。如上海市设立了遴选委员会、惩戒委员会、法官惩戒委员会、检察官惩戒委员会，上述四个委员会主任相同，成员有交叉、部分相同，其中法官惩戒委员会委员共10名。专门委员、常任委员实行“席位制”，人员组成包括省级人大（专委会）、组织人事、纪委、政法委、法院、检察院等单位的分管领导，当人员出现空缺或调整时，仍由上述单位补充更新，席位固定。专家委员、非常任委员来源广泛，包括代表委员、法学专家、律师代表等。委员之间地位不分高低，拥有平等的表决权。从委员数量来看，一般为单数，包括13名、15名、17名、19名，少则9名，多则20名以上，有的地方设立了代表委员专家库（如JS省设立省法官惩戒委员会法官代表委员库，由60名三级法院的法官组成），根据需要从专家库中随机抽取确定专家代表委员的名单。

2. 关于主任的身份

公开法官惩戒委员会主任的省份有15个，其中来自省级人民代表大会常务委员会4个(3个副主任、1个专委会主任)、省级政协副主席2个、省级党委政法委2个（副书记）、省高院院长1个、资深法学专家4个、省级纪委1个、人民团体（负责人）1个，从行政级别看，7人为副部级、4人为正局级，反映出法官惩戒委员会配置的高规格、高级别。

3. 法官惩戒委员会与检察官惩戒委员会/遴选委员会的关系

从公开的信息来看，有19个省份的法官/检察官惩戒委员会合一，8个省份的法官/检察官惩戒委员会与遴选委员会合一，除了法官、检察官代表和各自常设机构不同外，其余专门委员、专家委员均相同。贵州省、甘肃省法官/检察官惩戒委员会分别设立，除了部分副主任、常任委员、省人大代表、政协委员、法学专家和律师相同外，绝大多数委员均不同。

法官惩戒委员会作为司法改革的新生事物，其产生、发展轨迹始终伴随着司法改革的进程。在总结试点经验和巩固改革成果的基础上，无论是在立法层面还是在技术层面，法官惩戒委员会均已初步“有法可依”。如果说改革初期尚允许存在“规划不统一、动作不一致”的试错空间，那么，在《法官法》以立法形式确立法官惩戒委员会后，各省改革的规定动作应逐步趋于统一，严格规范执行，而不能再各自为政、自行其是，这也是我国法治建设集中统一原则的要求。此其一。其二,与既往司法改革由党委政法委或最高司法机关主导,由司法机关在各自系统内实施,改革空间和部门主要局限于政法系统不同,现在司法改革是在中央和地方各级党委领导下开展的,党委政法委牵头组织实施本轮司法体制改革。故在司法改革涉及组织人事、财政等重大事项时,党委可总揽全局、协调各方,充分发挥各方优势,调动一切积极因素,最大限度地解决改革中的难点和痛点。这也体现在专门委员或常任委员的设置上,吸收人大、政协、组织人事、纪检监察等政法系统外的力量进入法官惩戒委员会,有利于争取各方支持,减少改革阻力,这在改革初期无疑具有必要性和合理性。其三,在法官惩戒委员会的主体框架和结构确定以后,有必要检视其自身功能的发挥和实效。专业化是赋予法官惩戒委员会的显著特征,也是祛除以往惩戒内部化、行政化弊病的动力源泉。不可否认,尽管吸收了法官代表进入法官惩戒委员会,但其行政化色彩、官本位思想在一定程度上依然存在,专业性尚显不足,尚不完全符合司法权运行规律的要求。如法官惩戒委员会主任由在职副部级、正局级领导担任,副主任一般由相关部门的分管领导(副局级)担任,行政化、科层化特征突出,法官惩戒委员会架构按照行政化思维设置。再如,专门委员中,政协、组织人事等部门的分管领导,一般并非案件评查的专家,甚至并非法律方面的专家,而审判责任的认定又极具专业性和复杂性,其能否准确认定法官审判责任,提出专业性的审议意见,这无疑令人担忧。再则,实行"席位制"部门的分管领导随着工作岗位调整而变化,流动性大,仅具有"形式上的代表"意义,不利于工作的连续性和稳定性等。

(二)外部原因:法官惩戒委员会功能形式化

自2014年年底全国第一家(上海)法官惩戒委员会设立以来,全国各省基本已完成法官惩戒委员会的设立。法官惩戒委员会在实践中运行状况如何呢?

【案例】李某系一基层检察院检察长,在某案中改变了承办检察官的意见提起公诉,后该案被评定为瑕疵案件。省检察院惩戒委员会办公室据此向惩戒委员会提请取消李某员额检察官的惩戒意见。在正式召开惩戒工作会议前，省检察院惩戒委员会办公室告知李某惩戒事项，李某对此提出异议，认为在案件相关认定问题上需沟通，遂申请听证。对于办公室上报的惩戒意见，由学术界、律师协会、法检系统代表等7名“行家”组成的惩戒专家委员会先行初步审查。惩戒专家委员会收到听证申请后，组织听证初审。案件经专家委员会票决后会作出初审意见，提请惩戒委员会进行审议，以票决方式形成最终惩戒意见。经过全体委员集体会商票决后，认定该起听证案件确有瑕疵，需对李某进行惩戒，但其不负主要责任，属一般过失，不应取消员额检察官身份。通过听证申辩，李某最终得以保留员额检察官的身份。

该案全面展示了惩戒委员会的工作流程，通过具体个案直观感受惩戒委员会的运行情况，体现出一定的诉讼化特征。此次有4份惩戒意见被退回，主要原因在于：(1)提请事项不属于惩戒委员会审议范围，部分系违纪行为，与办案本身没有关联，应由纪检监察部门处理；(2)惩戒委员会办公室提交的材料不全、惩戒理由不充分，需退回补充完善材料。健全法官、检察官惩戒工作体系能够促进司法质量的提升，还能对司法者起到警示震慑的作用，从专业的角度划定行为的标准和司法的红线。

对于法官违法审判行为的监督，我国有权机关的处理方式各不相同。纪检机关着眼于党内监督，针对党员行为，作出党纪处分；监察机关着眼于国家监督，针对公职人员职务行为，作出政务处分；法官惩戒则是人民法院和法官惩戒委员会共同对法官审判行为的监督，是行业内部监督和社会外部监督相结合。当上述机关在处理同一问题线索时，相互之间是并行关系还是有先后顺序，先行作出的决定对后者是否有约束力，均有待进一步明确。

按照改革者的初衷和设想，法官惩戒程序旨在引入第三方力量，加强对法官是否构成审判责任进行专业化判断，由以往高度行政化的内部调查程序转向准司法化程序，并赋予当事法官相关权利。但这一制度设计随着国家监察体制改革，面临新的挑战和问题。监察委员会成立后，各高院纪检组也相应转隶，由原来的内设机构转变为纪委监委的派驻机构，人事权转交纪委监委，不再隶属省级高院，在外部获得了独立的地位。转隶之前纪检组在对本单位干部进行纪律处分时，纪检组组长要向党组书记汇报拟处理意见，并征得其同意，再向党组提请研究；转隶之后，纪委监委无须经派驻单位党组书记的同意，可直接代表纪委监委对该单位干部提出拟处理意见，报纪委监委领导或办公会研究决定。这对法官惩戒委员会的职能定位、运行机制产生了较大影响。一方面，要发挥法官惩戒委员会的专业优势，巩固前期司法改革的成果；另一方面，又要体现纪检监察的政治性，确保反腐倡廉的实效。

三、法官惩戒委员会的优化完善

法官惩戒委员会作为专业化的第三方议事决策机构，需根据其功能定位优化法官惩戒委员的结构和设立模式，增强法官惩戒委员会的中立性、专业性、权威性，减少其行政化色彩，充分激活其制度功能。

（一）优化法官惩戒委员会的结构

1. 优化主任配置

前期从争取支持、推动改革的角度，推选党委、人大、政协等系统的高级领导担任主任，有利于统筹调动资源，减少改革阻力。在法官惩戒委员会步入正轨、正式运行后，可淡化主任职务等级和行政化色彩，复归专业化角色。在党委对主任人选进行审查把关的基础上，建议由高校或法学研究机构中品行良好、学术影响力大、熟悉审判业务工作的著名学者、专家教授担任主任，凸显其中立性、专业性和权威性特点，避免因职务、行政级别高低等因素，影响其他委员独立、客观发表意见，确保审议意见的客观性和权威性；同时也能避免因主任职务调整、工作变动等造成的流动性大，确保主任配置的相对稳定性。

2. 优化委员结构

在区分专门委员和专业委员的基础上，可考虑逐步减少专门委员数量和比例，仅保留政法委、监察委、政协、人大系统的代表，既考虑代表的民主性，又增强代表的专业性。同时增加专家委员数量，建立专家库，可以从高校、法学会等法学研究机构择优入库；优化法官代表的结构，不以领导职务为入选条件，注重任职年限、法官等级、法官审判业绩等，突出法官的专业能力，吸收各领域审判业务专家入库。

3. 优化设立模式

司法惩戒委员会办公室通常设在省级党委政法委（业务处室），法官惩戒委员会办公室则设在高级法院。[1] 一方面，鉴于法官、检察官均系行使司法权的主体，二者具有相似之处，《惩戒意见》也是最高人民法院、最高人民检察院联合发布的，基于机构设置的简约统一，将二者合并设立具有现实性和可行性。除了贵州省法官惩戒委员会与检察官惩戒委员会分开设立，其他各省的实践均将法官、检察官惩戒委员会合并设立。另一方面，鉴于"法官遴选与惩戒在性质、功能、标准、程序上均不相同，前者更注重于法官任职资格的审核，是审核权；后者则注重于对法官履职能力是否构成违法审判的判断，是判断权，二者的权力属性不同"。在改革初期，将二者合并设立系权宜之计，从长远来看，将二者分开设立较为妥当，改革中、后期各省的实践亦充分印证了这一点。

（二）激活法官惩戒委员会的功能

在国家监察体制改革前，对于法官违法审判及违反审判职责行为的调查，对内通常由纪检监察部门承担。此次国家监察体制改革全面加强派驻纪检监察组的建设，增强机构独立性，充实专业力量，将法官纳入监察对象。同时，加之法院内设机构大为压缩，对中基层法院纪检监察部门的影响深远。以 B 市为例，全市中级法院、基层法院纪检监察部门均撤销，原班人员分流调整，部分人员组成监察组编入政工部门或综合部门，力量有所弱化。与之相应，该市纪委监委驻高院纪检监察组增强力量配备，原班人员一分为二，部分人员就地整建制转为派驻市高级法院纪检监察组工作人

---

〔1〕 新一轮司法改革强化了各高级人民法院的权威，使其对下面两级法院拥有更大的行政控制力。在报送法官惩戒委员会之前，高级人民法院有权拟定惩戒名单、审查惩戒事由、确定惩戒方式。参见陈瑞华：《法官责任制度的三种模式》，载《法学研究》2015 年第 4 期。

员,组织人事关系不再隶属法院,而是作为市纪委监委的派出机构,其独立性大为增强,负责对全市法院领导班子成员和部分高级法官履行监督职能。还有一部分人员仍属于法院内设机构——监察室工作人员,负责对法院内部违法违纪等线索的调查、核实和处置。[1]

1. 谁有权对法官违反审判职责行为进行调查核实

首先,人民法院有权对法官违反审判职责的行为进行调查。《人民法院组织法》《公务员法》和有关规范性文件明确规定了人民法院拥有对法官审判活动中的违法情形进行调查核实的职权。[2] 作为行使监察职能的专门机构,监察室(局)对人民法院及其法官和其他工作人员实施监察。

其次,监察委对法官职务违法犯罪行为拥有调查权。启动于2016年年底的监察体制改革是全面从严治党的客观需要和必然要求,主要目的是整合反腐败资源力量,增强反腐败整体效能,实现对所有公职人员监督全覆盖。法官作为公职人员,不再"游离"于以往的行政监察之外,而成为监察对象。[3] 监察委对法官职务违法犯罪行为具有监督检查调查权,这一

---

〔1〕 根据管辖分工,涉及处级以上工作人员和员额法官违法违纪的,由市高级法院纪检监察部门负责处理;其余人员由各院监察部门(组)负责调查。

〔2〕 《人民法院组织法》第33条第2款规定:"人民法院应当加强内部监督,审判活动有违法情形的,应当及时调查核实,并根据违法情形依法处理。"《公务员法》第63条第2款规定:"公务员违纪违法的,应当由处分决定机关决定对公务员违纪违法的情况进行调查,并将调查认定的事实以及拟给予处分的依据告知公务员本人。公务员有权进行陈述和申辩;处分决定机关不得因公务员申辩而加重处分。"中共中央办公厅印发《关于加强法官检察官正规化专业化职业化建设全面落实司法责任制的意见》规定,法院负责对法官涉嫌违反审判职责行为进行调查核实。最高人民法院、最高人民检察院出台《关于建立法官、检察官惩戒制度的意见(试行)》也明确规定,对法官违反审判职责的行为由人民法院调查。

〔3〕 《监察法》第15条规定了监察范围,即监察机关对下列公职人员和有关人员进行监察:(1)中国共产党机关、人民代表大会及其常务委员会机关、人民政府、监察委员会、人民法院、人民检察院、中国人民政治协商会议各级委员会机关、民主党派机关和工商业联合会机关的公务员,以及参照《公务员法》管理的人员;(2)法律、法规授权或者受国家机关依法委托管理公共事务的组织中从事公务的人员;(3)国有企业管理人员;(4)公办的教育、科研、文化、医疗卫生、体育等单位中从事管理的人员;(5)基层群众性自治组织中从事管理的人员;(6)其他依法履行公职的人员。《监察法》实施后,监察委员会是行使国家监察职能的专责机关,依法对公职人员进行监察,调查职务违法和职务犯罪。

职权通常由监察委驻法院的监察组来行使,其不同于内部的监察室。

再次,检察机关保留对法官职务犯罪行为的部分侦查权。随着检察机关反贪、反渎部门整体转隶至纪委监委,检察机关不再拥有对贪污贿赂犯罪行为的侦查权,但其作为法律监督部门,对刑事诉讼活动负有监督职能。从《刑事诉讼法》及相关司法解释看,检察机关的法律监督贯穿刑事诉讼全过程,从诉讼起点立案开始直至审判、刑罚执行,检察机关均可提出意见建议,并可发送检察建议书等具有法律效力的文书。与此同时,对司法工作人员渎职行为的管辖权,对照《刑事诉讼法》与《监察法》,法律规定检察机关可以立案侦查,系授权性规定;[1] 监察机关拥有当然的管辖权,检察机关行使的是补充侦查权。[2]

最后,厘清法官惩戒措施与党纪、政务处分的关系。修订后的《法官法》第47条规定,对法官的处分,按照管理权限和规定程序办理。同时公职人员政务处分相关规定亦明确了任免机关、单位与监察机关不重复处分原则,这进一步厘清了法官惩戒措施中的处分与政务处分之间的关系,即分别处置、互相补充的关系。

2. 将法官惩戒委员会的专业化审议作为追究违法审判责任的前置程序

司法改革试行法官/检察官惩戒委员会制度时(2016年10月),国家监察体制改革尚未正式启动。[3] 因此,在确定对法官违反审判职责行为行

---

〔1〕 根据《刑事诉讼法》第19条的规定,人民检察院在对诉讼活动实行法律监督中发现的司法工作人员利用职权实施的侵犯公民权利、损害司法公正的犯罪,可以立案侦查。

〔2〕 为做好人民检察院与监察委员会案件管辖范围的衔接,最高人民检察院于2018年11月24日出台《关于人民检察院立案侦查司法工作人员相关职务犯罪案件若干问题的规定》,明确检察院直接受理的案件范围包括滥用职权罪(《刑法》第397条)(非司法工作人员滥用职权侵犯公民权利、损害司法公正的情形除外);玩忽职守罪(《刑法》第397条)(非司法工作人员玩忽职守侵犯公民权利、损害司法公正的情形除外);徇私枉法罪(《刑法》第399条第1款);民事、行政枉法裁判罪(《刑法》第399条第2款)。

〔3〕 2016年11月,中共中央办公厅印发《关于在北京市、山西省、浙江省开展国家监察体制改革试点方案》,在3省市设立监察委员会,从体制机制、制度建设上先行先试、探索实践,标志着国家监察体制改革试点正式启动。

使调查权的主体时,主要以对内的法院监察部门(监察室或监察组)为主;国家监察体制改革后,监察部门与纪检部门分立,调查主体得以扩展,对外以纪委监委为主,检察机关为辅。[1] 本来,法官惩戒委员会作为审判责任认定的专业化审议机构,试图在法官责任与职业保障之间搭建一堵“专业化的防火墙”,避免因对法官不当追究审判责任而影响其依法独立行使审判权。国家监察体制改革与司法体制改革系中央部署的两项重大改革任务,不存在地位高低、分量轻重之别。涉及制度边界时,二者应注重协调衔接,避免因“内耗”而削弱改革的整体效果,这也是全面深化改革强调系统性、整体性、协同性的应有之义。我们不能因监察体制改革带来的调查权主体的变化,而削弱甚至虚化法官惩戒委员会的职责功能。因此,有必要在制度层面规定,不论调查主体是谁,均应将法官惩戒委员会的专业化审议作为追究违法审判责任的前置程序,法官涉嫌贪污贿赂的除外。当然,审议事项仅限于法官履行审判职务的行为是否构成违法审判责任。纪委监委或检察机关在调查法官涉嫌违反审判职责的行为时,可将初步调查情况通报给高级法院监察部门,由监察部门按照程序决定是否提交法官惩戒委员会审议,相关有权机关根据审议意见作出相应处理。

3. 适度扩大审议事项的范围

根据现行法律规定,法官惩戒委员会的审议事项较为有限,限定于法官故意违法办案和重大过失行为,对于审判权运行过程中院庭长的审判管理和监督行为尚未纳入其中。[2] 这就使得法官惩戒委员会被限缩在一个狭小的空间内,存在弃之不用、被边缘化的风险。建议将院庭长的审判管理和监督行为一并纳入审议事项,通过法官惩戒委员会确定其审判监督和管理责任。

---

〔1〕 实践中,除了贪污贿赂案件由纪委监委调查处置外,其他如玩忽职守,徇私枉法,民事、行政枉法裁判等犯罪行为,一般由检察机关管辖并侦查。

〔2〕 按照《完善司法责任制意见》第27条的规定,负有监督管理职责的人员因故意或者重大过失、怠于行使或不当行使审判监督权和审判管理权导致裁判错误并造成严重后果的,依照有关规定应当承担监督管理责任。追究其监督管理责任的,依照干部管理有关规定和程序办理。

第三节　我国法官惩戒程序之现状与问题

此前，审判责任追究程序呈现出较强的职权主义色彩，主要由法院监察部门依照行政化的方式单向实施，当事法官参与程序和影响决策的机会较少，基本处于被调查的地位。而今，司法改革赋予当事法官一定的程序参与权，特别是引入法官惩戒委员会制度，审判责任追究程序出现准司法化的特点，但在启动、调查、审议和救济程序上仍存在进一步完善的空间。

一、启动程序

（一）线索来源

从司法实践来看，审判责任的追究是从案件质量评查开始的，案件评查的对象是生效案件的卷宗材料和法律文书，方式包括常规抽查、重点评查、专项评查等。案件线索来源分为法院系统内来源和系统外来源。系统内来源主要通过案件评查，即法院组织特定人员按照特定程序和标准，对案件质效或特定事项开展检查评定。案件评查是法院内部审判质量管理的重要手段，对于发回重审，改判，当事人长期、反复信访等案件组织评查有其必要性。案件评查结果包括合格、一般瑕疵、重大瑕疵、一般差错、重大差错五个档次。后四个档次均为差错档次。瑕疵情形根据客观情节严重程度，具体评定为一般瑕疵情形或重大瑕疵情形。差错情形是指严重违反法定程序或者实体裁判错误或者造成社会恶劣影响的情形。差错情形根据客观情节严重程度（损害当事人合法权益以及造成社会恶劣影响的程度等）以及主观情节严重程度（是否存在故意或重大过失），评定为一般差错情形或重大差错情形。具体包括审判程序、实体裁判、裁判文书、庭审活动、卷宗归档等方面的瑕疵或差错情形。属于重大差错的，则有可能启动违法审判责任追究程序。从实践情况来看，发现的错案主要来源于法院系统内部的发改案件。[1]

系统外来源主要包括：一是人民群众的举报、投诉、申诉。这是法院接受案件当事人、社会公众监督的重要渠道，是发现法官违反审判职责以及院庭长违反审判监督管理职责等问题的重要途径。二是检察机关的专业监督。检察机关的法律监督贯穿诉讼的全过程，对于法院的生效裁判，检察机关如果认为有错误，可以提起（审判监督）抗诉或提出检察建议，有关人民法院对此须予以正式回复（检察建议回函），依法作出处理（决定是否再审）。三是党委（政法委）的监督。对于影响国家政治安全和社会稳定的重大案事件，党委政法委会要求办案单位依法妥善处理。四是媒体和社会的监督。审判流程公开、裁判文书上网、人民法院案例库等是人民法院司法公开的重要方式，也是人民法院接受案件当事人、社会公众监督的具体表现，体现了对当事人、对社会负责的姿态。

系统内来源和系统外来源并非孤立割裂，单独存在的，二者互相影响，交融并存。如某地发生热点案（事）件，经由网络报道后引发民众极大关注或产生重大负面舆情，为及时回应民众关切，尽快消除不良影响，有关机关往往会迅速启动案件复查和责任倒查程序，这也是重大敏感案件舆情应对的常规操作。如在扫黑除恶专项斗争中，发现若干年前涉黑涉恶人员的前科劣迹情况，对以前的部分违法犯罪行为可能存在降格处理的情形（如重罪轻判，刑事案件治安化处理或通过民事赔偿调解结案等）。通常由上级党委政法委牵头组织同级公检法机关对各自系统办理的前案开展复查。如对基层法院审理的前案，由上级法院对口业务庭指定员额法官通过阅卷，围绕原审中可能存在的定罪、量刑（包括缓刑适用），涉案财产处置是否正确等实体问题，还包括适用程序是否适当等程序问题开展全面复查，研

---

〔1〕 笔者曾在某基层法院担任由审判监督庭牵头成立的案件评查委员会委员，对二审法院发改案件进行评查，以确定是否有错。该院案件评查分为自律委员会—评查委员会—审判委员会三级分工把关。自律委员会成员通常由各业务庭室办案骨干组成，评查委员会成员通常由中层副职组成。具体流程是：首先由自律委员会对案件进行初查，确定是否定错。如需定中错以上或承办法官对定错提出异议的，则提交评查委员会研究，如需认定大错，则提请审判委员会研究决定。

究提出拟处理意见。在此基础上,通过内部行政化—汇报研究的方式层报院庭长审批,形成复查报告后上报,上级机关根据各家的复查意见,决定是否正式启动调查程序。这种典型的行政化的调查方式,通常由更高级别的政法机关组成调查组或督导组,特别是对引起社会广泛关注的热点案(事)件,在本系统内或省域内一竿子插到底开展专项调查。其优势在于短期内能够高效、专业地提出权威的调查结论,及时回应社会关切,消除不良影响。其不足在于过度依赖上级机关的权威,在一定程度上会压缩基层执法办案空间,使得正常的诉讼程序或办案机制失灵、空转,长此以往可能会加剧民众对基层司法机关的不信任感,使得大量的涉诉信访案件越级涌向上级直至中央司法机关,这种负面效应值得关注。

(二)初查程序

司法改革前,在审判责任追究程序的启动问题上,法院的审判委员会、[1]监察部门、[2]院长拥有不同程度的决策权,其中,院长对程序的启动和推进起着至关重要的作用,属于典型的行政化职权调查模式。司法改革后,完善了法院内部的责任发现主体,设置了启动调查的前置程序,即在院长的基础上,增加了审判监督和管理部门作为审查主体,对是否需要追究违法审判责任提出初步意见。审判监督部门是刑事诉讼法意义上的法定审判组织(审判监督庭),随着基层法院内设机构的大幅压缩,审判监督庭大多未能整建制地独立保留,而是与其他审判业务庭合并重组成立新的

---

〔1〕 根据《人民法院审判人员违法审判责任追究办法(试行)》第27条的规定,法院裁决、裁定、决定是否错误,应当由人民法院审判组织确认。此处的审判组织除了审判委员会,还包括如审监庭的合议庭等其他形式。

〔2〕 根据《人民法院审判人员违法审判责任追究办法(试行)》第28、29条的规定,各级法院监察部门是违法审判责任追究工作的职能部门,负责违法审判线索的收集、对违法审判责任进行调查以及对责任人员依规进行处理。监察部门应当从二审、审判监督中发现审判人员违法审判的线索。据此,监察部门负责对违法审判责任案件的立案、调查和处理,一条龙全流程办理。

庭室,但配备一定数量的员额法官。[1] 审判监督侧重从个案的角度,审查原审判决,查找错误原因,从中发现违法审判责任的“蛛丝马迹”。而审判管理部门在此次内设机构改革中予以整建制地保留,并吸收了部分综合部门(如研究室)的职能,审判管理职能进一步强化。审判管理着重从全局、宏观的视角分析审判态势,注重对案件的过程管理、动态管理,如对长期未结案(审限管理)等指标进行考核。因审判管理部门通常不设置法官员额,[2]亦很少具体办理个案,其如何提出初步意见?所提意见是否专业?能否为当事法官所信服?根据《完善司法责任制意见》第34条规定,院长或审判监督、管理部门提出初步意见后,认为需要追究违法审判责任的,并不意味着必然启动追责程序。为慎重起见,法院内部又设置了不同的初审程序。根据提出初步意见的不同主体,结合各自部门的职能,具体分为以下情形:一是院长提出追究责任的初步意见,委托审判监督部门审查或提请审判委员会讨论决定。审判监督部门如何进行审查、程序如何开展、其与审判委员会的关系如何有待进一步明确。二是审判监督或管理部门提出初步意见,由院长提交审判委员会讨论决定。[3] 具体如图5-1所示。

此外,初查法院如何确定,是当事法官所在法院自己审查,还是上级法院、省高院提级审查,审判委员会的确定亦存在同样的问题。从现有规范性文件来看,由当事法官所在的法院进行审查。这种由当事法官所在法院审查本院的案子,能否做到客观公正,不无疑问。

---

〔1〕 以B市为例,法院内设机构的数量根据中央政法编干警的人数确定,除了派出法庭不占编制数以外,其他机构数量控制在10~14个,体量500人以上编制的法院保留14个内设机构,体量不足200人编制的法院则保留10个内设机构。全市16家基层法院均未保留审监庭,绝大部分与其他业务庭(如未审庭等)重组新成立综合审判庭。因中院、高院尚未开展内设机构改革,审监庭均独立设置。

〔2〕 从B市法院的情况来看,审判管理部门的主任或部分副主任通常为员额法官,其他工作人员均为法官助理。

〔3〕 从《完善司法责任制意见》第34条的表述看,还存在一种情形,即审判管理部门提出初步意见,由院长委托审判监督部门审查。但这不符合实践逻辑,审判管理部门和审判监督部门同为审判质量的控制部门,二者地位平等、关系平行,不存在高低之分,故该情形在实践中较难出现。

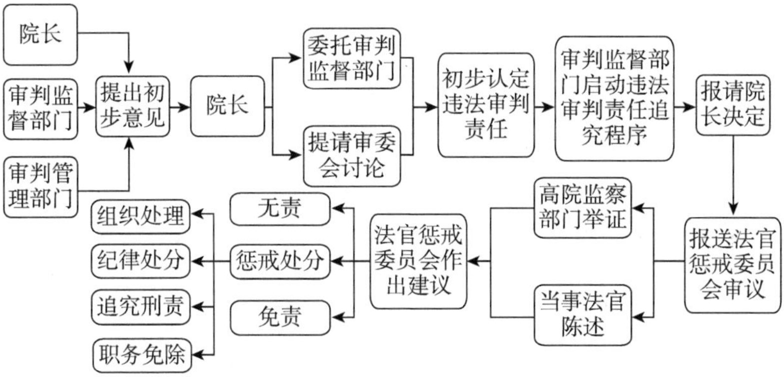

图 5－1　违法审判责任追究流程

（三）惩戒事项

惩戒事项具有一定的抽象性。相较于违纪违法而言，轻微的违反审判职责行为识别难度大，启动程序难；严重的违法审判行为可能又构成违法犯罪，直接进入监察程序或刑事司法程序。如在案件评查、申诉再审、审务督查和信访举报等日常工作中发现的苗头性、倾向性问题，有的往往以认识分歧或审判瑕疵为由，予以批评教育或组织处理；有的既涉嫌违法审判又涉嫌违反党纪政纪，则会按照更为熟悉和高效的党纪政纪处分程序进行处理。这种选择性适用使得惩戒程序流于形式，形同虚设。如何有效识别惩戒事项，成为启动追责程序首先需要解决的问题。

二、调查主体

（一）调查机构

从现行规范性文件看，人民法院监察部门是法官违法违纪的调查部门，在初查意见认为当事法官可能存在违法审判责任追究情形的，其有权启动追责程序对涉案法官进行调查，这相当于立案初查程序。在国家监察体制改革和法院内设机构改革的双重影响下，监察部门的职能定位尚需进一步明确。从各地法院内设机构改革情况看，基层法院一般不再独立保留建制,监察部门整体上有被弱化的趋势,工作人员亦被分流,部分以监察组或监察专员的形式并入其他部门(通常为政治部或机关党委)。随之带来的问题是:一方面其依附于其他部门,人员可能混编,独立性相对欠缺;另一方面其力量被削减,是否有能力堪当专职调查之重任,不无疑问。

(二)调查人员

调查工作专业性极强,须有专业力量保障实施。虽然《人民法院监察工作条例》[1]规定监察部门监察专员等尽可能由法官(或具有法官资格的人员)担任,但法官员额制改革后,作为内设机构的监察部门属于司法机关行政序列,未再分配或设置法官员额。原来具有法官资格的审判员或助理审判员,除了少部分符合条件直接入额外,大部分未能再入额而转为审判辅助人员(法官助理)。在这种情况下,如果仍由监察部门负责调查法官是否存在违法审判行为,则调查主体的专业性和调查结论的权威性难免遭受质疑。

(三)当事法官

一是当事法官的知情权保障不足。规范性文件规定,当事法官在调查过程中享有知情权,即获知被调查事由的权利。但该权利如何保障,谁来告知、何时告知、如何告知等均不明确,需要进一步细化。

二是当事法官享有的回避权不完备。《人民法院监察工作条例》虽然在第28条中规定了监察人员应当回避的情形,但从条文表述来看,主要是要求监察人员依职权主动回避,并未赋予当事法官申请回避的权利,当事法官的回避权不完整。

三是当事法官是否有权委托代理人不明确。作为被调查对象,当事法官本人在调查过程中享有辩解、举证的权利。按照惩戒程序司法化的设计,其能否有权委托代理人(律师)寻求支持和帮助,有待进一步明确。

---

[1] 人民法院按照干部管理权限,对给予工作人员处分的管辖范围、调查、决定、申诉等程序问题,依照《公职人员政务处分法》《公务员法》《法官法》等相关规定执行。

三、审议程序

（一）报请程序

随着监察机构的调查结束，随之会出现两种情形：一是调查确认当事法官不存在违法审判行为，程序即告终结，此时应撤销案件，并告知当事法官，同时在一定范围内消除影响、恢复名誉。[1] 二是调查发现当事法官存在违法审判行为，需追究违法审判责任，报经本院院长决定后，提请省级法官惩戒委员会审议。程序如何实施呢？当事法官所在的法院可能是基层法院，法官惩戒委员会则设在省级高院。按照报送对等原则，基层法院显然不能直接报请省级法官惩戒委员会。基层法院能否直接向设在高院的法官惩戒工作办公室报送，是否还需要报请中级法院审核？法官惩戒工作办公室设在高级法院监察部门，经其审查认为存在违反审判职责情形的，能否直接报送法官惩戒委员会审议？《完善司法责任制意见》第36条明确由高院监察部门派员向法官惩戒委员会通报，而《惩戒意见》则规定由“有关法院”参会履行证明责任，二者是否同一？这些问题均有待进一步明确。

（二）审议程序

按照司法改革的设想，审判责任审议程序类似于审理程序。高级法院监察部门派员参加法官惩戒委员会审议程序，向法官惩戒委员会提出“指控”，类似于控方角色，履行指控职责，承担证明责任；当事法官则类似于辩方角色，享有陈述、举证和辩论等权利；法官惩戒委员会根据查明的事实，依法提出审查意见。审判责任追究程序虽初现准司法化特点，但仍有诸多环节尚需细化完善。如调查机构是否需要参加，其与准“公诉人”的关系如何？当事法官是否享有回避权，能否委托代理人参加？控方举证需达到什

---

〔1〕 如有的地方（北京）要求所在法院将不予追究法官违法责任的材料报送法官惩戒工作办公室审查备案，法官惩戒工作办公室经核查认为相关事项符合法官惩戒委员会审议条件的，可以要求所在法院复核，或由高级法院部门直接调查核实。

么程度？法官惩戒委员会审理程序如何展开？其所作建议效力如何？等等，均有待进一步明确。

四、救济程序

尽管法官惩戒审议程序呈现出准司法化的样态，但因审议意见与惩戒决定分别由不同主体作出，处理结果的最终决定权在人民法院，故在救济程序的设定上仍沿袭旧有的制度惯性，行政化色彩突出。具体到司法惩戒的救济，主要表现在两个方面：一是当事法官和有关人民法院对法官惩戒委员会的审查意见提出异议的，法官惩戒委员会进行审查，作出决定后予以回复。这是“异议—回复”模式。二是当事法官对惩戒决定不服，可以申请复议，并有权向上级申诉。上述富有行政化色彩的救济机制，公正性和实效性尚显不足。[1]

第四节　完善我国的法官惩戒程序

既往审判责任追究程序呈现出高度的行政化特征，无论是内部监督，还是外部调查，基本上都是监督调查机关积极主动的履职行为，调查程序的公开性、透明性不足，存在对被调查对象的权利保障不充分、权利救济途径不顺畅等问题。此次司法责任制改革，特别是《法官法》赋予当事法官一系列权利，部分解决了上述问题。为法官实现责任追究与职业保障的合理平衡，有必要将法官惩戒程序作为法官违法审判责任追究的特别程序，同时为防止法官惩戒委员会制度被规避或架空，应理顺法官惩戒与党政政纪处分的关系，将法官惩戒作为党纪政纪处分的前置和必经程序，将惩戒决定作为党纪政纪处分的前提依据或重要参考，从理念和制度层面构建司法

〔1〕 参见白冰：《法官责任追责程序的基本要素》，载《政法论坛》2020 年第 2 期。

化的法官惩戒程序。

一、构建法官惩戒程序的理念:从行政化迈向司法化

司法活动有其自身的特点和规律,进行制度设计和程序建构须契合其运行规律。审判责任不同于行政责任,对审判责任的追究不同于对行政责任的追究,构建审判责任追究程序应遵循司法规律,树立科学理念,从行政化逻辑向司法化逻辑转变。审判责任追究的目的不仅仅是追究法官的违法审判责任,更重要的是督促法官依法行权,勤勉尽职,通过公正的裁判确立司法公信,避免因不当追责而导致法官"瞻前顾后",影响其根据事实依照法律独立行使司法权。

(一)司法活动特性和运行规律要求法官惩戒程序司法化

司法活动与行政活动具有明显的区别。行政活动通常积极主动,追求效率,令行禁止,是典型的下级服从上级的科层制管理模式,在以效率为导向的话语体系中,对行政责任的追究亦追求短、平、快效应。司法活动不同于行政活动,其具有消极性、中立性、专属性、交涉性、终极性等特点。行使司法权的过程是在法定期限内依照法定程序,通过特定方式运用证据还原案件事实、作出法律评判的过程。司法是回溯性认识,必须依靠证据认定案件事实,其不同于历史研究或考古查证,可以不受时空限制和程序约束。因此,公正是司法的生命线。司法的本质是裁判权,而裁判结论是通过公开的审判程序,控辩双方的说理辩论,在控辩审多方交涉下最终达成的。审判责任追究可视为"对审判行为之审判",而司法的终局性则要求诉讼是矛盾纠纷化解的最后救济手段,审判是守护公平正义的最后一道防线,因此,若非十分必要,不能轻易启动审判责任追究程序;即使启动,亦应遵循司法权运行规律,以司法化的诉讼方式开展,而非简单地以行政化逻辑否定司法化判断。

(二)法院依法独立行使审判权要求法官惩戒程序司法化

司法改革旨在通过有序还权于法官,以实现审与判的统一。在有序还

权、放权的同时,不免担心法官自由裁量权过大,存在滥用权力、司法腐败的可能,加强对审判权的监督制约自然被提上议事日程。从司法权的运行机制看,对案件进行监督最有效的主体是诉讼双方。法律为保障诉讼双方合法权益的司法救济通道,设置了二审、再审,在死刑案件中还特设复核程序,均是在诉讼或法律的框架内及时发现、纠正一审的错误判决,这在很大程度上即是对原审法官的否定性评价。就刑事审判而言,因关涉利益重大,尤其热点案(事)件备受社会关注,对刑事裁判的监督除被告人上诉、被害人申请抗诉、检察机关抗诉等诉讼框架内的方式外,还包括举报信访、案件评查、上级机关督办、网络舆论监督[1]等诉讼外的监督方式。随着互联网、智能手机的普遍应用,诉讼内外的监督无处不在,特别是诉讼外监督方式都有可能成为启动审判责任追究程序的方式,这对法官的审判权固然是有效的约束,但也不可避免会影响法官对案件处理依法独立作出裁判。因此,无论是审判责任追究程序的启动还是正式实施,均应以司法化的方式开展,避免司法审判沦为行政权力的附庸。

(三)以审判为中心的诉讼模式要求法官惩戒程序司法化

以审判为中心的诉讼制度改革与司法责任制改革目标同向,二者相互配套,相互支撑。前者旨在革除既往诉讼模式的弊端,改变以往“卷宗书面主义”的审理方式,发挥庭审主战场作用,通过落实庭审实质化要求,实现审与判的协同,与司法责任改革的价值相向而行。对刑事案件的评查或对刑事司法行为的评判,不能仅依靠对案件卷宗的书面审查,即简单地以行政化的方式质疑刑事法官的审判行为,怀疑甚至否定司法裁判的结论。启动审判责任追究程序,亦应坚持直接言词和程序参与原则,赋予当事法官类当事人的权利,通过公开透明的司法化程序,准确界定审判责任。

[1] 随着微博、微信等自媒体的兴起,舆论监督的方式正在发生着深刻变化。无论是信息的受众,还是传播的速度,传统的纸媒或电视,均无法与网络媒体相比。因此,网络舆情越来越成为“信息发源地”。特别是针对热点案(事)件或重点事件,业内均有一套成熟的监测、预警、报告和处置机制,达到一定量级的关注度即可成为舆情事件,引起相关部门关注,启动调查程序。

二、规范启动程序,提高初查意见的专业性

(一)组建专业的案件评查组织

在正式启动违法审判责任追究程序之前,本着审慎负责的态度,设置初步审查程序作为启动追责的前置,有助于避免监察部门过早介入,给当事法官造成无形的压力。受法院内设机构改革和法官员额制改革的双重影响,审判管理部门因员额法官的缺位,实际上已不适格或难以有能力就追责问题进行初查。因而顺应法官员额制改革的变化,在所辖法院范围内选任政治素质高、职业操守好、业务能力强等综合条件好的法官,组建专门的案件评查人才库,同时根据不同专业划分不同领域的业务专家库,针对具体案情成立不同的专业评查小组,由专业法官就审理程序、事实认定、证据规则、法律法规理解与适用、主观过错或者行为后果等方面的专业问题进行评判,由"专业人员评价专业问题"。评查小组人数为单数,且不少于3人,随机组成,一案一授权,一案一评查,遇有民刑交叉等综合性业务,可由不同领域的法官成立复合型评查小组。审判管理部门主要发挥统筹协调组织作用,对案件的评查结果不发表意见。

(二)规范院长启动程序的权力

院长作为法院的总负责人,从宏观上负有审判管理职责,但其未必是个案审查的"行家里手"。在我国现行司法体制下,院长的倾向性意见往往会影响其他人的决策,决定着追责程序的最终走向,因此,有必要通过制度对其权力作出必要的限制,即院长在发现违法审判责任的线索时,不再发表初步意见,而是交由专业部门进行初审。

(三)发挥专业法官会议的功能

作为专业的咨询建议机构,专业法官会议有助于从一般的专业认知提供参考意见。为确保初查意见的专业性和正当性,保留审判监督部门提出意见和初步审查的权力,通过召开专业法官会议,就案件办理是否违法形成意见。必要时可提请上级法院对口业务部门协助审查,增强所提意见的

专业性和权威性。

（四）完善外来线索的处置程序

对于来自系统外的监督，应遵循司法规律的要求，而非完全按照行政化思维对案件开展复查。合理的路径是将系统外的监督作为涉嫌违法审判的线索，转化为系统内的话语体系和制度逻辑，以司法化的逻辑开展复查工作。具体做法是对于来自系统外的案件线索（表现为批办函或转办单等），建立正式的卷宗制度，以办案而非"办文"的方式开展审查。确定具体承办人，调取相关案件材料，组成三人合议庭交叉阅卷，提出对案件的评查意见。

为确保案件评查程序的公正性和评查结果的专业性，改变当事法官所在法院自己评查自己的做法，对于特定案件（如重大疑难复杂案件），可通过指定其他同级法院交叉评查，交由上级法院提级审查等方式进行复查。

三、规范调查程序，强化当事法官权利保障

（一）增强调查机构的专业性

调查机构只有独立且专业，其调查结论方能客观而令人信服。作为法院内部的专门监察力量，监察机构面临着独立性不强、专业化不足的困境。在现有的制度框架下，似无推倒重来、另起炉灶的必要性，可能的方案是优化完善监察机构的定位和职能，借助"外脑"力量配备，提升其专业化调查能力。一是在保持现有内设机构设置不变的情况下，加强监察力量的规范化、职业化和专业化建设。一方面，监察组配备相对独立，不得从事与监察工作无关的活动，避免附属化、庸俗化；另一方面，监察人员应具有从事审判业务的工作经历，可通过岗位交流等方式充实审判经历或从非因业务能力不足或廉政原因而退出员额的人员中选任。二是善于借助"外脑"资源，在法院内部建立由员额法官组成的案件评查专家库，根据民事、刑事、行政审判和执行等专业领域的分工，遴选优秀员额法官入库。根据所调查案件的性质和工作需要，随机从相应的专业领域吸收评查专家进入调查组，共

同开展调查，确保调查结论的专业性和权威性。

（二）强化当事法官权利保障

一是及时告知当事法官被立案调查的事由。按照司法原理，在对违法审判责任案件正式立案后，当事法官有权及时获知被调查的事由。在违法审判行为被立案调查后，调查机构应当在立案之日及时书面告知当事法官被调查的事由，包括所涉及的案件，违法审判责任的具体类型以及当事法官享有的陈述、辩解、举证等一系列权利。

二是赋予当事法官申请回避的权利。除了监察人员依职权主动回避外，当事法官有权申请监察人员回避。[1] 当事法官申请回避的，应当说明理由，由院长决定是否回避。

三是对当事法官采取必要合理的保护措施。启动调查程序意味着可能对违法审判行为的否定性评价，对当事法官而言是影响名誉、受谴责的事件，会对其身心造成压力和负担。因此，调查活动应限定在必要范围内，多采取调阅案件等书面审查的方式，找相关人员取证应做好保密工作。在调查过程中，应充分听取当事法官的陈述和辩解，认真对待其所举证据，细致做好其思想工作，缓解其心理压力，避免发生极端事件。

四是关于是否赋予当事法官委托代理人的权利。因监察机构开展调查活动，尚属于单位内部的调查程序，结果也可能不构成违法审判责任，此时不宜由外部力量介入，当事法官不能委托代理人。

四、完善审议程序，增强审议意见的权威性

（一）规范报送法官惩戒委员会的程序

在需要追究违法审判责任时，调查机构调查结束后，可直接将调查报告、证据等相关材料报请高级人民法院法官惩戒工作办公室，而无须再经

[1] 如认为监察人员与所办理的监察事项或其本人有利害关系，或者有可能影响案件公正处理的情形。

由中级人民法院审核把关。法官惩戒工作办公室经审查,认为存在违反审判职责的情形,可直接报请法官惩戒委员会审议,提高流转效率,避免层层审批。

(二)赋予当事法官程序性权利

回避权关乎案件能否公正处理,是当事法官享有公正处遇的重要体现。参加法官惩戒委员会会议的委员具有特定情形的,应当自行回避,当事法官也有权申请回避。[1] 随着追责程序的推进,如果认定构成违法审判责任,须提请法官惩戒委员会审议时,为保障当事法官的合法权益,可考虑赋予其委托代理人的权利。

(三)细化审议程序的操作规范

法官惩戒委员会审议案件可采取不公开(如听证)的方式进行,具体程序如下:

(1)高级法院监察部门可会同当事法官所在法院,派员共同出席会议宣读提请审议书,宣读违法办案事实及拟处理意见、依据,调查机构的人员作为补充列席会议;当事法官可就提请认定的事实和定性进行答辩陈述,法官惩戒委员会委员可以向当事法官发问。

(2)监察人员就当事法官违法办案行为和主观过错进行举证,当事法官进行质证发表辩驳意见,双方均有权通知相关人员到会说明情况;当事法官可以就无责或责任较轻的主客观事实进行举证,监察人员进行质证。

(3)监察人员和当事法官对证据和办案情况发表意见,主持人可以归纳争议焦点,引导双方围绕争点相互辩论(根据具体情况确定辩论的轮次)。

---

〔1〕 出席法官惩戒委员会会议的委员有下列情形之一的,应当自行回避,当事法官也有权提出回避申请:(1)本人是当事法官或者是当事法官的近亲属的;(2)本人或其近亲属与当事法官有利害关系的;(3)代理当事法官承办案件的;(4)与当事法官有其他关系,可能影响惩戒工作公正进行的。法官惩戒委员会副主任及委员的回避,由法官惩戒委员会主任决定。法官惩戒委员会主任的回避,由法官惩戒委员会讨论决定。主任需要回避时,由法官惩戒委员会推选一名副主任主持惩戒工作。

(4)在充分辩论的基础上,主持人宣布辩论结束,当事法官有最后陈述的权利,表达对案件本身、惩戒事项的认识以及从中吸取的经验、教训等。

(5)在监察人员、当事法官等退场后,法官惩戒委员会立即开始评议。发言顺序依次为法官代表、专家委员、专门委员,法官代表按照法官等级从低到高的顺序依次发言,法官等级相同的则由晋升现等级时间较短者先发言;专家委员按照职称从低到高或资历由浅到深的顺序依次发言;专门委员则按照职务或职级从低到高的顺序依次发言,保障每位委员能够独立、真实地发表意见,不受其他因素的不当干扰。主持人(主任或受主任委托的其他委员)最后发表意见。表决采取书面记名投票方式,每名委员一票,由全体委员超过半数通过有效。因回避等事由达不到上述比例的,由参加表决委员三分之二通过有效。

(四)明确惩戒案件的证明标准

司法惩戒关乎法官违法审判行为及其责任的认定,涉及法官荣誉、资格、待遇等一系列重要权益。违法审判行为之认定至关重要,需证明到何种程度方算完成举证责任呢?这就涉及司法惩戒案件的证明标准问题。从法律规定来看,我国《法官法》对法官惩戒案件的证明标准未予明确。《公务员法》第63条、《公职人员政务处分法》第5条均规定,给予公职人员的(政务)处分,应当"事实清楚、证据确凿"。《行政处罚法》第40条规定:"违法事实不清、证据不足的,不得给予行政处罚。"《行政诉讼法》第69条提到"行政行为证据确凿"。《民事诉讼法》及相关司法解释未明确表述证明标准,理论和实务上一般认为,民事诉讼采用"高度盖然性"或"优势证据"的证明标准。《刑事诉讼法》规定了"证据确实、充分"或"排除合理怀疑"的证明标准。所谓"证据确凿"是指证据非常确实。虽在表述上与《刑事诉讼法》规定的"事实清楚,证据确实、充分"的证明标准有所不同,但均强调证据的真实可靠性。鉴于法官惩戒程序的司法化特征,惩戒程序类似于刑事诉讼程序,司法惩戒案件可采用"证据确凿"的证明标准。

(五)强化审议意见的法律效力

法官惩戒委员会经研究审议,根据查明的事实、证据和法律规定,对当事法官是否违反审判职责等提出审查意见,此系惩戒建议(类似于量刑意见)而不是惩戒决定,具有定性意义,最终的处理决定仍由组织人事、纪检部门根据不同的职责权作出。该建议一般应当采纳,不采纳的应充分说明理由,并向法官惩戒委员会反馈,以维护法官惩戒委员会的专业性和权威性。

五、完善救济程序,赋予当事法官上诉权

以司法化理念构建审判责任救济机制,需要回答两个问题:一是救济机制为谁而设?当事法院是否可以通过救济机制,改变法官惩戒委员会的意见?作为控方的法院如果有异议,是否可以寻求"上诉"?二是在法官惩戒委员会的构架下,如何设置救济机制?即谁有权对法官惩戒委员会的意见进行审查。

(一)赋予当事法官上诉权

这涉及法官责任制度的价值取向。"法官责任制度尽管可以起到约束法官行为的功能,但其价值基点在于谦抑,也就是对法官追责秉持审慎的态度,尽可能避免追责,尽可能选择和缓的方式进行追责。"[1]因此,在追责程序的救济机制上,作为控方的法院,自法官惩戒委员会提出审查意见后,不得"上诉",这也是对处于"弱势"地位的当事法官的一种保护机制。

(二)成立国家法官惩戒委员会

明确法官寻求救济的主体为上一级法院,即最高人民法院法官惩戒委员会。目前,最高人民法院已于2021年12月8日出台《法官惩戒工作程序规定(试行)》。一方面,受理法官因不服省级法官惩戒委员会审议意见而提出的"上诉",寻求更为专业的裁决,实现"二审终审";另一方面,受理最高人民法院对本院法官的"控诉",避免出现审判责任追究的盲点和"空窗期"。同时有利于在国家层面统一司法责任追究的程序和标准,有效维护

---

〔1〕 白冰:《法官责任追责程序的基本要素》,载《政法论坛》2020年第2期。

当事法官的合法权益。这样既理顺了法官追责程序的救济机制,也为最高人民法院法官的责任追究搭建了平台。国家法官惩戒委员会可参照省级法官惩戒委员会的模式组建。当然,如此制度设计是否会造成大量的司法惩戒案件涌向最高人民法院法官惩戒委员会,造成其不堪重负?为避免这种现象发生,可将国家法官惩戒委员会受案范围或审议对象作一定的限制,即侧重于程序审查,主要审查省级法官惩戒委员会在惩戒过程中是否存在严重违反法定程序,侵犯当事法官合法权益,影响案件公正处理的情形。至于违法审判的事实认定、行为定性及处理结果等实体问题,则不属于国家法官惩戒委员会受案范围和审议对象。

鉴于我国现行法官责任制度规范层级低、内容混杂模糊、权威性不足等问题,未来建议制定一部统一的法官惩戒法,提高法律的效力层级和权威性,全面规定法官惩戒程序。在立法中对法官豁免权作出一般性的规定,“法官核心裁判领域之行为依法受法律保护。法官在履行审判职责时,非因故意违法或者非因重大过失导致裁判错误并造成严重后果,并经法定程序确认,可免于民事诉讼和刑事追诉”。同时加强法官人身权利的保障,在免去法官身份之前,不能对其采取强制措施或者进行审判;只有在法官身份被免除后,方可限制其人身权利,启动刑事诉讼程序。

第六章

司法责任与相关配套措施

司法责任制是一项系统工程,须辅之以一系列配套措施方能落地见效。案件分配蕴含着潜在的责任风险,设置公平的案件分配制度,有利于从起点开始合理分配司法责任。审判绩效考核与司法责任追究分别从正向激励和反向规制两个维度共同对审判质量进行监控,建立符合审判规律和职业特点的绩效考核机制,有利于让法官心无旁骛、用心办案,与司法责任制相得益彰。刑事智能辅助办案系统是人工智能应用于刑事司法的产物,与司法责任制的功能"不谋而合",但其不能减免法官的审判责任,要防范法官借此规避责任的承担。重大敏感刑事案件具有"风向标"作用,做好重大敏感刑事案件的审判对落实司法责任制具有示范作用。此为当前深化司法责任制改革较为具体的四项配套措施。

第一节　司法责任与案件分配制度

案件分配是承办法官审理案件的首要环节,是承担司法责任的起点。案件一旦完成分配,即属于承办法官,非因法定事由(如回避、调离、退额、退休等)不得变更。[1] 从起点开始建立“电脑随机分案为主,人工指定分案为辅”的案件分配制度,有利于平衡法官之间潜在的司法责任。

一、案件分配蕴含着司法责任风险

案件分配是法院受理案件后的第一个环节。在案件数量不多,信息技术手段不发达的年代,案件分配主要由庭长(或经授权的副庭长)人工完成。分案标准主要有适用的程序类型、罪名或案由、是否共同犯罪(涉及多名被告人、多起犯罪事实)、法官的专长、办案效率(存案数量)等,在很大程度上依赖于分案者的经验和智慧。随着现代科技的发展和智慧法院的建设,案件分配方式日趋智能化,由人工分案(主观)向机器分案(客观)转变。为避免人为干预分案,防范潜在的司法风险,预先设置庭室分案规则[2]和法官分案规则[3]。从问卷调查情况看,分案部门主要是刑庭(73%),其次是立案庭(24%);从分案方式看,随机分案或随机为主的占52%,人工分案或人工为主的占48%。

二、案件分配关乎司法责任的配置

就检察机关移送起诉的刑事案件而言,法院立案庭经审查后通过审判管理系统受理,并随机确定案件承办人,此时完成立案和第一次随机分案。随后,案件卷宗由立案庭移转至刑事审判庭,由庭长(部门负责人)对案件

---

〔1〕《刑事诉讼法解释》第301条规定,庭审结束后、评议前,部分合议庭成员不能继续履行审判职责的,人民法院应当依法更换合议庭组成人员,重新开庭审理。评议后、宣判前,部分合议庭成员因调动、退休等正常原因不能参加宣判,在不改变原评议结论的情况下,可以由审判本案的其他审判员宣判,裁判文书上仍署审判本案的合议庭成员的姓名。

〔2〕包括审判执行庭室内特殊案件类型、审判专业小组设置以及庭内或组内法官轮转顺序规则等。

〔3〕包括法官专业特长、收案能力、轮转顺序、串案规则等设置以及总收案件数、未结案件数、已结案件数等项目权重、优先级等设置。

进行庭内二次分配。问卷调查显示,刑事案件主要由刑事审判庭分案(超过七成),其次为立案庭(1/4),这与实际情况相符。分案时主要考虑的因素,位居前列的是法官的办案能力、指控罪名、法官未结案存量、适用程序和被告人人数。此外,包括法官的办案态度、犯罪起数、案件类型以及是否系专案、新类型案件等。

传统的分案制度是以庭长人工分案为主,根据案件类型和性质,考虑法官的专长,大致实现人均收案均衡。以B市法院为例,该院年均受理刑事案件在3000件左右,在内设机构改革前有三个刑庭,除了未成年人审判庭外,还有刑一庭、刑二庭。普通治安类犯罪和经济职务犯罪分别由两个庭审理,因收案数存在较大差异,法官工作量不均衡,直接表现为收结案情况的差异;但过于追求办案数量、不注重质量,直接影响法官审判绩效的考核。为确保收案相对均衡,刑一庭、刑二庭不分案由,实行案号单双号分案制度。庭内根据刑事案件适用的程序,分为速裁组、简易组、普通组;根据专业化审判要求,分为毒品案件审判组、职务犯罪审判组、非法集资案件审判组等。庭长综合考量上述因素,结合法官的业务专长,本着相对公平的原则分配案件;遇有重大敏感案件,则指定审判骨干、成立审判团队共同办理。庭长分案一般审查起诉书,如案由、是否多被告多起指控事实、适用程序、强制措施、卷宗册数等,确定承办人后再交由内勤输入审判管理系统,案件将分配至具体的承办人,至此完成庭内的分案程序。人工分案制度的优点在于庭长通过初步审查起诉书和案件卷宗能全面了解收案情况。一方面能及时发现重点案件,便于监管,特别是有利于充分发挥审判经验丰富和业务能力强的优势,善于发现案件中的敏感因素,对年轻法官进行审判要点提示,把好审判的第一道关口;另一方面能根据案件的类型和性质,发挥审判专业化的优势,有利于总结审判经验,提高审判质效。当然,人工分案的不足之处也很明显:其带有一定的主观性和选择性,形式上很难做到绝对公平(实践中有承办法官找庭长抱怨分案不公);同时为领导干预办案、过问案件、选择性分案预留了可操作的空间。与人工分案相比,电脑随机分案的优势体现在分案形式上的公平,根据事先设定的案件分配规则,针对不同承办法官办案的数量、效率和进度均衡分配案件，在一定程度上压缩了人为干预、过问案件和司法腐败的空间。其有待完善之处在于如何科学合理设置分配规则，实现人机融合，特别是对重点案件的识别和专业化审判，无法像庭长一样了解承办法官的特长和不足，实施人性化分案，从而更好地提高案件审判质效。

人工分案和电脑分案各有利弊，为避免“暗箱操作”，预防司法腐败，从司法规范化和标准化的要求看，应采取“以电脑随机分案为主、人工指定分案为辅”的案件分配方式，有利于均衡地分摊司法责任，调动法官办案的内生动力，避免个别法官或审判团队承担过重的审判责任。

第二节　司法责任与绩效考核制度

审判绩效考核制度是法院审判管理的重要内容，与司法责任追究制度相配合，分别从正向激励和反向规制两个维度共同对审判质量进行监控，旨在建立符合审判规律和职业特点的审判质量管理指标体系，有助于营造真抓实干、担当作为的创业氛围，促进审判管理更加精准有效，促使法官心无旁骛、用心办案，不断优化提升审判质效，对保障司法责任制落地见效具有重要意义。

一、审判质量管理指标体系具有“体检表”“指挥棒”作用

科学有效的审判质量管理指标体系，是人民法院提升办案质效、完善审判管理、优化资源配置的重要手段。最高人民法院以往制定审判绩效考核指标体系，“原本是为了掌握审判动态，便于政策指导，但实践中各地法院普遍将其用于下级法院以及本院法官工作业绩考核的指标，用作法院和

法官工作奖励、晋升的依据”,[1]特别是上级法院拥有对下级法院人财物的建议、指导或控制权。基于争先创优和方便管理的需要,地方法院会在最高人民法院设置的考核指标体系的基础上,另行增设考核指标。在当下的司法环境下,审判绩效考核是必要的,具有激励导向作用。如设置法定审限内结案率、服判息诉率、发回改判率等,有助于督促法官严格、公正、高效司法,兼顾公正与效率。但考核指标的设置,应从影响司法公正、效率和司法权行使的要素入手,遵循司法规律,客观公正考核司法人员的实际能力与水平。

对司法人员的绩效考核和管理,是当前司法体制改革综合配套改革的重要内容,关系到司法责任制能否真正落实的问题。2023 年,最高人民法院在充分调研论证的基础上,对审判质量管理指标体系进行了重构。经过近半年的试运行,全国法院于 2024 年 1 月开始适用《人民法院审判质量管理指标体系》(以下简称指标体系)。指标体系包含 26 项指标,多数指标设合理区间参考值,在区间范围内即为达标。2024 年 9 月,最高人民法院对指标体系再次优化调整、减量“瘦身”,相关指标从 26 项减至 18 项,精简比例达三分之一。审判质量管理指标体系作为案件质效的“体检表”,以质量优先、兼顾效率、注重效果为导向,引导法院从检视出的问题中发现、纠治工作中的不足,在全面提升审判质效、实质性化解矛盾上狠下功夫。指标的功能重在评价和促推,不能“唯数据论”。指标体系是对照人民群众对审判质量、效率、效果的需求设置的,目的是让法院定期检视问题、改进工作,“努力让人民群众在每一个司法案件中感受到公平正义”。此次指标体系设置的合理区间参考值是作为各省级地区整体审判质效的参照标准,不适用于某一层级、某一个法院或者法官个人。指标体系是一个有机整体,不宜孤立看待、机械管理,应当更加注重系统分析、综合判断指标之间的互动关联。每个指标都是某一领域客观情况的反映,都是相对的,不能绝对化,不能将指标情况直接作为对本辖区法院、内设部门审判质效的考评或者问

[1] 龙宗智、袁坚:《深化改革背景下对司法行政化的遏制》,载《法学研究》2014 年第 1 期。

责依据,更不得以数据通报代替业务指导。

二、确立科学合理的绩效考核制度

设置符合审判规律和职业特点的考核指标体系,全面收集体现审判质效的数据,有助于客观评价司法人员的能力水平和工作业绩。一方面对内要注重司法者的日常工作表现,这部分更多源于系统内部的自我评价;另一方面须面向社会,保证数据采集的公开性和广泛性,保证考核指标设置的科学性。这部分数据主要源于诉讼参与人对司法者的评判,更多注重系统外部(如当事人、辩护人或诉讼代理人)的评价。通过内部评价和外部评价相结合,日常工作累计与司法过程定性分析相结合,有助于全面客观对审判质效、对司法者能力水平作出客观评价。这还涉及考核指标和标准的设定问题。

针对不同案件、不同业务部门是统一考评标准、"一把尺子量到底",还是分门别类、实行差异化归口考核。从司法实践看大体有两种模式:第一种是统一考评模式,不分刑事、民事、行政等案件类别。根据案件的不同性质、程序和裁判结果进行折算,如以一件民事案件的分值为参照或基本单元,根据审理案件的工作量对刑事案件的分值进行折算。如一审刑事案件根据适用程序不同,赋予不同的分值;二审案件则以维持原判、改判、发回重审为划分,分别赋予不同的权重。明确上述标准后再根据案件数量计算刑事审判绩效的分数,然后与其他类别的案件进行排名。同理,对于立案庭受理的案件、执行案件等亦赋予不同的分值,根据加权计算审判绩效的分值。第二种是口内考评模式,根据案件的性质,在刑口、民口、行政口或执行口内部分别考核。这种考核模式突出专业性,注重同质性,在某一审判领域能做到大体公平。

从当前法院受理案件类型的比重来看,以民商事、执行案件为主,刑事案件占全部案件的比例不足10%,但刑事案件又易成为社会关注的焦点。因此,有必要确立科学的绩效考核制度,形成正面导向,激励法官多办精品案、疑难案,避免“唯数论”。可以考虑在法官个人业绩评价办法中,调整刑事案件的权重系数,并增加浮动项目及分值,提高重大疑难案件权重,使刑事法官的办案业绩得到更加全面、客观的评价。单纯以结案数、案件类型为基础的考核标准均失之偏颇,不能客观反映工作实际。建议取消“唯数论”等不合理指标,合理调整刑事案件同其他类型案件的系数折算比。

改进方法如下:以案件数量为基础,以被告人的认罪态度和适用程序为基本标准,设置相应的基础分值;在此基础上,根据犯罪起数(次数)、被告人数、罪名数量、卷宗册数、有无附带民事赔偿等因素确定浮动分值。在上述基础上将各项工作细化分解,将繁难程度量化,计算出法官结案所对应的工作量,并以此作为考核基础。这在一定程度上能够保证同一审判口内部法官之间的工作相对均衡。具体而言,区分认罪案件和不认罪案件,进行分类考核。对于认罪案件,可将“一被告人 + 一罪名”适用速裁或简易程序独任审理的案件设置为 1 个基础单位,适用简易程序合议庭审理的案件设为 2 个单位,对于不认罪或无罪辩护案件设为 5 个单位。在此基础上将所有常见及特殊的程序环节列举出来,按照一定的分数或比例予以加分;同时根据考核中关于审判管理等方面确定的指标(如文书上网、庭审公开等),没有完成的予以减分;在一定周期内,计算出每位法官的实际总工作量。按照这一思路进行核算折抵后,可以达到如下效果,即一年中结案数量最多的法官,工作量可能不是最多,办理多被告人、多名被害人、多起犯罪事实及重大敏感要案的法官,折算后的工作量却不一定排名落后。这种绩效考核办法,更为科学合理,更符合刑事审判的特点和规律,能够充分体现案件的工作量,实现人员之间的基本平衡,同时对于调研、外宣等工作均有导向和激励作用。

值得关注的是,在一定时期内法院受理的刑事案件数量,取决于社会治安形势的变化、刑事立法的修改、刑事政策的调整以及司法机关的打击力度等多种因素。当前法官员额数量的确定主要以审理的案件数为基础,较少考虑案件类型及其难易复杂程度。尤其是不能因一段时期刑事案件数量的相对下降,而将案件数量作为核定刑庭员额法官(审判人员)数量的依据,并依据测算出的人均结案数量,将刑庭核定出的富余人员,调整到其他审判庭。尤其是基层法院,近年来,刑庭人员数量持续减少已是不争的事实。从实际情况来看,如果需要调整人员去民商事审判庭,很多刑事法官愿意报名,事实上也较少有从其他审判庭调入刑庭的,而更多是从刑庭调出至其他审判庭。这从一个侧面反映出刑庭的工作压力和吸引力匮乏,一定程度上影响刑事审判队伍的稳定性,造成队伍老化、断层。刑事审判人员尤其是刑事法官的培养,是一个长期的、系统的过程,需要历经多年的案件积累和实践磨砺。合理核定人均办案数,适当多配置刑事员额法官,才能让法官有更多的时间和精力办好案,最大限度地防范冤假错案。

第三节　司法责任与人工智能应用

随着司法责任制实践的深化,一种希冀借助人工智能加强对刑事司法过程和结果的管控,以预防冤假错案的设想油然而生。刑事智能辅助办案系统是人工智能应用于刑事司法的产物,有助于提高诉讼效率,规范司法行为,提升司法质效,与司法责任制的功能"不谋而合"。人工智能的基本定位是辅助(而非替代)司法者办案,其不能减轻或免除法官的审判责任。在探究刑事司法人工智能实现的可能和路径的同时,应具化适用场域,设定特定禁区,防范司法者规避责任承担。

一、刑事司法与人工智能的关系

人工智能在刑事司法领域的应用在我国尚处于起步阶段。从司法实践来看,尽管对人工智能在刑事司法领域的应用充满热情和期盼,但在具体实施过程中,对人工智能与刑事司法的关系、二者的原理等基础性问题重视不够,运用人工智能推动刑事司法的效果有待评估。对于奉行罪刑法定原则的刑事司法而言,AI 具备对行为和刑罚进行几何解析和归结的功能,可以为贝卡利亚所期许的“精确的、普遍的犯罪与刑罚的阶梯提供可能”。[1] 法律人工智能的发展,主要体现在语音识别、图像识别、文本分析和数据整合领域。[2] 有论者将人工智能思维和推理划分为五个步骤,展示了人工智能像人一样思考的全过程,在提出解决问题的方案、处理重复性事务方面比人更有优势。[3]

与民事诉讼、行政诉讼相比,刑事司法更具有确定性。从实体法层面看,一方面,《刑法》虽然规定了400余个罪名,但实践中常用罪名仅为20多个。[4] 无论是犯罪构成四要件说还是犯罪三阶层说,均为犯罪的认定提供了基本模型和操作规则。另一方面,量刑规范化自2010年试点的15个罪名扩展至2016年的23个罪名,[5]在量刑公开、量刑规范化方面积累了丰富的经验,特别是随着认罪认罚从宽制度的全面实施,量刑活动本身变得更具确定性和可预见性。从程序法层面看,我国刑事诉讼须遵循程序法定,《刑事诉讼法》及相关司法解释比较完整地规定了各类证据种类,证

---

[1] [意]切萨雷·贝卡利亚:《论犯罪与刑罚》,黄风译,北京大学出版社2014年版,第77页。

[2] 参见何帆:《我们离“阿尔法法官”还有多远》,载《浙江人大》2017年第5期。

[3] 人工智能思维和推理的一般步骤为:(1)利用设计者嵌入的或后天习得的自然语言处理能力,理解“问题”涉及的语法和文本,从语言、表情和情景中找出要解决的“问题”;(2)评估“问题”涉及的各种含义,界定“问题”的实质和边界;(3)依据算法推理可能的解决方案,或从可能搜索到的大数据中寻找所有相似“问题”已经成功过的解决方案,或让各种方案比拼,确定胜出的方案;(4)将本案例的关键材料与选定的若干解决方案匹配,并对匹配的吻合度进行评分排名;(5)依据排名顺序提供多个解决方案和最优解决方案。所以,在记忆、搜索、运算确定的和重复的事务处理等方面,人工智能可以比人类做得更好。参见盛学军、邹越:《智能机器人法官:还有多少可能和不可能》,载《现代法学》2018年第4期。

[4] 从全国范围来看,排在前列罪名分别是盗窃,危险驾驶,故意伤害,贩卖、运输毒品,容留他人吸毒,诈骗,抢劫,强奸,故意杀人等,占刑事案件总数的八成以上。数据来源于中国司法大数据研究院2017年全国法院审结刑事案件件数。

[5] 最高人民法院于2010年在全国法院全面试行刑事案件量刑规范化改革,出台了《人民法院量刑指导意见(试行)》以及《关于规范量刑程序若干问题的意见(试行)》,随后,全国各高级人民法院在本辖区内制定了量刑实施细则。在总结前期试点经验的基础上,最高人民法院于2016年开始扩大量刑规范化罪名和刑种试点,出台《关于扩大量刑规范化罪名和刑种试点的通知》,将危险驾驶罪等8种罪名纳入规范范围,基本实现了量刑规范化罪名的全覆盖。

据收集的主体、程序和方法，审查判断证据的方法，刑事侦查、起诉、审判活动须严格遵循法定程序，刑事司法行为具有稳定性和确定性。上述实体法、程序法两方面的规范性和确定性为人工智能引入刑事司法提供了可能。刑事司法有其基本原则，在实体法层面，须遵循罪刑法定、罪刑相适等原则；在程序法层面，须贯彻证据裁判、程序法定等原则。刑事司法须遵循诉讼规律，人工智能与刑事司法在形式规范、逻辑推理等方面存在诸多耦合之处，这为人工智能应用于刑事司法提供了可能。

二、刑事司法人工智能的地方样本

从刑事司法人工智能的地方实践来看，大致有以刑事诉讼业务协同为核心的跨部门大数据办案系统和以证据标准指引为核心的刑事智能辅助办案系统，[1]二者各有特色，为刑事司法人工智能提供了可能的实现路径。前者以电子卷宗为载体，着眼于公检法三机关的网络互联互通、案件数据共享，重在实现刑事案件网上全程流转，提高诉讼效率，推动网上办案、全程留痕监督、司法行为可追溯；在此基础上实现不同诉讼阶段电子卷宗的智能化应用，如证据唤醒、审判委员会可视化阅卷等。该模式的突出特点是全流程网上协同办案与局部人工智能应用相结合，侧重于业务协同、数据共享。后者主要侧重于证据标准指引，通过对证据的智能校验、审核、把关，及时发现证据瑕疵，完善证据锁链，消除其间矛盾，排除合理怀疑，确保证据标准符合各阶段法律规定的要求，以期统一司法尺度，提升办案质效。[2]

[1] 笔者曾于2017年9月下旬，利用一周时间对上海、浙江、苏州政法系统信息化建设进行专题调研，尤其对上海、苏州两地的刑事智能办案管理系统建设进行了深入地考察。

[2] 具体参见《人工智能辅助办案　有效防范冤假错案：上海研发推广“206”系统走出4年“天路”》，载《法治日报》2021年2月5日。

三、人工智能在刑事司法中的定位

智能辅助办案系统旨在通过推动公检法等办案单位在统一平台上、明确的指引下办案,共同提高办案人员的能力水平。司法的业务涉及人性、良知等人类最基本的情感,离不开司法者的价值判断,需要秉承谦抑、审慎、善意、文明的理念作出裁判。人工智能不可能取代法官,其基本定位是辅助司法者办案。

(一)人工智能为互相配合制约提供新载体

传统办案模式通常聚焦个案,实行诉讼阶段化作业(或流水线作业),公检法三机关在各自的诉讼阶段基本能自主决定案件的进度和走向,相互制约主要体现在立案监督、审查逮捕、办案期限等程序方面,一旦案件进入下一阶段,则后一阶段往往无法对前一阶段的诉讼活动进行有效制约,特别是在证据标准、补查补证等方面,监督较为滞后,拘束力较弱。传统的监督主要依靠盯人盯案,请示汇报,更多是静态监督、事后监督、自我监督;通过智能辅助办案系统能够实现动态、实时、全流程监督,由事后监督向事中监督转变,由自我监督向互相监督转变。

(二)人工智能为规范办案行为提供助推器

在传统办案模式下,不同的司法者对同一案件的办理思路、收集证据的方向、审查判断证据的标准可能有所不同,尤其是审判思维与侦查思维、公诉思维存在较大差异。与检察人员、审判人员相比,侦查人员距离案发时间、案发现场最近,是在相对密闭的环境中收集证据、抓人破案、查明事实;审判活动距离案发时间、案发现场较远,是在控辩双方共同参与的情况下公开进行的。如果说裁判文书是司法的最终产品,那么审判过程无异于生产过程,只有通过严密的生产体系、规范的生产流程和精准的质量把关方能产出合格、优异的产品。例如,推广应用法律文书智能校对系统,有利于帮助司法者及时发现逻辑错误,纠正语法文字标点错误以及明显的错漏等。对于案卷材料中的证据瑕疵,亦能起到筛查把关作用。如物证检验缺乏检材的来源,鉴定意见缺乏鉴定人资质,同一侦查人员在同一时间段内分别对不同人员进行询问或讯问等。特别是在面临案多人少、年底结案考核的情形时,对于证据材料较多、案情疑难复杂的案件,有些瑕疵证据从侦查、审查起诉一路过关,进入一审、二审乃至死刑复核程序。因此,对证据瑕疵或逻辑错误等问题,通过智能辅助办案系统能够及时查漏补缺,尽早完善,避免带病进入审判程序。与此同时,在涉及多名被告人、证人的场合,通过人工智能识别比对,能够辅助审查证明要素的异同,为办案决策提供参考;对现场视听资料,通过人工智能快速检索,能够及时精准抓取涉案的关键画面或信息,节省办案人员全程观看监控录像的时间,提高办案效率和精准度。

(三)人工智能为法官正确裁判提供好助手

传统刑事司法主要依托司法者个人的智慧和能力,对案件质量进行把关。但刑事个案纷繁复杂,千差万别,法律规范日益精细,加之受制于诉讼认识的局限和司法者办案水平的良莠不齐,差错有时在所难免。依托智能辅助办案系统,提供高质量的类案推送服务,有助于统一法律适用标准。如在被害人具有特异体质(如身患冠心病等基础病)的命案中,被告人对被害人实施了殴打行为,被害人身体所受损害程度尚不构成轻伤,但被告人的殴打行为是被害人疾病发作死亡的诱因(之一),对被告人的行为如何定性(故意伤害罪、过失致人死亡罪抑或意外事件),如何量刑,该系统都可以为司法者正确办理案件提供指引和参考。

四、刑事司法人工智能的实现路径

与证明标准不同,刑事证据标准是指在刑事诉讼中据以认定某类案件事实的证据要求和规格,[1]是办理具体个案应当收集哪些证据以及如何

---

〔1〕 参见李小平、张礼萍:《刑事诉讼中应当确立"证据标准"概念》,载《河南社会科学》2009年第2期。

收集证据的规范。证据规格多见于公安机关所属部门和地方制定的规范性文件中,是指刑事案件定罪量刑所需的基本证据以及各类证据的基本形式及取证要求。[1] 证据标准是证明《刑法》规定的犯罪构成要件的具体化与规范化,是证明标准的具化。证据标准旨在为办案人员收集证据提供分层指引和分段指引。[2] 构建证据标准指引要以证明标准为依归,实现证明标准要通过证据标准落地。证据标准指引具有以下特征。

(一)证据标准指引的基本性

刑事案件情况纷繁复杂,"没有完全相同的两个案件",每个案件的证据种类和特点也不尽相同。但这并不意味着某类案件没有基本的证据标准或规格。如在故意杀人案中,现场勘查笔录、证人证言、诊断证明书、尸体检验报告、法医学物证鉴定意见等是基本的证据种类,有的还有现场监控录像、作案工具(照片)等;在盗窃案中,被害人陈述、证明涉案财物属性的书证(票据)、涉案财物价格鉴定意见等是基本的证据种类,有的还有现场勘查笔录、视听资料、现场指纹、足迹或脱落细胞等物证。要求每一类案件齐备各种证据种类,既不现实也无必要,亦不符合案件自身的特点。列明同一类型案件所需具备的证据类型,可以为司法者提供基本的证据指引,提高执法办案的专业性。

(二)证据标准指引的阶段性

我国刑事诉讼不同阶段的证据标准并不相同。[3] 同一类型案件,在侦、诉、审不同阶段,由于证据情况、参与诉讼主体等不同,加之受制于诉讼

---

[1] 参见纵博:《刑事诉讼证据规格评析——以相关规范性文件为分析对象》,载《西南民族大学学报(人文社会科学版)》2017 年第 8 期。

[2] 分层指引是指根据构建完整闭合的证据链条的需要,提示办案人员在办理个案过程中应当如何构建证据链条、查证哪些事实、收集哪些证据。分段指引是指根据不同诉讼阶段的不同要求,提示办案人员应当分别收集哪些证据。

[3] 如立案标准是"有证据证明需要追究刑事责任";逮捕标准是"有证据证明有犯罪事实,可能判处有期徒刑以上刑罚,确有逮捕的必要";侦查终结、审查起诉和审判的证明标准都是事实清楚,证据确实、充分。

认识的局限性,证据需符合其所在阶段的规范性要求具有明显的阶段性。[1] 例如,侦查活动是在秘密闭合的环境下开展的,律师介入有限,无法全面知悉案件的证据情况,对侦查机关移送审查起诉的事实,难以实质性地提出无罪、罪轻证据或辩驳意见。又如,审查起诉阶段,检察机关经对公安机关移送的案件进行审查,认为证据尚不"确实、充分"的,可以退回补侦,也可以自行补侦,以完备证据体系。

(三)证据标准指引的递进性

随着诉讼程序的推进,诉讼活动由秘密闭合的侦查阶段,向相对开放的审查起诉阶段过渡,再到走向公开民主的审判阶段,律师和当事人参与诉讼的程度越来越高。特别是辩护人可以提出无罪、罪轻的证据或对控方的证据提出辩驳、质疑的意见,对于兼听则明、客观判断提供了全面的视角。在审前程序主要是侦控思维,侦查机关注重抓人破案,重视有罪、罪重的证据(如累犯、再犯、主犯等情节),而有意无意忽视无罪、罪轻的证据。审前刑事司法重在查明案件事实,是自证的过程。案件到了审判阶段,要求通过公开公正的程序实现实体的公正,重在证明案件事实,是他证的过程。上述阶段性特征逐步向递进性特征发展。

(四)证据标准指引的差异性

根据被告人认罪认罚的态度以及犯罪性质严重程度的不同,适用速裁程序、简易程序要求被告人认事认罪,并同意程序的适用;适用普通程序的被告人通常不认事、不认罪(当然也有因审限问题由速裁或简易程序转化为普通程序的)。从诉讼认识的角度来看,犯罪嫌疑人认罪可以减轻侦查机关的取证负担,降低公诉机关的举证难度,从而有利于节省办案成本,提高诉讼效率。如故意杀人案中的犯罪嫌疑人带领公安机关找到了掩埋的尸体,提取到了被扔弃的作案工具、掩藏的赃款赃物等,在排除串供、诱供、逼供的情况下,根据"非亲身经历无从知晓"的经验认知,真实的口供不仅

---

[1] 参见杨宇冠:《论中国刑事诉讼定罪证明标准——以排除合理怀疑为视角》,载《浙江工商大学学报》2017 年第 9 期。

有助于收集关键证据，完善证据锁链，而且有助于司法者增强内心确信。再如，死刑案件与普通案件的证据标准不同，案件事实（主要指被告人实施了指控的犯罪行为）要求排除一切合理怀疑，不存在其他人作案的可能性。死刑案件特别是命案（如故意杀人致人死亡），因被害人死亡无法提供陈述，在缺乏目击证人和其他直接证据的情形下，被告人成为唯一会说话的“人证”，而现场遗留的被告人的指纹、脚印、血液、精斑、作案工具等物证或痕迹，尽管具有较强的关联性，但终究是零散的、不成体系的“哑巴证据”，系间接证据。有些细节或情节（如犯罪动机、作案工具的去向乃至具体的作案手段），除了被告人亲身经历并供述外，要还原案件事实真相，完成举证责任达至证明标准并非易事。特别是在“一对一”闭合的作案环境中（如被告人与被害人系家庭成员关系，案发地在家中，物证痕迹等客观证据的证明力相对较弱），欲最大限度还原案发情景，司法机关有时不得不依赖被告人的口供来建构完整的犯罪事实。

五、刑事司法人工智能的限度

“人工智能为我国刑事诉讼制度的发展带来了机遇与挑战。但将人工智能运用于刑事诉讼应警惕：数据运用的昂贵与垄断，可能恶化刑事被追诉人的处境；算法的偏见与隐蔽，可能增加司法决策不公的风险；技术的机械与瓶颈，可能削弱司法工作者的能动性。”[1]“我们要警惕过分依赖冷数据和机器智能造成新的司法不公。至少在相当长的时期内，技术和算法难以找到逻辑理性和实践理性的恰当融合点。公正审判所需要的情感难以及时准确地进入机器人的决策系统，恰当地运用自由裁量权是机器人难以习得的智慧。”[2]审判是一门高超的艺术，本质上是解决矛盾纠纷，涉及人

[1] 卞建林：《人工智能时代我国刑事诉讼制度的机遇与挑战》，载《江淮论坛》2020年第4期。

[2] 盛学军、邹越：《智能机器人法官：还有多少可能和不可能》，载《现代法学》2018年第4期。

性的基本问题。在人类对人工智能可能存在的负面影响没有被确定性地解决之前，尤要注意人工智能刑事司法适用的范围与限度，特别是涉及公平、正义乃至公民自由与生命等基本价值判断和重大利益权衡领域，尤须慎思而行，有必要设置刑事司法人工智能的特定禁区和适用限度。

(一)智能辅助办案系统能否审查判断证明力

证明力是指证据对证明案件事实的价值或作用的大小。一般认为，证据的证明力系关联性范畴，属于法官自由裁量的对象，需要司法者运用逻辑思维和经验法则进行审查判断。现代法律不能预设某一证据证明力的大小以及证据之间证明力的优劣。以审判为中心的实质是在刑事诉讼的全过程实行以司法审判标准为中心，要求改变以往侦查中心、书面卷宗主义的积弊，减少庭前侦查卷宗材料对法官审判思维和内心确信的预断，真正发挥庭审实质性的决定作用。证人、鉴定人、侦查人员出庭作证被视为庭审实质化的核心指标之一，如果在审判阶段过于依赖智能办案管理系统，则可能不当强化书面卷宗的预设效力，这是因为智能办案管理系统赖以运转的基础是电子卷宗，其中大量是书面证据材料，这也是机器分析判断的主要对象，更多类似于书面审查，关注的是电子卷宗材料形式和内容的一致性和印证性，是对静态书面证据材料的综合分析判断。而庭审实质化旨在改变以往书面卷宗主义、庭审走过场的弊端，强调的是对动态的证据，对人证进行法庭调查，从关注结果向注重过程转变，从审查静态证据向判断动态证据转变，特别是对于出庭作证人员当庭的表情、神态、行为等“微证据”亦应予以一并关注。而这些证人、鉴定人出庭的动态信息是智能辅助办案系统无法预先收集的，亦无法以书面形式实时展现出来的。在享有智能辅助办案系统带来快捷便利的同时，须警惕其可能带来的负面效应，避免过度依赖电子卷宗，注重证据形式上的自洽性，防止异化为法定证据主义，消解庭审实质化改革的成果。希冀运用智能办案系统审查判断证据应主要适用于侦查、审查起诉阶段，侧重于对证据收集的指引，在审判阶段则应严格限制，发挥庭审的实质化作用，避免落入法定证据的窠臼，销蚀以审判为中心的刑事诉讼制度改革的成果。

(二)智能辅助办案系统能否在全国统一推广

"最好的刑事政策是最好的预防政策。"我国地域辽阔,各省、自治区、直辖市经济条件和治安形势不同,在刑事立法"大一统"和法律统一适用的前提下,刑事司法的数额标准、量刑标准等仍保留着省域的相对独立性。从刑事实体看,例如,财产犯罪(盗窃罪、诈骗罪、敲诈勒索罪等)的数额标准,最高人民法院、最高人民检察院司法解释仅规定一定的数额幅度,授权地方高级人民法院根据当地的经济社会发展水平和治安状况制定具体的数额标准;再如,量刑规范化改革,最高人民法院出台常见罪名量刑指导意见,授权各高级人民法院根据本地实际制定具体的量刑规范化实施细则,对量刑起点、基准刑、量刑情节的幅度等加以细化明确。从刑事程序来看,针对司法实践中存在的问题与难点,地方省级公检法司等政法单位有动力针对某类案件(如毒品犯罪、危险驾驶罪、网络犯罪等)的取证程序、证据标准等问题,出台地方性意见,以确保省级辖区内刑事司法标准的统一。因此,在进行刑事智能办案辅助系统顶层设计时,恐不宜全国"一刀切",而应坚持原则性与灵活性相统一,根据各自省域的治安状况和刑事案件特点,以省级为单位统筹设计智能辅助办案系统不失为稳妥务实的做法。

(三)适用类案检索能否实现"类案同判"

世界上没有两个完全相同的案件。就这个意义而言,"同案"是不存在的,但类似案情、类似情节的案件是客观存在的。案例检索涉及犯罪构成要素化、法律文本规范化、数据结构化、法律语料库等一系列法律和技术问题,更需要在计算层面改进算法并培养法学与计算机科学知识相融合的人才。[1] 从最高司法机关的导向来看,建立类案或关联案件强制检索机制,有利于最大限度地避免同一审判庭、同一法院范围过窄、案例来源不明、法律效力不明等诸多问题。[2] 在实践中,大部分案件是简单案件,诉讼各方

〔1〕 参见左卫民:《关于法律人工智能在中国运用前景的若干思考》,载《清华法学》2018年第2期。

〔2〕 参见左卫民:《如何通过人工智能实现类案类判》,载《中国法律评论》2018年第2期。

亦无争议,没有进行案例检索的必要。如果涉及事实认定、证据审查判断等问题,则属于法官(或合议庭)裁决的范畴,案例检索无法满足实践需求,解决实际问题。而对于疑难复杂案件,则涉及定性、法律适用及具体量刑,往往需要进行案例检索,参考类案的处理结果。[1] 在实践中,受制于检索平台的分散性、推送技术的局限性、样本数据的有限性、制度规范的缺失性等因素,智能辅助办案系统类案搜索费时耗力,精准度不高,权威性不足,无法满足现实需求,影响使用效果。从案例的效力和层级来看,除了最高人民法院公布的指导性案例具有一定的权威性,对法官办理类似案件具有约束力,在裁判文书说理部分可以直接援引作为论据,[2] 其他案例更多的是以裁判文书的形式呈现出来的,其中除了最高人民法院的裁判文书具有终审效力,其他法院的裁判文书仅具有参考作用,不具有强制力和权威性。故实现"案例检索"智能化功能有限,效果不佳,司法者仍需对类案进行人工甄别,适用的积极性有待提高。

作为现代科技与刑事司法融合的产物,人工智能在规范司法行为,提高诉讼效率,强化配合制约,加强对办案过程的质量控制等程序方面具有显著的优势,就这个意义而言,刑事智能辅助办案系统有助于纠正法官不当的诉讼行为,避免因不当行为而承担审判责任(甚至刑事责任)。但人工智能的基本定位是辅助而非替代司法者办案,特别是认定案件事实、审查判断证据、选择适用法律等实体性事项,属于法官自由裁量或内心确信的内容,无法依靠或依赖人工智能自动输出"答案或结果"。法官不因适用人工智能而减轻或免除审判责任,亦不能凭借人工智能规避责任的承担。

---

[1] 笔者在审理一起被害人具有特异体质的故意伤害致人死亡案过程中,希望了解该类案件的定性、量刑幅度以及能否在法定刑以下量刑等情况,遂通过北京法院"睿法官"智能系统进行检索,输入故意伤害(或过失致人死亡)、被害人、心脏病等关键词,未能查询到类似的案例。

[2] 最高人民法院 2010 年 11 月印发《关于案例指导的规定》第 7 条规定,最高人民法院发布的指导性案例,各级人民法院审判类似案件时应当参照。

第四节　司法责任与重大敏感案件审判

当前,随着互联网技术的迅猛发展,信息传播和社会沟通方式深刻变革,舆情事件突发、频发、多发。刑事审判攸关公民切身利益,事关社会公平正义,容易成为社会关注的焦点。重大敏感刑事案件的处理稍有不慎,就可能引发舆情,造成恶劣影响。因此,在重大敏感刑事案件中,引发司法责任的风险更为直接和紧迫,对法官的压力和考验更为严峻。如何识别和妥善审理重大敏感刑事案件显得尤为重要。

一、何为重大敏感刑事案件

重大敏感刑事案件是指各界广泛关注、社会影响大以及可能或已经引起社会炒作的刑事案件。[1] 有学者将某些被高度关注而演变成"过度曝光的案件"称为"公案"。[2] 刑事案件的关注点、炒作点、敏感点多,既可能来自当事人的特殊身份(如未成年人群体),也可能来自案件事实本身的新闻效应;既可能来自案件涉及的有关单位或群体的利益,也可能来自案件引发的其他影响社会稳定的因素;既可能来自案件之外,也可能来自司法机关对案件某个诉讼程序的处理不当。

自媒体的广泛应用和司法公开的日益深化,极大拓展了重大敏感案件的范围。以往看似简单的一起刑事"小案",背后可能潜伏着敏感因素,在"聚光灯""显微镜"的双重检验下,负面因素随时会被无限放大,形成舆情。这就要求法官了解重大敏感案件的规律特点,其产生具有时代性,发

[1] 参见裴显鼎:《以习近平新时代中国特色社会主义思想为指南,精心做好刑事大要案审判工作》,载《刑事审判参考》2019 年第 113 集。

[2] 参见孙笑侠:《公案及其背景——透视转型期司法中的民意》,载《浙江社会科学》2010 年第 3 期。

生具有突发性,发展具有转化性。[1] 如有的案件因关乎公共安全和道德底线,自发生之始即具有轰动效应;有的案件因受众面广,关乎网络言行界限而备受关注;有的案件因涉及司法公正而触动民众神经;有的案件因执法司法者的程序瑕疵或言行失当而引发媒体炒作,质疑司法公信力;有的案件判决前舆情平稳,但宣判后经媒体公开报道,案件处理结果与民众认知相去甚远而引发舆情;有的案件因裁判文书公开后发现多处错误或瑕疵,引发对法官司法能力和司法公信力的强烈质疑;等等。有学者根据"公案中的主题元素"将公案分为官民冲突、权贵身份、社会民生、道德底线、功德困境、迷离疑难六类案件,[2] 颇有借鉴意义。司法者须妥善把握处理原则,审慎处理好每一起案件。

二、如何识别重大敏感刑事案件

(一)思想层面:提高敏锐性和识别力

刑事审判无小事,在司法活动中须保有敏锐意识,高度关注案件背后涉及的群体矛盾和利益冲突,提高对案件敏感因素的洞察力和判断力。在办理每一个具体案件过程中,准确把握"三个效果"的内涵和相互关系。聚焦三种视角,秉持三种思维,实现三个效果。法律效果是法律视角,专业思维,关切基准底线;政治效果是国家视角,政权思维,关切国家根本;社会效果是治理视角,民众思维,关切社情民意。一般认为民意即舆论,其对司法具有积极的意义和作用,同时司法领域的民意具有复杂性,其具有情绪化、非独立性、群体极化、[3] 碎片化、分裂化和娱乐化的特点。[4] 三者相辅相

---

[1] 参见祝华:《重大敏感案件中的司法自信》,载《人民法院报》2014 年 1 月 6 日。

[2] 参见孙笑侠:《公案的民意、主题与信息对称》,载《中国法学》2010 年第 3 期。

[3] "群体极化"现象是指通常一个群体的各位成员针对某一问题进行讨论后,该群体会作出比讨论前的任何一个成员的观点都更加极端的决定。勒庞在《乌合之众》一书中分析了"群体极端表现"的特征。参见[法]古斯塔夫·勒庞:《乌合之众》,戴光年译,新世界出版社 2010 年版,第 21 ~ 22 页。

[4] 参见孙笑侠:《公案的民意、主题与信息对称》,载《中国法学》2010 年第 3 期。

成,不可割裂,只有在司法活动中统筹权衡,做到多维度、全方位考量,才能避免片面、孤立、僵化司法。

(二)操作层面:全方位把握敏感信息

从刑事诉讼流程看,对于刑事案件特别是重大敏感刑事案件,公安、检察机关处于诉讼的前端,接触案件当事人较早,掌握的案件信息较为原始、直接,也是甄别和评估案件敏感因素的起点。有相当一部分刑事案件在案发时即引发广泛关注,为回应社会关切,需要执法司法机关及时作出回应。重大敏感案件发现越早,越能掌握审判的主动权,也越能妥善作出应对。在司法实践中,需要重点关注以下内容:

1. 关注当事人的特殊身份

在刑事司法层面,当事人(无论是被告人抑或被害人)身份的特殊性(或是否系特殊群体)时常会引发社会的广泛关注。如被告人系公职人员,无论是实施职务犯罪(如贪污、受贿等)还是实施普通犯罪(如故意伤害、危险驾驶等),因其身份敏感,案件能否公正处理会成为民众关注的热点。再如,被害人系未成年人、老年人等弱势群体,能否给予全面、充分的司法保护,体现对被告人的依法严惩,会成为社会关注的焦点。因此,办理具有特殊身份的当事人的案件,需给予特殊关注,避免引发炒作,造成恶劣社会影响。

2. 关注当事人的态度

当事人在诉讼过程中的态度并非一成不变的,而是随着诉讼进程推进特别是诉讼阶段的切换而发生转变。如在押被告人在侦查阶段为争取取保候审等宽缓处理,而表现出积极的认罪悔罪态度;但到了审判阶段,为争取无罪判决而态度大转变(如推翻有罪供述),表现出强烈的对抗性。再如故意杀人案中被害人家属的态度,在一审阶段中由于各种因素尚未充分表现,直至一审判决结果(如判处被告人死缓)未能满足其要求,达到其预期,在二审阶段充分表露,极力申请检察机关抗诉,强烈要求判处被告人死刑,甚至扬言要采取过激行动。因此,充分听取案件当事人的意见,有利于及时发现潜在的敏感因素和风险。

3. 拓展案件信息的来源和途径

一是加强与侦诉机关的沟通交流。审判机关处于刑事诉讼的后端，与侦诉机关相比，掌握的案件信息相对延后。多与侦诉机关沟通，有利于及时了解当事人的动态和案件信息，掌握案件更多的背景性资料，为妥善审理案件提供辅助。二是注重卷宗材料的基础性作用。卷宗材料是诉讼过程和案件处理的客观记载，案件涉及的敏感因素（如涉诉信访或当事人有极端言行等），卷宗材料中或多或少有所体现。通过审查卷宗材料，有助于及时发现涉案争议点、敏感点，明确审判的重点和焦点，下好先手棋、打好主动仗。三是充分听取诉讼参与人的意见。如果说卷宗材料反映的是案件的静态信息，那么诉讼参与人则是案件动态信息的"活水源头"。因为卷宗材料承载的信息毕竟是有限的、抽象的，而参与到诉讼活动中的"人"是丰富的、立体的。通过谈话、会见等多种方式，认真听取诉讼参与人的意见，有助于最大限度地获取案件信息，及时发现潜藏的敏感因素，便于司法者科学决断。四是适度关注新闻媒体报道的热点案（事）件。身处于自媒体时代，作为社会人的司法者对于热点案（事）件，显然无法置身事外，特别是已在媒体或网络上引发关注的案件，司法者有必要关注，通过媒体评论、舆情反映，做到对案件敏感因素及时、准确、全面地掌握。

三、提高重大敏感刑事案件的审判能力

实情决定舆情，舆情影响实情的处理。在新媒体环境下，唯有妥善审理好重大敏感刑事案件，积极引导舆情，方能实现三个效果的有机统一。

（一）增强庭审驾驭能力，关注审判细节

对于媒体广泛关注的案件，既要依法保障辩方的辩护权，又要保证庭审顺利进行，审判长把控庭审节奏，强化庭审驾驭能力显得尤为重要。首先，事先了解控辩双方特别是辩方思路。检察机关起诉书是代表控方意见的正式法律文书，庭前已为各方所知悉；辩方是做无罪辩护还是罪轻辩护，在一定程度上影响庭审思路。其次，充分发挥诉辩职能，提前适当沟通，明

确庭审重点,避免出现辩审对抗局面,实现庭审效果最优化。再次,法庭恪守居中裁判,平等对待控辩双方。注重归纳总结,对于各方重复或没必要、无关联的发言及时提醒制止,但不能影响辩护权的正当行使。最后,关注审判细节,彰显司法文明。庭审中保证被告人必要的饮食和适当的休息,根据当事人的身体状况备用急救措施,针对诉讼参与人理性平和提问,保障基本尊严,体现司法文明进步。

(二)贯彻"三同步",实现"三效"统一

提高重大敏感刑事案件的审判能力要贯彻依法审理、舆论引导、社会面管控"三同步"原则。"三同步"中依法审理案件是基础,没有好的法律效果,舆论引导和社会面管控工作无从谈起。依法审理方案,重点是制定好包括庭审提纲在内的庭审预案、宣判预案,要充分考虑庭审、宣判环节可能出现的突发情况,在工作预案中要予以明确,提出有针对性的应对举措,确保重大敏感案件在实体和程序上不出任何瑕疵,做到严格依法审理;舆论引导方案,重点是紧紧围绕庭审、宣判工作,综合分析案件性质、可能引起关注的焦点问题,制定舆论引导方案;社会面管控方案,重点是根据网上舆情和网下事态,分析案件审判阶段特别是开庭、宣判等重要环节可能出现的影响稳定因素,在做好案件审判工作的同时,做好社会秩序的维护。

增强庭审驾驭能力和贯彻"三同步"主要针对刑事审判领域为保障司法责任制而展开,着眼于微观而具体的制度。实际上,司法责任保障措施远不止上述内容,特别是加强法官的履职保障,是法官安身立命的重要基础。如法官依法履职受法律保护,依法审判不受内外部干预,对法官的不实举报、诬告陷害的澄清正名以及对严重藐视法庭权威的行为进行规制等,为法官依法独立行使审判权创造良好的内外部环境,使其能够安心办案,尽心履职,通过在一个个具体个案中实现公平正义来彰显司法责任制的价值和功能。

结　论

本书围绕刑事审判权的运行，以刑事法官为视角，从历史、规范、理论、实践等多个维度勾勒了司法责任制在刑事司法领域的运行图景。被喻为本轮司法改革“牛鼻子”的司法责任制，是在我国特定历史背景下提出的“新概念”。司法责任制不是法官（或错案）责任追究制，其是在继受既往责任制度合理因素的基础上，为平衡“独立与责任”“放权与监督”关系而提出的一种新型的司法自治与监督制约制度。我国传统刑事司法对法官的裁判权实施高度辖制，作为司法者个体的法官地位不彰、作用不显，造成“审者不判、判者不审”“责任弥散、无人负责”等诸多弊病，不符合司法权运行规律要求，不利于保障案件裁判质量。本轮司法改革发轫于刑事司法领域，为防范冤假错案，实现司法公正，树立司法公信，改革者提出“让审理者裁判，由裁判者负责”，以期通过明确司法职权，压实司法责任，实现“审理者—裁判者—责任者”三者相统一。

审判权在我国整体由法院依法独立行使，司法裁判活动对外亦由法院承担责任，但具体个案中行使裁判权的个体是法官。随着司法人员分类管理和法官员额制改革的基本完成，法官在整个法院体系中的主体地位日益凸显，对案件的裁判拥有了更多的话语权。在适度放权的同时，改革者又担心权力被法官滥用造成腐败，于是围绕审判权的运行设计了一系列监督管理制约机制，意图通过设定权力清单和责任清单，对审判活动各环节实施程序化控制，并借助现代科技和“智慧司法”将审判权关进“制度的笼子”。但与行政权等其他权力不同，司法权的本质是裁量权和判断权。运用证据规则,认定案件事实,选择适用法律,依法作出裁判,是法官秉承亲历性和证据裁判原则对案件处理形成的一种认知,亦是法官行使自由裁量权,形成内心确信的主客观相统一的过程。审判权居于司法权力运行体系的中心,审判监督权和审判管理权作为保障和衍生,不能干预审判核心领域的事项。因此,有必要框定审判权监督的范围和界限,合理平衡"放权与监督"的关系,避免重回院庭长审批案件的老路。当然,面对叠床架屋、严密的监督体系,如何警惕"钱穆制度陷阱",[1]防范"内卷化"效应,[2]是司法责任制实施中需要认真对待并极力避免的现象。实际上,相较于法院内部的监督,外部的监督特别是案件当事人、辩护人的监督是对法官最直接、最及时也可能是最有效的监督。一方面,充分保障当事人程序参与原则,通过公开的程序让当事人感受到司法过程的公正;另一方面,加强裁判文书释法说理,通过在裁判文书中公开裁判形成的过程和心证形成的原因,阐述事实认定和法律适用的思路和逻辑,让当事人感受到裁判结果的公正。裁判文书的公开是倒逼法官提高裁判质量,审慎作出每一项决定的有效方式。法官唯有勤勉履职,依法公正行使裁判权,方能向当事人和社会输出合格(优质)的公共产品(裁判文书)。就这个意义而言,司法责任更应注重强调法官的国家责任、社会责任和对当事人的责任。

我国刑事司法坚持"实事求是,有错必究"原则,追求案件实体真实,追问案件客观真相,无论是在当事人、司法者、社会公众还是在主导政治力量

---

[1] "钱穆制度陷阱"是我国著名历史学家钱穆在分析中国历史时提出的,他指出,中国政治制度演绎的传统是:一个制度出了毛病,再定一个制度来防止它,相沿日久,一天天地频密化,有些却变成了病上加病。该理论揭示了有效的监督制度不可能是一个单项的制度,而应是一个制度体系。该制度体系不是以制度的多少为标准,不是越多越好,而在于管不管用。因此,制定制度要切中问题要害,建立真正管用的制度框架。

[2] "内卷化"是指一种社会或政治、经济、文化模式发展到某个阶段形成一定的形式后停滞不前,只是在内部变得越来越复杂,无法向新的、更高级的形式变迁的状态。"无发展的增长"是"内卷化"的突出特征,描述的是一种阻滞性的演化发展形态,也就是缺乏实质性发展或突破性变革的"瓶颈"状态。在结构上,表现为系统内部各构成要素之间的关系日益复杂混沌;在功能上,表现为系统发展难以上升到更高层级,且存在不能有效适应新需求的功能性障碍;在绩效上,呈现为系统运行效率降低、绩效不彰状况。参见杨力:《从基础司改到综配司改:"内卷化"效应纾解》,载《中国法学》2020年第4期。

的思想意识里根深蒂固,这也能解释为何我国传统的法官责任制度主要呈现出以裁判错误为导向的结果责任模式。受制于主客观等多方面因素的影响,司法实践中错误裁判在所难免。错案是一种客观存在的现象,界定错案须经严格的程序。因我国刑事诉讼实施精密司法,总体而言,刑事案件无罪判决率维持在较低水平,但其带来的负面影响不容小觑。当错案发生后,我们以什么样的姿态去面对和处理,如何确定合理的追责标准,构建科学的追责程序,是司法责任制在实体和程序两个层面的必答题。既往错案责任追究制和违法审判责任制,在很大程度上是结果导向、客观归责,未来法官责任制度应向"不当行为为主、裁判结果为辅"主客观相统一的现代司法责任制转型。

司法责任制改革的部分成果亦为《法官法》所吸收,其中最为显著的创新是引入责任评议的第三方专业组织——法官惩戒委员会。但"书本上的法"不会自动转化为"行动中的法",理想的制度设计能否经得住实践检验并在实践中落地生根,尚待进一步观察。中国的法官具有多重身份,除了是公职人员,绝大部分还是党员,同时要遵守党的纪律、国家法律、法官行为规范和职业道德。法官的业内外行为同时受党纪国法、职业规范约束。当法官在行使审判权过程中出现违法审判行为时,党纪、国法和审判责任三者如何衔接,成为法官惩戒程序需要厘清的问题。至少就目前而言,法官惩戒委员会尚未被激活,法官惩戒与党纪政纪处分的关系尚不明确。司法体制改革与监察体制改革同为中央的重大改革,二者须协同配套,相得益彰,而非相互抵牾甚至抵消,尤其要避免弱化或虚化法官惩戒制度。

改革只有进行时,没有完成时。司法责任制改革亦然,未来需要制定一部统一的《法官职业保障和惩戒法》,整合现有的制度文件,总结成熟的经验做法。一方面明确审判组织及其成员的职权,加强法官履职保障,赋予其一定的责任豁免权;另一方面明确司法责任的基本要素和构成要件,构建司法化的法官惩戒程序。通过"职权—责任—保障"机制,确保审判权依法独立行使,最终实现司法公正、司法为民。

参考文献

(一)中文著作

[1]卞建林:《中国司法制度基础理论研究》,中国人民公安大学出版社2013年版。

[2]卞建林、焦洪昌等:《传媒与司法》,中国人民公安大学出版社2006年版。

[3]卞建林、杨宇冠主编:《非法证据排除规则实证研究》,中国政法大学出版社2012年版。

[4]陈光中:《中国司法制度的基础理论问题研究》,经济科学出版社2010年版。

[5]陈光中主编:《刑事诉讼法》(第六版),高等教育出版社、北京大学出版社2016年版。

[6]陈光中:《中国古代司法制度》,北京大学出版社2017年版。

[7]陈光中:《中国现代司法制度》,北京大学出版社2020年版。

[8]陈顾远:《中国法制史概要》,商务印书馆2011年版。

[9]陈瑞华:《司法体制改革导论》,法律出版社2018年版。

[10]陈雅丽:《豁免权研究——基于宪法的视域》,中国法制出版社2011年版。

[11]陈业宏、唐鸣:《中外司法制度比较》,商务印书馆2015年版。

[12]陈陟云、肖启明:《回归本质:司法改革的逻辑之维与实践向度》,法律出版社2015年版。

[13]崔亚东主编:《上海法院司法体制改革的探索与实践》,人民法院

出版社 2018 年版。

[14]杜磊:《司法改革视角下的法官惩戒制度研究》,群众出版社 2016 年版。

[15]樊崇义主编:《诉讼原理》,法律出版社 2003 年版。

[16]樊崇义:《底线:刑事错案防范标准》,中国政法大学出版社 2015 年版。

[17]范愉等编著:《司法制度概论》(第三版),中国人民大学出版社 2016 年版。

[18]怀效锋主编:《法官行为与职业伦理》,法律出版社 2006 年版。

[19]怀效锋主编:《司法惩戒与保障》,法律出版社 2006 年版。

[20]季卫东:《宪政新论——全球化时代的法与社会变迁》(第 2 版),北京大学出版社 2005 年版。

[21]季卫东等:《中国的司法改革》,法律出版社 2016 年版。

[22]姜保忠:《以审判为中心视角下刑事错案防范机制研究》,法律出版社 2017 年版。

[23]贺荣主编:《深化司法改革与行政审判实践改革研究——全国法院第 28 届学术讨论会获奖论文集》,人民法院出版社 2017 年版。

[24]胡昌明:《中国法官职业保障研究》,中国社会科学出版社 2019 年版。

[25]胡铭等:《错案是如何发生的——转型期中国式错案的程序逻辑》,浙江大学出版社 2013 年版。

[26]黄茂荣:《法学方法与现代民法》,中国政法大学出版社 2001 年版。

[27]黄文旭:《加拿大司法责任制度研究》,武汉大学出版社 2018 年版。

[28]黄怡:《司法责任制改革实践与发展研究》,人民法院出版社 2019 年版。

[29]蒋惠岭:《司法改革的知与行》,法律出版社 2018 年版。

[30]蒋惠岭:《深化司法体制综合配套改革重点问题研究》,人民法院出版社 2019 年版。

[31]李本森主编:《法律职业道德概论》(第二版),高等教育出版社 2015 年版。

[32]李凤鸣:《中国法官惩戒的现代化转型:1901—1949》,法律出版社 2016 年版。

[33]李建明:《刑事司法错误——以刑事错案为中心的研究》,人民出版社 2013 年版。

[34]林钰雄:《严格证明与刑事证据》,法律出版社 2008 年版。

[35]林喜芬:《转型语境的刑事司法错误论——基于实证与比较的考察》,上海人民出版社 2011 年版。

[36]刘品新:《刑事错案的原因与对策》,中国法制出版社 2009 年版。

[37]龙宗智:《相对合理主义》,中国政法大学出版社 1999 年版。

[38]陆而启:《法官角色论——从社会、组织和诉讼场域的审视》,法律出版社 2009 年版。

[39]吕泽华:《死刑证据控制的理论与实践》,中国社会科学出版社 2018 年版。

[40]庞树奇、范明林主编:《普通社会学理论》,上海大学出版社 2011 年版。

[41]全亮:《法官惩戒制度比较研究》,法律出版社 2011 年版。

[42]沈岿:《国家赔偿法:原理与案例》(第二版),北京大学出版社 2017 年版。

[43]孙海龙等:《司法责任制改革》,法律出版社 2017 年版。

[44]孙海龙等:《审判权运行机制改革》,法律出版社 2015 年版。

[45]宋英辉等:《刑事诉讼法修改的历史梳理与阐释》,北京大学出版社 2014 年版。

[46]谭世贵等:《中国法官制度研究》,法律出版社 2009 年版。

[47]谭世贵主编:《中国司法原理》,高等教育出版社 2004 年版。

[48]唐亚南:《刑事错案产生的原因及防范对策——以81起刑事错案为样本的实证分析》,知识产权出版社2016年版。

[49]汪海燕:《我国刑事诉讼模式的选择》,北京大学出版社2008年版。

[50]王乐龙:《刑事错案:症结与对策》,中国人民公安大学出版社2011年版。

[51]王利明:《司法改革研究》(修订本),法律出版社2001年版。

[52]王葆莳、赵冠男:《德国司法责任制度研究》,武汉大学出版社2018年版。

[53]信春鹰、李林主编:《依法治国与司法改革》,中国法制出版社1999年版。

[54]杨宇冠:《国际人权法对我国刑事司法改革的影响》,中国法制出版社2008年版。

[55]杨宇冠:《人权法——〈公民权利和政治权利国际公约〉研究》,中国人民公安大学出版社2003年版。

[56]杨宇冠、杨晓春编:《联合国刑事司法准则》,中国人民公安大学出版社2003年版。

[57]于熠、潘萍:《日本司法责任制度研究》,武汉大学出版社2019年版。

[58]袁勤华:《司法人员管理体制研究》,中国法制出版社2016年版。

[59]张建伟:《刑事司法体制原理》,中国人民公安大学出版社2002年版。

[60]张晋藩:《中国法制史》,商务印书馆2010年版。

[61]最高人民法院刑事审判第三庭编著:《刑事证据规则理解与适用》,法律出版社2010年版。

[62]司法改革研究课题组编:《改革司法——中国司法改革的回顾与前瞻》,社会科学文献出版社2005年版。

[63]张志成:《逻辑思维与司法实践》,北京大学出版社2005年版。

[64]张文显主编:《法理学》(第四版),高等教育出版社、北京大学出版社 2011 年版。

[65]张文显:《司法的实践理性》,法律出版社 2016 年版。

[66]张越:《法律责任设计原理》,中国法制出版社 2010 年版。

[67]赵瑞罡:《司法改革背景下合议制度研究》,法律出版社 2018 年版。

[68]中国社会科学院语言研究所词典编辑室编:《现代汉语词典》(第 7 版),商务印书馆 2016 年版。

[69]最高人民法院司法改革领导小组办公室编著:《〈最高人民法院关于完善人民法院司法责任制的若干意见〉读本》,人民法院出版社 2015 年版。

[70]最高人民法院司法政治部编:《域外法院组织和法官管理法律译编》,人民法院出版社 2017 年版。

[71]最高人民法院编:《中国法院的司法改革(2013—2018)》,人民法院出版社 2019 年版。

[72]周道鸾:《司法改革与司法实务探究》,人民法院出版社 2006 年版。

[73]周雪光:《中国国家治理的制度逻辑》,生活 · 读书 · 新知三联书店 2017 年版。

(二)中文论文

[1]白冰:《法官责任追责程序的基本要素》,载《政法论坛》2020 年第 2 期。

[2]卞建林:《中国特色刑事诉讼制度的重大发展》,载《法学杂志》2012 年第 5 期。

[3]卞建林、谢澍:《"以审判为中心"与刑事程序法治现代化》,载《法治现代化研究》2017 年第 1 期。

[4]卞建林:《人工智能时代我国刑事诉讼制度的机遇与挑战》,载《江淮论坛》2020 年第 4 期。

[5]卞建林、孙卫华:《通向司法民主:人民陪审员法的功能定位及其优化路径》,载《浙江工商大学学报》2019 年第 4 期。

[6]柴荣、林群丰:《论中国传统司法责任制度及其当代价值》,载《河北学刊》2015 年第 6 期。

[7]陈东超:《现行错案责任追究制的法理思考》,载《法商研究(中南政法学院学报)》2000 年第 6 期。

[8]陈光中:《略谈司法公信力问题》,载《法制与社会发展》2015 年第 5 期。

[9]陈光中、崔洁:《司法、司法机关的中国式解读》,载《中国法学》2008 年第 2 期。

[10]陈光中、龙宗智:《关于深化司法改革若干问题的思考》,载《中国法学》2013 年第 4 期。

[11]陈光中、肖沛权:《关于司法权威问题之探讨》,载《政法论坛》2011 年第 1 期。

[12]陈光中、王迎龙:《司法责任制若干问题之探讨》,载《中国政法大学学报》2016 年第 2 期。

[13]陈光中、魏晓娜:《论我国司法体制的现代化改革》,载《中国法学》2015 年第 1 期。

[14]陈海锋:《错案责任追究的主体研究》,载《法学》2016 年第 2 期。

[15]陈杭平:《在司法独立与司法负责之间——美国州法官考评制度之考察与评析》,载《当代法学》2015 年第 5 期。

[16]陈杭平:《论“事实问题”与“法律问题”的区分》,载《中外法学》2011 年第 2 期。

[17]陈虎:《逻辑与后果——法官错案责任终身制的理论反思》,载《苏州大学学报(哲学社会科学版)》2016 年第 2 期。

[18]陈科:《论司法的可错性》,载《法学》2020 年第 12 期。

[19]陈铭强:《论法官惩戒委员会的法律地位》,载《政治与法律》2020 年第 2 期。

[20]陈瑞华:《法官责任制度的三种模式》,载《法学研究》2015 年第 4 期。

[21]陈瑞华:《司法裁判的行政决策模式——对中国法院“司法行政化”现象的重新考察》,载《吉林大学社会科学学报》2008 年第 4 期。

[22]陈瑞华:《案卷笔录中心主义——对中国刑事审判方式的重新考察》,载《法学研究》2006 年第 4 期。

[23]陈瑞华:《案卷移送制度的演变与反思》,载《政法论坛》2012 年第 5 期。

[24]陈瑞华:《实物证据的鉴真问题》,载《法学研究》2011 年第 5 期。

[25]陈卫东、石献智:《审判长选任制的缺陷刍议》,载《法商研究》2002 年第 6 期。

[26]陈卫东、李奋飞:《刑事二审“发回重审”制度之重构》,载《法学研究》2004 年第 1 期。

[27]陈卫东:《建构统一的司法官纪律惩戒委员会》,载《人民法治》2016 年第 6 期。

[28]陈卫东:《认罪认罚从宽制度研究》,载《中国法学》2016 年第 2 期。

[29]陈卫东:《司法责任制改革研究》,载《法学杂志》2017 年第 8 期。

[30]陈学权:《刑事陪审中法律问题与事实问题的区分》,载《中国法学》2017 年第 1 期。

[31]陈学权:《美国刑事审判中陪审团适用法律权述评》,载《比较法研究》2017 年第 2 期。

[32]陈学权:《刑事裁判权在法官与陪审员之间的配置》,载《现代法学》2018 年第 1 期。

[33]陈学权:《人民陪审员制度改革中事实审与法律审分离的再思考》,载《法律适用》2018 年第 9 期。

[34]陈学权:《刑事错案的三重标准》,载《法学杂志》2005 年第 4 期。

[35]陈永生:《我国刑事误判问题透视——以 20 起震惊全国的刑事冤

案为样本的分析》,载《中国法学》2007 年第 3 期。

[36]陈永生:《冤案的成因与制度防范——以赵作海案件为样本的分析》,载《政法论坛》2011 年第 6 期。

[37]陈永生:《论刑事错案的成因》,载《中外法学》2015 年第 3 期。

[38]陈永生:《冤案为何难以获得救济》,载《政法论坛》2017 年第 1 期。

[39]陈永生、邵聪:《冤案难以纠正的制度反思——以审判监督程序为重点的分析》,载《比较法研究》2018 年第 4 期。

[40]重庆市第一中级人民法院课题组、黄明耀:《合议庭职责和院庭长裁判文书签发权限制度的完善》,载《西南政法大学学报》2008 年第 3 期。

[41]重庆市高级人民法院课题组、钱锋、高翔:《审判管理制度转型研究》,载《中国法学》2014 年第 4 期。

[42]崔敏、王乐龙:《刑事错案概念的深层次分析》,载《法治研究》2009 年第 1 期。

[43]崔永东:《法官责任制的定位与规则》,载《现代法学》2016 年第 3 期。

[44]樊传明:《追究法官审判责任的限度——现行责任制体系内的解释学研究》,载《法制与社会发展》2018 年第 1 期。

[45]樊传明:《陪审案件中的审判责任制——以保障和管控人民陪审员裁判权为核心》,载《法学家》2019 年第 5 期。

[46]樊崇义、刘文华:《客观与理性:刑事错案责任追究制度的理念建构》,载《安徽大学学报(哲学社会科学版)》2015 年第 4 期。

[47]范一锴:《中共党员纪律处分追责时效制度建立的可行性》,载《河北学刊》2015 年第 4 期。

[48]方乐:《法官责任制度的司法化改造》,载《法学》2019 年第 2 期。

[49]方乐:《法官责任制度的功能期待会落空吗?》,载《法制与社会发展》2020 年第 3 期。

[50]傅郁林:《司法责任制的重心是职责界分》,载《中国法律评论》

2015 年第 4 期。

[51]高冠宇、江国华:《法官责任的理论构建》,载《学术论坛》2018 年第 3 期。

[52]高童非:《我国刑事司法制度中的卸责机制——以法院和法官为中心》,载《浙江工商大学学报》2019 年第 9 期。

[53]巩富文:《中国古代法官责任制度的基本内容与现实借鉴》,载《中国法学》2002 年第 4 期。

[54]葛琳:《检察官惩戒委员会的职能定位及其实现——兼论国家监察体制改革背景下司法责任追究的独立性》,载《法学评论》2018 年第 2 期。

[55]龚举文、陈运生:《论刑事错案责任追究制度》,载《法商研究(中南政法学院学报)》1996 年第 2 期。

[56]顾培东:《中国司法改革的宏观思考》,载《法学研究》2000 年第 3 期。

[57]顾培东:《人民法院内部审判运行机制的构建》,载《法学研究》2011 年第 4 期。

[58]顾培东:《再论人民法院审判权运行机制的构建》,载《中国法学》2014 年第 5 期。

[59]顾培东:《法官个体本位抑或法院整体本位——我国法院建构与运行的基本模式选择》,载《法学研究》2019 年第 1 期。

[60]顾培东:《当代中国司法生态及其改善》,载《法学研究》2016 年第 2 期。

[61]顾培东:《人民法院改革取向的审视与思考》,载《法学研究》2020 年第 1 期。

[62]顾永忠:《对余金平交通肇事案的几点思考——兼与龙宗智、车浩、门金玲教授交流》,载《中国法律评论》2020 年第 3 期。

[63]顾永忠:《刑事冤案发生的深层认识原因剖析——以刑事审判为分析视角》,载《法学杂志》2013 年第 12 期。

[64]郭宁:《法官豁免权的存在空间及其限度——基于两大法系的比较视角》,载《山东师范大学学报(人文社会科学版)》2013 年第 6 期。

[65]郭志远、王胤:《新时代背景下我国司法责任制的完善》,载《新疆社会科学》2018 年第 1 期。

[66]何帆:《我们离“阿尔法法官”还有多远》,载《浙江人大》2017 年第 5 期。

[67]贺日开、贺岩:《错案追究制实际运行状况探析》,载《政法论坛》2004 年第 1 期。

[68]侯猛:《当代中国政法体制的形成及意义》,载《法学研究》2016 年第 6 期。

[69]胡铭、郑昕:《错案追究制的法理思考与制度构建》,载《学习论坛》2013 年第 2 期。

[70]胡铭、陈喆:《新时代司法体制改革走向之展望》,载《理论视野》2018 年第 6 期。

[71]胡铭:《司法公信力的理性解释与建构》,载《中国社会科学》2015 年第 4 期。

[72]胡仕浩:《论人民法院“全面推开司法责任制改革”的几个问题》,载《法律适用》2016 年第 11 期。

[73]胡雅丽:《论豁免制度与法治的兼容性——兼论我国公职人员豁免制度的建立与完善》,载《政治与法律》2010 年第 12 期。

[74]胡岩:《论司法错误与司法责任——兼论“错案追究制”的正当性》,载《法律适用》2011 年第 3 期。

[75]胡云腾:《论裁判文书的说理》,载《法律适用》2009 年第 3 期。

[76]胡云腾:《执法办案如何做到法理情兼顾》,载《法律适用》2020 年第 17 期。

[77]胡云腾:《错案防范与司法问责刍议》,载《中国法律评论》2014 年第 2 期。

[78]黄文艺:《中国司法改革基本理路解析》,载《法制与社会发展》

2017 年第 2 期。

[79]冀祥德:《论司法权配置的两个要素》,载《中国刑事法杂志》2013 年第 4 期。

[80]贾志强、闵春雷:《“媒体审判”基本问题研究》,载《理论学刊》2014 年第 5 期。

[81]姜保忠:《司法责任制视角下的错案刑事追责机制构建》,载《法治研究》2016 年第 5 期。

[82]姜梅:《现行合议制的变革与完善》,载《人民司法》2013 年第 11 期。

[83]姜树政:《合议制审判权行使的异化与回归——以审判权集体行使为视角》,载《人民司法》2014 年第 7 期。

[84]江国华、赖彦君:《新中国成立 70 年来法官责任制改革的历程与展望》,载《江汉学术》2020 年第 5 期。

[85]江钦辉:《错案责任追究制度的目标偏移与矫正——以西北地区某基层法院错案责任追究的实践为考察对象》,载《河北法学》2019 年第 7 期。

[86]蒋银华:《法官惩戒制度的司法评价——兼论我国法官惩戒制度的完善》,载《政治与法律》2015 年第 3 期。

[87]金汉标、张少鹏、朱雅宣等:《“错案追究制”评析》,载《法学》1997 年第 9 期。

[88]金泽刚:《司法改革背景下的司法责任制》,载《东方法学》2015 年 6 期。

[89]李本森:《认罪认罚从宽制度中的证据规则:检讨与重构》,载《浙江工商大学学报》2020 年第 1 期。

[90]李本森:《刑事速裁程序试点实效检验——基于 12666 份速裁案件裁判文书的实证分析》,载《法学研究》2017 年第 5 期。

[91]李德恩:《主审法官责任制构建之二维展开》,载《东南大学学报(哲学社会科学版)》2017 年第 6 期。

[92]李建明:《错案追究中的形而上学错误》,载《法学研究》2000 年第 3 期。

[93]李小平、张礼萍:《刑事诉讼中应当确立“证据标准”概念》,载《河南社会科学》2009 年第 2 期。

[94]李佑标:《办案质量终身负责制论纲——以办理刑事案件质量终身负责制为视角》,载《上海政法学院学报(法治论丛)》2016 年第 2 期。

[95]李文静:《我国错案责任追究制的文本考察及制度构建》,载《北京行政学院学报》2019 年第 1 期。

[96]廖丽环:《法官错案责任追究制度的转向——违法审判责任制的规范》,载《东南大学学报(哲学社会科学版)》2015 年第 S1 期。

[97]廖永安:《关于错案责任追究制度的反思》,载《江苏社会科学》1999 年第 3 期。

[98]林喜芬:《论中国法官责任机制之语境悖论与变迁展望——基于司法错误防控的角度》,载《内蒙古社会科学(汉文版)》2011 年第 4 期。

[99]刘广林、冀宗儒:《责任与伦理:违法审判责任的局限及补救》,载《社会科学研究》2016 年第 5 期。

[100]刘练军:《监察追诉的时效问题》,载《法学论坛》2019 年第 1 期。

[101]刘伟:《错案的成本分析与错案责任追究制度》,载《学术研究》1998 年第 8 期。

[102]刘玫:《论直接言词原则与我国刑事诉讼——兼论审判中心主义的实现路径》,载《法学杂志》2017 年第 4 期。

[103]柳经纬:《关于时效制度的若干理论问题》,载《比较法研究》2004 年第 5 期。

[104]龙宗智:《审判管理:功效、局限及界限把握》,载《法学研究》2011 年第 4 期。

[105]龙宗智:《检察官办案责任制相关问题研究》,载《中国法学》2015 年第 1 期。

[106]龙宗智:《司法责任制与办案组织建设中的矛盾及应对》,载《人

民检察》2016年第11期。

[107]龙宗智、袁坚:《深化改革背景下对司法行政化的遏制》,载《法学研究》2014年第1期。

[108]娄必县:《法官职业危机的克服与豁免权构建》,载《武汉理工大学学报(社会科学版)》2018年第3期。

[109]侣化强:《事实认定"难题"与法官独立审判责任落实》,载《中国法学》2015年第6期。

[110]马骏、马翔:《司法责任制改革基本问题研究》,载《云南社会科学》2018年第6期。

[111]马渊杰:《论进一步深化司法责任制改革的路径》,载《人民司法·应用》2017年第34期。

[112]潘长文:《论法官责任的理论悖论与制度守正——"裁判者负责"的主导模式及其路径选择》,中国法学会审判理论研究会2014年年会暨全面深化司法改革促进司法公正理论研讨会论文,2014年10月15日。

[113]裴显鼎:《以习近平新时代中国特色社会主义思想为指南,精心做好刑事大要案审判工作》,载《刑事审判参考》2019年第113集。

[114]彭玉伟:《办案质量终身负责制的功能反思与发展路径》,载《中国刑事法杂志》2017年第2期。

[115]钱小平:《监察追诉时效问题的再思考——兼与刘练军教授商榷》,载《法学论坛》2019年第5期。

[116]阮志勇、易海辉:《落实中央司法体制改革精神,完善人民检察院司法责任制——第五届中国检察基础理论论坛观点综述》,载《人民检察》2015年第21期。

[117]盛学军、邹越:《智能机器人法官:还有多少可能和不可能》,载《现代法学》2018年第4期。

[118]宋远升:《司法责任制的三重逻辑与核心建构要素》,载《环球法律评论》2017年第5期。

[119]孙长永:《认罪认罚案件的证明标准》,载《法学研究》2018年第

1 期。

[120]孙笑侠:《司法权的本质是判断权——司法权与行政权的十大区别》,载《法学》1998 年第 8 期。

[121]孙笑侠:《公案及其背景——透视转型期司法中的民意》,载《浙江社会科学》2010 年第 3 期。

[122]孙笑侠:《公案的民意、主题与信息对称》,载《中国法学》2010 年第 3 期。

[123]万进福:《我国法官惩戒主体制度的反思与重构》,载《人民司法·应用》2017 年第 22 期。

[124]万毅、杨春林:《论院庭长的审判监督权》,载《思想战线》2016 年第 4 期。

[125]万毅:《"审判监督"之惑——解读院庭长审判监督权》,载《人民法治》2016 年第 2 期。

[126]谭世贵、孙玲:《法官责任豁免制度研究》,载《政法论丛》2009 年第 5 期。

[127]谭世贵、骆梅英:《法院司法问责若干问题研究》,载《浙江工商大学学报》2015 年第 2 期。

[128]谭世贵:《论司法独立》,载《政法论坛》1997 年第 1 期。

[129]唐海山、赵杰宏:《我国构建法官豁免权制度的必要性分析——以司法责任终身制为语境》,载《山西省政法管理干部学院学报》2019 年第 1 期。

[130]王葆莳:《德国法官惩戒制度研究》,载《时代法学》2017 年第 3 期。

[131]王晨光:《法律运行中的不确定性与"错案追究制"的误区》,载《法学》1997 年第 3 期。

[132]王会清:《从错案责任制到司法责任制——理念与机制上的嬗变考》,载《湘潭大学学报(哲学社会科学版)》2019 年第 2 期。

[133]王伦刚、刘思达:《从实体问责到程序之治——中国法院错案追

究制运行的实证考察》,载《法学家》2016 年第 2 期。

[134]王小光、李琴:《我国法官惩戒制度二元模式的思考与完善》,载《法律适用》2016 年第 12 期。

[135]王晓霞:《刑事错案认定标准的反思与重构》,载《人民检察》2006 年第 22 期。

[136]王亚新、李谦:《解读司法改革——走向权能、资源与责任之新的均衡》,载《清华法学》2014 年第 5 期。

[137]王迎龙:《司法责任制理论问题探析——基于"两高"关于完善司法责任制的两份意见》,载《社会科学家》2016 年第 6 期。

[138]王迎龙:《司法责任语境下法官责任制的完善》,载《政法论坛》2016 年第 5 期。

[139]王申:《司法行政化管理与法官独立审判》,载《法学》2010 年第 6 期。

[140]王光龙:《裁判文书签发制度的思考》,载《山东审判》2003 年第 2 期。

[141]汪海燕:《重罪案件适用认罪认罚从宽程序问题研究》,载《中外法学》2020 年第 5 期。

[142]汪海燕:《论刑事庭审实质化》,载《中国社会科学》2015 年第 2 期。

[143]汪建成:《以效率为价值导向的刑事速裁程序论纲》,载《政法论坛》2016 年第 1 期。

[144]汪建成:《论证据裁判主义与错案预防——基于 16 起刑事错案的分析》,载《中外法学》2015 年第 3 期。

[145]王敏远:《认罪认罚从宽制度疑难问题研究》,载《中国法学》2017 年第 1 期。

[146]魏胜强:《错案追究何去何从?——关于我国法官责任追究制度的思考》,载《法学》2012 年第 9 期。

[147]魏胜强:《司法公正何以看得见——关于我国审判方式的思

考》,载《法律科学(西北政法大学学报)》2013 年第 6 期。

[148]吴洪淇:《司法改革转型期的失序困境及其克服——以司法员额制和司法责任制为考察对象》,载《四川大学学报(哲学社会科学版)》2017 年第 3 期。

[149]吴小军、董超:《刑事诉审合意现象之透视——以撤回公诉和无罪判决为样本》,载《人民司法》2011 年第 15 期。

[150]吴小军:《认罪认罚从宽制度的实践反思与路径完善——基于北京试点的观察》,载《法律适用》2018 年第 15 期。

[151]谢佑平、万毅:《司法行政化与司法独立:悖论的司法改革——兼评法官等级制与院长辞职制》,载《江苏社会科学》2003 年第 1 期。

[152]熊秋红:《人工智能在刑事证明中的应用》,载《当代法学》2020 年第 3 期。

[153]熊秋红:《中国语境下的法官责任制》,载《人民法治》2016 年第 6 期。

[154]熊秋红:《比较法视野下的认罪认罚从宽制度——兼论刑事诉讼"第四范式"》,载《比较法研究》2019 年第 5 期。

[155]徐静村、潘金贵:《法官惩戒制度研究——兼论我国司法弹劾制度的建构》,载《公法研究》2004 年卷。

[156]徐振华、王星光:《法官办案责任追责的递进式模式探究》,载《法律适用》2017 年第 7 期。

[157]燕振安:《论错案追究制》,载《政法论丛》1995 年第 1 期。

[158]杨凯:《审判管理理论体系的法理构架与体制机制创新》,载《中国法学》2014 年第 3 期。

[159]杨力:《从基础司改到综配司改:"内卷化"效应纾解》,载《中国法学》2020 年第 4 期。

[160]杨立新:《认罪认罚从宽制度理解与适用》,载《国家检察官学院学报》2019 年第 1 期。

[161]杨宇冠:《论死刑案件证明标准之完善——新〈刑事诉讼法〉实

施问题思考》,载《清华法学》2012 年第 6 期。

[162]杨宇冠:《论刑事司法规律》,载《法学杂志》2016 年第 3 期。

[163]杨宇冠:《论中国刑事诉讼定罪证明标准——以排除合理怀疑为视角》,载《浙江工商大学学报》2017 年第 5 期。

[164]杨宇冠:《设立我国治安法院的构想》,载《法学杂志》2018 年第 7 期。

[165]杨宇冠:《刑事诉讼中伪证问题的法律规制》,载《清华法学》2020 年第 6 期。

[166]姚莉:《法院在国家治理现代化中的功能定位》,载《法制与社会发展》2014 年第 5 期。

[167]叶名怡:《重大过失理论的构建》,载《法学研究》2009 年第 6 期。

[168]叶青:《完善司法责任制的前提与机制思考》,载《人民法治》2016 年第 6 期。

[169]叶青:《主审法官依法独立行使审判权的羁绊与出路》,载《政治与法律》2015 年第 1 期。

[170]于大水:《论错案追究制中错案标准的界定》,载《当代法学》2011 年第 12 期。

[171]余文唐:《诉讼评议:自由抑或他律——以两例"司法创新"为视角》,载《法律适用》2014 年第 7 期。

[172]岳悍雄:《法官的司法伦理基础探析》,载《法学论坛》2002 年第 6 期。

[173]詹建红:《司法责任制语境下的主任检察官制度研究——以检察官的职权配置为中心》,载《法商研究》2017 年第 4 期。

[174]张保生、王殿玺:《中国司法文明发展的轨迹(2015—2019 年)——以中国司法文明指数为分析工具的研究》,载《浙江大学学报(人文社会科学版)》2020 年第 6 期。

[175]张建伟:《密闭侦查和形式审判:错案的深层原因》,载《人民检察》2013 年第 20 期。

[176]张建伟:《错案责任追究及其障碍性因素》,载《国家检察官学院学报》2017年第1期。

[177]张绳祖:《建立错案责任追究制度,保证法院公正审判案件》,载《法律适用》1998年第3期。

[178]张文显:《论司法责任制》,载《中州学刊》2017年第1期。

[179]张莹、黄宗儒:《法官职业伦理责任制的构建——由错案追究制所带来的困境谈起》,载《河北法学》2019年第4期。

[180]张卫平:《论我国法院体制的非行政化——法院体制改革的一种基本思路》,载《法商研究(中南政法学院学报)》2000年第3期。

[181]张玉洁:《错案追究终身制的发展难题——制度缺陷、逆向刺激与实用主义重构》,载《北方法学》2014年第5期。

[182]张泽涛:《新中国70年人权司法保障制度的回顾、反思及其完善》,载《法律科学(西北政法大学学报)》2019年第5期。

[183]张智辉:《论司法责任制综合配套改革》,载《中国法学》2018年第2期。

[184]周长军:《司法责任制改革中的法官问责——兼评〈关于完善人民法院司法责任制的若干意见〉》,载《法学家》2016年第3期。

[185]周永坤:《论法官错案责任追究制》,载《湖北社会科学》2015年第12期。

[186]周永坤:《错案追究制与法治国家建设——一个法社会学的思考》,载《法学》1997年第9期。

[187]周赟:《错案责任追究机制之反思——兼议我国司法责任制度的完善进路》,载《法商研究》2017年第3期。

[188]朱福勇:《论合议庭的评议对象与论证表达》,载《法律科学(西北政法大学学报)》2017年第1期。

[189]朱孝清:《错案责任追究与豁免》,载《中国法学》2016年第2期。

[190]朱孝清:《司法的亲历性》,载《中外法学》2015年第4期。

[191]纵博:《刑事诉讼证据规格评析——以相关规范性文件为分析对

象》,载《西南民族大学学报(人文社会科学版)》2017 年第 8 期。

[192]宗会霞:《办案质量终身负责制的价值证成与规范运行》,载《政治与法律》2015 年第 3 期。

[193]左卫民:《关于法律人工智能在中国运用前景的若干思考》,载《清华法学》2018 年第 2 期。

[194]左卫民:《如何通过人工智能实现类案类判》,载《中国法律评论》2018 年第 2 期。

[195]左卫民:《审判委员会运行状况的实证研究》,载《法学研究》2016 年第 3 期。

(三)译著

[1][英]哈特:《法律的概念》(第三版),许家馨、李冠宜译,法律出版社 2018 年版。

[2][英]罗杰·科特威尔:《法律社会学导论》,潘大松等译,华夏出版社 1989 年版。

[3][英]约翰·洛克:《〈政府论〉译注》,杨宇冠、李立译,中国政法大学出版社 2018 年版。

[4][英]弗朗西斯·培根:《人生论》,何新译,湖南人民出版社 1987 年版。

[5][美]米尔伊安·R. 达玛什卡:《司法和国家权力的多种面孔:比较视野中的法律程序》,郑戈译,中国政法大学出版社 2015 年版。

[6][美]米尔吉安·R. 达马斯卡:《比较法视野中的证据制度》,吴宏耀等译,中国人民公安大学出版社 2006 年版。

[7][美]拉里·劳丹:《错案的哲学:刑事诉讼认识论》,李昌盛译,北京大学出版社 2015 年版。

[8][美]吉姆·佩特罗、南希·佩特罗:《冤案何以发生:导致冤假错案的八大司法迷信》,苑宁宁等译,北京大学出版社 2012 年版。

[9][美]布兰登·L. 加勒特:《误判:刑事指控在哪了》,李奋飞等译,中国政法大学出版社 2015 年版。

[10][美]约翰·罗尔斯:《正义论》,何怀宏等译,中国社会科学出版社 1988 年版。

[11][美]B. 维纳:《责任推断:社会行为的理论基础》,张爱卿等译,华东师范大学出版社 2004 年版。

[12][美]罗斯科·庞德:《通过法律的社会控制》,沈宗灵、董世忠译,商务印书馆 1984 年版。

[13][美]理查德·A. 波斯纳:《法律的经济分析》,蒋兆康译,中国大百科全书出版社 1997 年版。

[14][美]马尔科姆·M. 菲利:《程序即是惩罚——基层刑事法院的案件处理》,魏晓娜译,中国政法大学出版社 2014 年版。

[15][德]卡尔·拉伦茨:《法学方法论》,陈爱娥译,商务印书馆 2003 年版。

[16][德]克劳思·罗科信:《刑事诉讼法》,吴丽琪译,法律出版社 2003 年版。

[17][法]古斯塔夫·勒庞:《乌合之众:大众心理研究》,冯克利译,中央编译出版社 2014 年版。

[18][法]勒内·弗洛里奥:《错案》,赵淑美、张洪竹译,法律出版社 2013 年版。

[19][意]恩里科·菲利:《犯罪社会学》,郭建安译,商务印书馆 2017 年版。

[20][意]莫诺·卡佩莱蒂:《比较法视野中的司法程序》,徐昕、王奕译,清华大学出版社 2005 年版。

[21][意]菲利:《犯罪社会学》,郭建安译,中国人民公安大学出版社 2004 年版。

[22][意]切萨雷·贝卡利亚:《论犯罪与刑罚》,黄风译,北京大学出版社 2008 年版。

[23][日]村野:《最高人民法院——司法中枢的内侧》。转引自季卫东《法律职业的定位——日本改造权利结构的实践》,载《中国社会科学》

1994 年第 2 期。

[24][日]秋山贤三:《法官因何错判》,曾玉婷译,法律出版社 2019 年版。

[25][美]葛维宝:《法院的独立与责任》,葛明珍译,载《环球法律评论》2002 年第 1 期。

[26]最高人民法院中国应用法学研究所编:《美英德法四国司法制度概况》,韩苏琳编译,人民法院出版社 2008 年版。

[27][英]阿克顿:《自由与权力》,侯健、范亚峰译,商务印书馆 2001 年版。

[28][法]古斯塔夫·勒庞:《乌合之众——大众心理研究》,戴光年译,新世界出版社 2011 年版。

[29][以]巴拉克:《民主国家的法官》,毕洪海译,法律出版社 2011 年版。

[30]《俄罗斯联邦刑事诉讼法典》,黄道秀译,中国人民公安大学出版社 2006 年版。

[31]《德国民法典》(第 4 版),陈卫佐译注,法律出版社 2015 年版。

[32]《德国刑法典》,徐久生、庄敬华译,中国法制出版社 2000 年版。

[33]《法国刑事诉讼法典》,余叔通、谢朝华译,中国政法大学出版社 1998 年版。

(四)学位论文

[1]白文静:《刑事错案制度防范研究》,中国人民公安大学 2019 年博士学位论文。

[2]董凯:《中美刑事错案比较研究》,黑龙江大学 2017 年博士学位论文。

[3]胡志风:《刑事错案与侦查程序研究》,中国政法大学 2011 年博士学位论文。

[4]李春刚:《刑事错案基本问题研究》,吉林大学 2010 年博士学位论文。

[5]雷婉璐:《人民法院司法责任制改革的功能分析》,吉林大学2019年博士学位论文。

[6]刘杰:《侦查中的认知偏差及其修正——刑事错案导因溯源》,中南财经政法大学2018年博士学位论文。

[7]马谨斌:《刑事错案防纠体系完善研究——以刑事司法工作机制为中心》,吉林大学2015年博士学位论文。

[8]王明辉:《论我国审判责任制改革》,西南政法大学2018年博士学位论文。

[9]王永杰:《从程序异化到事实异化:以冤案为中心》,复旦大学2007年博士学位论文。

[10]张松:《刑事错案及其治理》,吉林大学2019年博士学位论文。

[11]张勇:《中国古代司法官责任制度及其法文化分析》,中国政法大学2002年博士学位论文。

[12]赵琳琳:《刑事冤案问题研究》,中国政法大学2008年博士学位论文。

[13]朱崇坤:《法官错案责任追究的法理分析》,中共中央党校2014年博士学位论文。

(五)报刊文献

[1]陈光中:《完善司法责任制》,载《人民日报》2015年10月19日。

[2]傅郁林:《推行司法责任制应遵循法律和司法规律》,载《光明日报》2015年9月25日。

[3]郭隽:《最高人民法院通知要求裁判文书要切实防止低级错误发生》,载《人民日报》2018年5月11日。

[4]郭献文、陈海发:《河南明年施行错案责任追究制——案件办对办错一个样再也不能继续下去了》,载《人民日报》1992年11月18日。

[5]贺小荣:《如何牵住司法责任制这个牛鼻子》,载《人民法院报》2015年9月23日。

[6]胡云腾:《正确把握认罪认罚从宽　保证严格公正高效司法》,载

《人民法院报》2019 年 10 月 24 日。

[7]李少平:《深化司法责任制改革应当处理好四个关系》,载《法治日报》2016 年 2 月 24 日。

[8]田成有:《关注基层法院的法治生态》,载《人民法院报》2014 年 9 月 17 日。

[9]田成有:《审判权、审判管理权及审判监督权的分立与制衡》,载《法制日报》2016 年 12 月 28 日。

[10]王敏远:《破解司法责任制落实中的难点》,载《人民法院报》2015 年 9 月 26 日。

[11]熊秋红:《法官责任制度的改革走向》,载《人民法院报》2015 年 7 月 22 日。

[12]祝华:《重大敏感案件中的司法自信》,载《人民法院报》2014 年 1 月 6 日。

[13]《人工智能辅助办案　有效防范冤假错案:上海研发推广"206"系统走出 4 年"天路"》,载《法治日报》2021 年 2 月 5 日。

后　　记

本书是在我的博士学位论文(2021 年)基础上修改而成的,距今已经三年有余。三年多来,人民法院司法责任制实践有了重大变化和发展,特别是 2024 年新版审判质量管理指标的实施和案件阅核制的推广,对司法责任制和刑事法官影响深远,就这个意义而言,博士论文显得有些“过时”。尽管如此,作为记录司法改革的产物,本书仍不失其史料价值和实践意义,故在保留博士论文结构和内容的基础上,适当吸收了最新的实践成果,以期“跟得上”司法改革的步伐。

2016 年,怀揣着大学时代的梦想,在从事刑事审判工作十年后,我萌生了重回母校读书的想法。历经五年“马拉松”,在职求学生涯终于告一段落。忘不了为克服工学矛盾而忧心忡忡,忘不了为发表核心期刊论文而焦虑失眠,更忘不了挑灯奋战、彻夜未眠的煎熬……一切经历都是宝贵的财富。

首先要感谢我的恩师杨宇冠教授。我与杨老师相识于法大读研期间,彼时我在法大诉讼法学研究院“勤工俭学”,得益于杨老师的悉心指导,第一次(2005 年)在法学核心期刊发表学术论文。杨老师的知遇之恩,没齿难忘。2005 年硕士毕业后,我供职于全国最忙的基层法院,与杨老师联系渐少。2016 年,当我冒昧地提出想攻读博士研究生,杨老师没有“嫌弃”我的在职身份,在博士名额极度稀缺的情况下向我敞开了大门。五年来,杨老师时刻关心我的学业,唯恐我因工作繁忙而无法毕业。从手把手耐心修改论文,到吸收参与国家重点社科项目,再到不遗余力地向核心期刊推荐论文……杨老师处处想学生之所想，急学生之所急，既是师长，更似慈父，令我感动万分。本书的选题布局、标题拟定、材料取舍、亮点创新等方面均凝聚着杨老师的无数心血。在我长达两年的论文写作过程中，杨老师不厌其烦地提出诸多有益的建议，书中的部分观点也直接来源于他的启发和指导。杨老师严谨的治学态度、博大的学者胸怀、精进的学术追求、虚心的待人之道，是我终生景仰并学习的楷模。

还要特别感谢我爱人姑姑一家，多年来视我如己出，无私奉献，倾情付出，在生活、工作、学习等多方面给予鼎力支持，为我提供坚强后盾。他们的恩情，永生难忘。感谢我的爱人，在我读博特别是论文冲刺阶段，默默承担了照顾家庭的重任，为我潜心写作创造了良好环境。愧对我的孩子，他从幼儿园中班升至小学三年级，在他最需要陪伴的时候，我却时常缺席。愧对我的父母，二十三年前我孤身一人在外求学，从此远离父母，二老毫无怨言，却时常关心我的学业，为我减少后顾之忧。

一路走来，需要感谢的人还有很多。本书的付梓，是一个短暂的句号，更是一个崭新的起点。唯有怀着一颗感恩的心，砥砺奋进，永不懈怠，方能无愧于这个时代，无愧于那些曾经鼓励我、帮助我、关心我的人们……